税学通系列

Qiye Suodeshui Zhengce
Yewu Zhishi Xiti Jingxuan

企业所得税政策业务知识习题精选

《企业所得税政策业务知识习题精选》编写组 编

中国财经出版传媒集团
中国财政经济出版社

图书在版编目（CIP）数据

企业所得税政策业务知识习题精选 /《企业所得税政策业务知识习题精选》编写组编. --北京：中国财政经济出版社，2021.8

（税学通系列）

ISBN 978-7-5223-0713-8

Ⅰ.①企… Ⅱ.①企… Ⅲ.①企业所得税-税收政策-中国-习题集 Ⅳ.①F812.424-44

中国版本图书馆 CIP 数据核字（2021）第 161380 号

责任编辑：吕小军 王 芳 责任校对：胡永立

封面设计：卜建辰

企业所得税政策业务知识习题精选

QIYE SUODESHUI ZHENGCE YEWU ZHISHI XITI JINGXUAN

中国财政经济出版社 出版

URL：http://www.cfeph.cn

E-mail：cfeph@cfeph.cn

社址：北京市海淀区阜成路甲 28 号 邮政编码：100142

营销中心电话：010-88191522

天猫网店：中国财政经济出版社旗舰店

网址：https://zgczjjcbs.tmall.com

北京密兴印刷有限公司印刷 各地新华书店经销

成品尺寸：185mm×260mm 16 开 20 印张 316 000 字

2021 年 8 月第 1 版 2021 年 8 月北京第 1 次印刷

定价：89.00 元

ISBN 978-7-5223-0713-8

（图书出现印装问题，本社负责调换，电话：010-88190548）

本社质量投诉电话：010-88190744

打击盗版举报热线：010-88191661 QQ：2242791300

编委人员

（按姓氏笔画排列）

前　言

为深入贯彻落实党的十九大以来中央关于加强干部队伍建设一系列部署和要求，实现对税务干部和广大财务工作者岗位能力提升的科学量化管理，根据中共中央《2018—2022年全国干部教育培训规划》的有关精神，以税务干部和广大财务工作者的职业发展为主线，满足特定人群的学习需求，我们编写了《企业所得税政策业务知识习题精选》。

作为税务干部和广大财务工作者的培训学习教材，本书有以下特点：一是规范有效。本书依据2008年执行的《中华人民共和国企业所得税法》及现行有效的法规、规范性文件命制试题编写，脉络清晰明了，内容系统全面。题目附有详细的解析，涉及政策文件的标明出处，属于计算题的体现计算过程，便于读者知其然且知其所以然。二是贴近实务。题目侧重税务干部和财务人员必须掌握的内容，结合相关的热点、难点，合理地转化为考点，习题灵活性强，覆盖面广，避免生搬硬套。三是考点分布合理。突出重点，兼顾难点，难易适度。四是题目类型丰富，既有单项选择题、多项选择题、判断题等客观题，也有综合分析题等主观题。

本书分八个部分，包括总则、企业所得税应纳税所得额、应纳税额、税收优惠、源泉扣除、特别纳税调整、征收管理特殊行业与特殊事项。每个章节内容都是由税务系统内长期从事企业所得税一线工作的人员及政策研究的在职人员、长期从事财税教学工作的教师编写审定完成，具有一定的权威性，能够满足税务干部和广大财务工作者的学习培训需求，提升企业所得税征管工作人员的业务能力和水平。

本书在编写过程中需要特别感谢国家税务总局江西省税务局、国家税务总局广西壮族自治区税务局、国家税务总局青岛市税务局、国家税务总局厦门市税务局、国家税务总局济南市税务局、国家税务总局苏州市税务局、国家税务总局常州市税务局、国家税务总局湖州市税务局、国家税务总局洛阳市税务局的大力支持！

由于税种立法变化较快，企业所得税新政不断发布，加之作者水平有限，本书难免出现疏漏与不当之处，恳请广大读者批评指正。

编者

2021 年 8 月

目　　录

第一章　总则 …… (1)
一、单项选择题 …… (1)
二、多项选择题 …… (6)
三、判断题 …… (11)

第二章　应纳税所得额 …… (13)
一、单项选择题 …… (13)
二、多项选择题 …… (37)
三、判断题 …… (62)
四、综合分析题 …… (67)

第三章　应纳税额 …… (81)
一、单项选择题 …… (81)
二、多项选择题 …… (89)
三、判断题 …… (94)

第四章　税收优惠 …… (96)
一、单项选择题 …… (96)
二、多项选择题 …… (121)
三、判断题 …… (144)
四、综合分析题 …… (151)

第五章 源泉扣除 …………………………………………………… (162)
一、单项选择题 …………………………………………………… (162)
二、多项选择题 …………………………………………………… (168)
三、判断题 ……………………………………………………… (172)

第六章 特别纳税调整 ……………………………………………… (175)
一、单项选择题 …………………………………………………… (175)
二、多项选择题 …………………………………………………… (193)
三、判断题 ……………………………………………………… (204)

第七章 征收管理 …………………………………………………… (210)
一、单项选择题 …………………………………………………… (210)
二、多项选择题 …………………………………………………… (234)
三、判断题 ……………………………………………………… (250)
四、综合分析题 …………………………………………………… (256)

第八章 特殊行业和特殊事项 ……………………………………… (259)
一、单项选择题 …………………………………………………… (259)
二、多项选择题 …………………………………………………… (284)
三、判断题 ……………………………………………………… (304)

第一章　总　　则

一、单项选择题

1. 以下关于居民企业的确定，说法正确的是（　　）。

A. 某美国建筑公司在我国境内承包一建筑工程，该企业为我国居民企业

B. 在深圳注册的企业在杭州市设立的子公司是我国的居民企业

C. 在香港特区上市的中国移动有限公司是我国的非居民企业

D. 享受小型微利企业所得税优惠的纳税人必须是查账征收居民企业

［参考答案］B

［答案解析］根据《中华人民共和国企业所得税法》（以下简称《企业所得税法》）第三条规定，本法所称居民企业，是指依法在中国境内成立，或者依照外国（地区）法律成立但实际管理机构在中国境内的企业。本法所称非居民企业，是指依照外国（地区）法律成立且实际管理机构不在中国境内，但在中国境内设立机构、场所的，或者在中国境内未设立机构、场所，但有来源于中国境内所得的企业。

2. 下列选项中属于我国非居民企业的是（　　）。

A. 依照我国法律在上海成立的中外合资企业

B. 依照我国法律在广东成立的外商独资企业

C. 在我国设立有分支机构的美国企业

D. 半数以上有表决权的董事在中国境内居住的日本企业

［参考答案］C

[答案解析] 根据《企业所得税法》第三条规定，本法所称居民企业，是指依法在中国境内成立，或者依照外国（地区）法律成立但实际管理机构在中国境内的企业。本法所称非居民企业，是指依照外国（地区）法律成立且实际管理机构不在中国境内，但在中国境内设立机构、场所的，或者在中国境内未设立机构、场所，但有来源于中国境内所得的企业。

3. 某外国企业的下列事项中，构成在我国设立非居民企业机构场所的是（　　）。

A. 在杭州成立合资公司

B. 在杭州成立独资公司

C. 经常到杭州提供咨询服务

D. 向境内企业提供贷款服务

[参考答案] C

[答案解析] 根据《中华人民共和国企业所得税法实施条例》（以下简称《企业所得税法实施条例》）第五条的规定，企业所得税法第二条第三款所称机构、场所，是指在中国境内从事生产经营活动的机构、场所，包括：

（1）管理机构、营业机构、办事机构；

（2）工厂、农场、开采自然资源的场所；

（3）提供劳务的场所；

（4）从事建筑、安装、装配、修理、勘探等工程作业的场所；

（5）其他从事生产经营活动的机构、场所。

非居民企业委托营业代理人在中国境内从事生产经营活动的，包括委托单位或者个人经常代其签订合同，或者储存、交付货物等，该营业代理人视为非居民企业在中国境内设立的机构、场所。因此，选项C符合条件。

4. 下列不属于我国非居民企业所得税征税对象的是（　　）。

A. 设有机构、场所的非居民企业取得的来源于中国境内的所得

B. 设有机构、场所的非居民企业取得与机构、场所有实际联系的中国境外所得

C. 未设有机构、场所的非居民企业来源于中国境内的所得

D. 设有机构、场所的非居民企业取得与机构、场所没有实际联系中国境外的所得

[参考答案] D

[答案解析] 根据《企业所得税法实施条例》第三条规定："非居民企业在中国境内未设立机构、场所的，或者虽设立机构、场所但取得的所得与其所设机构、场所没有实际联系的，应当就其来源于中国境内的所得缴纳企业所得税。"

第四条规定："非居民企业取得本法第三条第三款规定的所得，适用税率为 20%。"

因此，在中国境内设立机构、场所，但取得的所得与其机构、场所没有实际联系的非居民企业，适用 20% 的企业所得税率，实际按 10% 征收。

5. 下列选项中关于对企业所得税表述正确的是（　　）。

A. 企业所得税采用分类征收的征收方式

B. 企业所得税采用分类与综合相结合的征收方式

C. 企业所得税采用综合征收的征收方式

D. 企业所得税属于间接税范畴

[参考答案] C

[答案解析] 企业所得税属于综合所得税制，不区分所得项目，以每一纳税年度的收入总额，减除不征税收入、免税收入、各项扣除以及允许弥补的以前年度亏损后的余额，为应纳税所得额。同时，企业所得税属于直接税范畴，不存在税负的转嫁。纳税人即负税人。

6. 下列选项中关于企业所得税税率表述正确的是（　　）。

A. 比例税率

B. 固定税率

C. 超额累进税率

D. 超率累进税率

[参考答案] A

[答案解析] 根据《企业所得税法》第四条规定，企业所得税的税率为 25%。非居民企业取得本法第三条第三款规定的所得，适用税率为 20%。因此，我国企业所得税税率形式为比例税率。

7. 下列选项中属于企业所得税纳税人的是（　　）。

A. 个体工商户

B. 个人独资企业

C. 普通合伙企业

D. 一人有限公司

［参考答案］D

［答案解析］根据《企业所得税法》第一条规定，在中华人民共和国境内，企业和其他取得收入的组织（以下统称企业）为企业所得税的纳税人，依照本法的规定缴纳企业所得税。个人独资企业、合伙企业不适用本法。因此，只有选项D属于企业所得税的纳税人。其他选项均不属于企业所得税纳税人。

8. 甲有限合伙企业是由A、B、C、D四名合伙人投资设立，其中A是一家普通合伙企业，B是一名自然人，C是一家高等院校，D是一个个体工商户。则需要缴纳企业所得税的是（　　）。

A. 普通合伙企业

B. 有限合伙企业甲

C. 高等院校

D. 个体工商户

［参考答案］C

［答案解析］根据《合伙企业法》第六条的规定，合伙企业的生产经营所得和其他所得，按照国家有关税收规定，由合伙人分别缴纳所得税。《关于个人独资企业和合伙企业投资者征收个人所得税的规定》（财税〔2000〕91号）第五条规定，合伙企业的投资者按照合伙企业的全部生产经营所得和合伙协议约定的分配比例确定应纳税所得额，合伙协议没有约定分配比例的，以全部生产经营所得和合伙人数量平均计算每个投资者的应纳税所得额。因此，合伙企业在企业层面上是不缴纳企业所得税的，是采用“先分后税”的原则按照其合伙人的性质确定纳税义务的，合伙人是企业所得税的纳税人应当缴纳企业所得税，合伙人是个人所得税的纳税人缴纳个人所得税。选项C，高等院校属于企业所得税的纳税人，应当按照规定缴纳企业所得税。

9. 下列选项中适用20%企业所得税法定税率的企业是（　　）。

A. 高新技术企业

B. 在中国境内的居民企业

C. 小型微利企业

D. 在我国设有机构但所得与该机构没有联系的非居民企业

［参考答案］D

［答案解析］根据《企业所得税法》第四条第二款规定，非居民企业取得本法第三条第三款规定的所得，适用税率为20%。第三条第三款规定，非居民企业在中国境内未设立机构、场所的，或者虽设立机构、场所但取得的所得与其所设机构、场所没有实际联系的，应当就其来源于中国境内的所得缴纳企业所得税。

10. 美国一家公司在中国设立分支机构，就其来源于中国境外的与该分支机构有实际联系的所得缴纳企业所得税时，适用税率是（　　）。

A. 20%

B. 25%

C. 30%

D. 10%

［参考答案］B

［答案解析］根据《企业所得税法实施条例》第三条规定："非居民企业在中国境内未设立机构、场所的，或者虽设立机构、场所但取得的所得与其所设机构、场所没有实际联系的，应当就其来源于中国境内的所得缴纳企业所得税。"

第四条规定："企业所得税的税率为25%。

非居民企业取得本法第三条第三款规定的所得，适用税率为20%。"

非居民企业在中国境内未设立机构、场所的，或者虽设立机构、场所但取得的所得与其所设机构、场所没有实际联系的，适用税率为20%，实际执行时，减按10%执行。但是与该机构场所有实际联系的所得，适用税率仍然是25%。

11. 下列关于企业所得税纳税义务表述正确的是（　　）。

A. 居民企业转让境外的股权所得不需要在我国缴纳企业所得税

B. 居民企业在境外取得的股息收入需要在我国缴纳企业所得税

C. 在境内没有设立机构场所的非居民企业在境外取得利息所得需要在我国缴纳企业所得税

D. 在境内没有设立机构场所的非居民企业在境外取得股息所得需要在我国缴纳企业所得税

［参考答案］B

［答案解析］根据《企业所得税法》第三条规定，居民企业应当就其来源于中国境内、境外的所得缴纳企业所得税。非居民企业在中国境内设立机构、场所的，应当就其所设机构、场所取得的来源于中国境内的所得，以及发生在中国境外但与其所设机构、场所有实际联系的所得，缴纳企业所得税。非居民企业在中国境内未设立机构、场所的，或者虽设立机构、场所但取得的所得与其所设机构、场所没有实际联系的，应当就其来源于中国境内的所得缴纳企业所得税。

12. 下列选项中属于来源于中国境外的所得是（　　）。

A. 中国公司转让境外的股权所得

B. 美国公司转让境内的股权所得

C. 美国公司在中国未设立机构场所，取得中国公司支付的特许权使用费所得

D. 美国公司在中国设立有机构场所，取得的与该场所有实际联系的利息所得

［参考答案］A

［答案解析］根据《企业所得税法》第四条第二款规定，非居民企业取得本法第三条第三款规定的所得，适用税率为20%。第三条第三款规定，非居民企业在中国境内未设立机构、场所的，或者虽设立机构、场所但取得的所得与其所设机构、场所没有实际联系的，应当就其来源于中国境内的所得缴纳企业所得税。

二、多项选择题

1. 下列选项属于我国非居民企业的有（　　）。

A. 广州某公司的开曼子公司

B. 北京某外商独资企业

C. 重庆某国有独资公司

D. 美国某企业在北京设立的代表处

E. 上海某合伙企业

［参考答案］AD

［答案解析］根据《企业所得税法》第三条规定，本法所称居民企业，是

指依法在中国境内成立，或者依照外国（地区）法律成立但实际管理机构在中国境内的企业。本法所称非居民企业，是指依照外国（地区）法律成立且实际管理机构不在中国境内，但在中国境内设立机构、场所的，或者在中国境内未设立机构、场所，但有来源于中国境内所得的企业。

2. 下列取得收入的企业和组织中属于企业所得税纳税人的有（　　）。

A. 国有控股有限公司

B. 市质量技术监督局

C. 高等职业技术学院

D. 一人有限责任公司

E. 特殊普通合伙企业

［参考答案］ACD

［答案解析］根据《企业所得税法》第一条规定，在中华人民共和国境内，企业和其他取得收入的组织（以下统称企业）为企业所得税的纳税人，依照本法的规定缴纳企业所得税。个人独资企业、合伙企业不适用本法。因此，选项E特殊普通合伙企业不属于企业所得税的纳税人。根据《企业所得税法实施条例》第三条规定，企业所得税法第二条所称依法在中国境内成立的企业，包括依照中国法律、行政法规在中国境内成立的企业、事业单位、社会团体以及其他取得收入的组织。因此，选项B市质量技术监督局属于机关法人，不属于企业所得税的纳税人。

3. 根据企业所得税法的规定，属于我国的企业所得税法定税率的有（　　）。

A. 25%

B. 33%

C. 20%

D. 15%

E. 10%

［参考答案］AC

［答案解析］根据《企业所得税法》第四条规定，企业所得税的税率为25%。非居民企业取得本法第三条第三款规定的所得，适用税率为20%。我国企业所得税法定税率为25%和20%，10%和15%是优惠税率。

4. 德国某公司拟在我国采取下列投资和经营方式。下列各项中构成我国居民企业的有（　　）。

A. 全资收购的境内居民企业

B. 在成都市设立营销办事处

C. 在上海市投资设立销售公司

D. 长期派员到广州市进行产品营销

E. 在上海有代理人为其签订合同

[参考答案] AC

[答案解析] 根据《企业所得税法实施条例》第五条规定，企业所得税法第二条第三款所称机构、场所，是指在中国境内从事生产经营活动的机构、场所，包括：

（1）管理机构、营业机构、办事机构；

（2）工厂、农场、开采自然资源的场所；

（3）提供劳务的场所；

（4）从事建筑、安装、装配、修理、勘探等工程作业的场所；

（5）其他从事生产经营活动的机构、场所。

非居民企业委托营业代理人在中国境内从事生产经营活动的，包括委托单位或者个人经常代其签订合同，或者储存、交付货物等，该营业代理人视为非居民企业在中国境内设立的机构、场所。因此，选项B、D、E属于德国某公司在中国境内设立机构场所，不构成我国居民企业。因此选项A、C正确。

5. 下列应当视为在中国境内有机构场所的有（　　）。

A. 在中国上海有营业机构

B. 在中国青岛有养殖渔场

C. 在中国广州有建筑工地

D. 长期为其销售货物的自然人

E. 为其签订了一次合同的经销商

[参考答案] ABCD

[答案解析] 根据《企业所得税法实施条例》第五条规定，企业所得税法第二条第三款所称机构、场所，是指在中国境内从事生产经营活动的机构、场所，包括：

(1) 管理机构、营业机构、办事机构;

(2) 工厂、农场、开采自然资源的场所;

(3) 提供劳务的场所;

(4) 从事建筑、安装、装配、修理、勘探等工程作业的场所;

(5) 其他从事生产经营活动的机构、场所。

非居民企业委托营业代理人在中国境内从事生产经营活动的,包括委托单位或者个人经常代其签订合同,或者储存、交付货物等,该营业代理人视为非居民企业在中国境内设立的机构、场所。因此,选项A、B、C、D应当视为在中国境内设立的机构、场所。

6. 下列选项中仅就来源于中国境内的所得征收企业所得税的有( )。

A. 中国一家上市公司取得的股权转让所得

B. 美国公司在中国未设立机构场所,境内取得的特许权使用费所得

C. 美国公司在中国设立有机构场所,取得的与该场所有实际联系的利息所得

D. 美国公司在中国设立有机构场所,取得的与该场所没有实际联系的股息所得

E. 美国公司在中国设立有机构场所,取得的与该场所有实际联系的特许权使用费所得

[**参考答案**] BD

[**答案解析**] 根据《企业所得税法》第三条规定,居民企业应当就其来源于中国境内、境外的所得缴纳企业所得税。非居民企业在中国境内设立机构、场所的,应当就其所设机构、场所取得的来源于中国境内的所得,以及发生在中国境外但与其所设机构、场所有实际联系的所得,缴纳企业所得税。非居民企业在中国境内未设立机构、场所的,或者虽设立机构、场所但取得的所得与其所设机构、场所没有实际联系的,应当就其来源于中国境内的所得缴纳企业所得税。选项A属于居民企业,因此选项A错误。选项C属于有机构,但与机构场所没有实际联系的所得,因此选项C错误。由于在中国境内设立机构场所,因此发生在中国境外但与其所设机构、场所有实际联系的所得,也需要缴纳企业所得税,因此E选项错误。

7. 下列所得应在我国缴纳企业所得税的有( )。

A. 我国某合伙企业在境外提供建筑劳务所得

B. 英国某企业向我国提供贷款的利息所得

C. 我国某股份有限公司在境外设立分支机构从事矿产开采的所得

D. 我国某股份有限公司取得的转让美国公司股权的所得

E. 某市公安局将临街门面房出租取得的租金收入

[参考答案] BCD

[答案解析] 选项A，由于合伙企业不是法人，因此不是企业所得税纳税人；选项B，由于英国企业有来源于境内所得，因此需要在我国缴纳企业所得税；选项C和选项D，由于均属于我国居民企业，因此境外所得也需要在我国缴纳企业所得税。选项E，公安局是行政机关，不属于企业所得税纳税人，因此不需缴纳企业所得税。

8. 注册地与实际管理机构所在地均在法国的某银行，取得的下列各项所得中，应按规定缴纳我国企业所得税的有（　　）。

A. 转让位于我国境内的一处不动产取得的财产转让所得

B. 将一项专利使用权转让给位于韩国的某银行取得其支付的特许权使用费收入

C. 在香港证券交易所购入我国境内某公司股票后取得的分红所得

D. 在我国境内设立的分行为我国某公司提供理财咨询服务取得的服务费收入

E. 将在法国巴黎的一处不动产出租给中国企业作为办公场所使用

[参考答案] ACD

[答案解析] 根据《企业所得税法》第四条第二款规定，非居民企业取得本法第三条第三款规定的所得，适用税率为20%。第三条第三款规定，非居民企业在中国境内未设立机构、场所的，或者虽设立机构、场所但取得的所得与其所设机构、场所没有实际联系的，应当就其来源于中国境内的所得缴纳企业所得税。

根据题干表述，该银行属于非居民企业，选项B、E属于境外所得，而且与境内分行无实际联系，因此无须在我国境内缴税。

9. 下列关于所得来源地的确定，不正确的有（　　）。

A. 股息、红利等权益性投资所得，按照分配所得的企业所在地确定

B. 租金所得，按动产或不动产所在地确定

C. 提供劳务所得，按机构所在地确定

D. 特许权使用费所得，按支付所得的企业或机构、场所所在地确定

E. 权益性投资资产转让所得按照被投资企业所在地确定

［参考答案］BC

［答案解析］根据《企业所得税法实施条例》第五条的规定，选项B，租金所得，应该按照负担、支付所得的企业或者机构、场所所在地确定，或者按照负担、支付所得的个人的住所地确定；选项C，提供劳务所得，按劳务发生地确定。

三、判断题

1. 依照外国法律成立，且实际管理机构不在中国境内的企业一定是企业所得税的非居民企业。（ ）

［参考答案］正确

［答案解析］居民企业判定标准为：登记注册地标准和实际管理机构标准，两个标准满足其一，即为我国的居民企业。两者均不满足即为我国的非居民企业。

2. 东海市公安局将临街闲置的一间办公室出租给一家饭店进行经营，收取每年租金6万元，则东海市公安局需要按照规定缴纳企业所得税。（ ）

［参考答案］错误

［答案解析］政府机关属于预算管理的体制，其所得已经被纳入国家财政的体系，因此行政机关不属于企业所得税的纳税人，无须缴纳企业所得税。根据《企业所得税法实施条例》第三条规定，企业所得税法第二条所称依法在中国境内成立的企业，包括依照中国法律、行政法规在中国境内成立的企业、事业单位、社会团体以及其他取得收入的组织。

3. 企业一旦被判定为非居民企业，适用的企业所得税税率一定是20%，实际执行的时候按照10%来执行。（ ）

［参考答案］错误

［答案解析］非居民企业也可能适用25%的税率。根据《企业所得税法实施条例》第九十一条规定，非居民企业取得企业所得税法第二十七条第（五）

项规定的所得，减按10%的税率征收企业所得税。根据《企业所得税法》第四条第二款规定，非居民企业取得本法第三条第三款规定的所得，适用税率为20%。第三条第三款规定，非居民企业在中国境内未设立机构、场所的，或者虽设立机构、场所但取得的所得与其所设机构、场所没有实际联系的，应当就其来源于中国境内的所得缴纳企业所得税。因此，设立机构、场所，并且与取得的所得有联系的非居民企业适用的税率为25%。

4. 合伙企业的合伙人从合伙企业取得的所得一律缴纳个人所得税，而不缴纳企业所得税。（ ）

[参考答案] 错误

[答案解析] 合伙企业采用“先分后税”的原则征收所得税，合伙人如果是法人征收企业所得税，如果是自然人征收个人所得税，因此，“一律征收个人所得税”的表述错误。

第二章　应纳税所得额

一、单项选择题

1. 某居民企业2020年实际发生的工资支出100万元，职工福利费支出15万元，职工培训费是5万，工会经费支出5万元，取得工会专用拨缴收据，2020年该企业计算应纳税所得额时，应调增应纳税所得额（　　）万元。

A. 1

B. 4

C. 3.5

D. 6.5

[参考答案] B

[答案解析] 应调整增加所得 =（15 - 100 × 14%）+（5 - 100 × 2%）= 4（万元）

2. 甲企业2020年3月1日向乙公司借入经营性资金400万元，借款期1年，支付利息费用28万元。假定当年银行同期同类贷款年利息率为6%，不考虑其他纳税调整事项，该甲企业在计算2020年应纳税所得额时，应调整的利息费用为（　　）万元。

A. 28

B. 24

C. 8

D. 4

［参考答案］C

［答案解析］《企业所得税法实施条例》第三十八条规定，非金融企业向非金融企业借款的利息支出，不超过按照金融企业同期同类贷款利率计算的数额的部分，准予税前扣除。国家税务总局公告2011年第34号规定：企业在按照合同要求首次支付利息并进行税前扣除时，应提供"金融企业的同期同类贷款利率情况说明"，以证明其利息支出的合理性。

可以扣除的利息费用 $=400\times6\%\times10/12=20$（万元）

利息费用调增应纳税所得额 $=28-20=8$（万元）

3. 清算所得，是指企业的（　　）减除资产净值、清算费用以及相关税费等后的余额。

A. 全部资产原值

B. 全部资产可变现价值或者交易价格

C. 关联方购买价格

D. 全部资产历史成本

［参考答案］B

［答案解析］《企业所得税法实施条例》第十一条规定，清算所得，是指企业的全部资产可变现价值或者交易价格减除资产净值、清算费用以及相关税费等后的余额。

4. 企业从政府及其有关部门取得的下列项目，应计入收入总额的是（　　）。

A. 国家投资

B. 使用后要求归还本金的资金

C. 先征后退的增值税

D. 按规定取得的出口退税款

［参考答案］C

［答案解析］《关于财政性资金、行政事业性收费、政府性基金的财务和税务处理》（财税〔2008〕151号）规定：企业取得的各类财政性资金，除属于国家投资和资金使用后要求归还本金的以外，均应计入企业当年收入总额。财政性资金，是指企业取得的来源于政府及其有关部门的财政补助、补贴、贷款贴息，以及其他各类财政专项资金，包括直接减免的增值税和即征即退、先征

后退、先征后返的各种税收，但不包括企业按规定取得的出口退税款。

5. 某企业2020年有一笔销售设备业务，合同约定：设备全部价款为700万元，生产过程中购货方预付价款300万元，余款在设备检验后正常运行3个月后的10天内一次性支付；设备由供货方生产、安装，购货方和供货方共同检验。关于该笔业务的收入实现时间和金额，下列表述正确的是（　　）。

A. 在购货方接受设备并安装、检验完毕时确认收入700万元

B. 在购货方接受设备并安装、检验完毕时确认收入300万元

C. 在供货方发出设备时确认收入700万元

D. 在供货方发出设备时确认收入300万元

［参考答案］A

［答案解析］《国家税务总局关于确认企业所得税收入若干问题的通知》（国税函〔2008〕875号）规定：销售商品需要安装和检验的，在购买方接受商品以及安装和检验完毕时确认收入。

6. 甲公司为境内上市公司，2018年1月1日向其100名管理人员每人授予1万股股票期权。如果这些管理人员从2018年1月1日起在该公司连续服务1年，则有权以每股3元的价格购买1万股甲公司股票。公司估计该期权在授予日的公允价格为8元。从授予日起的1年时间内，共有20名前述管理人员离开甲公司。50名前述管理人员在2019年度行权，行权日的公允价格为每股10元。则该业务甲公司2019年度企业所得税税前扣除额是（　　）万元。

A. 5.6

B. 13.6

C. 8.5

D. 3.5

［参考答案］D

［答案解析］《关于我国居民企业实行股权激励计划有关企业所得税处理问题的公告》（国家税务总局公告2012年第18号）规定：对股权激励计划实行后，需待一定服务年限或者达到规定业绩条件（以下简称等待期）方可行权的，上市公司等待期内会计上计算确认的相关成本费用，不得在对应年度计算缴纳企业所得税时扣除。在股权激励计划可行权后，上市公司方可根据该股票实际行权时的公允价格与实际行权支付价格的差额及数量，计算确定作为行权

年度上市公司的工资、薪金支出，依照税法规定进行税前扣除。

企业所得税税前扣除额 = 50 × (10 − 3) × 1 = 350（万元）

7. 企业为职工缴纳的下列保险费，不得在税前扣除的是（　　）。

A. 职业年金

B. 补充医疗保险费

C. 家庭财产保险费

D. 特殊工种职工人身安全保险费

[参考答案] C

[答案解析]《企业所得税法实施条例》第三十六条规定，除企业依照国家有关规定为特殊工种职工支付的人身安全保险费和国务院财政、税务主管部门规定可以扣除的其他商业保险费外，企业为投资者或者职工支付的商业保险费，不得扣除。

8. 在企业所得税中，下列各项属于工资薪金支出的是（　　）。

A. 人人有份的节日福利

B. 企业高层管理人员的境外考察费用

C. 津贴、补贴

D. 基层工会专职人员的工资奖金

[参考答案] C

[答案解析]《企业所得税法实施条例》第三十四条规定，工资薪金，是指企业每一纳税年度支付给在本企业任职或者受雇的员工的所有现金形式或者非现金形式的劳动报酬，包括基本工资、奖金、津贴、补贴、年终加薪、加班工资，以及与员工任职或者受雇有关的其他支出。

9. 某企业2020年将一栋办公楼推倒重置，该办公楼原值1 000万元、已提折旧700万元，重置支出3 000万元，重置后的办公楼计税成本应确定为（　　）万元。

A. 3 000

B. 3 300

C. 3 700

D. 4 000

[参考答案] B

[答案解析]《国家税务总局关于企业所得税若干问题的公告》（国家税务总局公告2011年第34号）第四条规定，企业对房屋、建筑物固定资产在未足额提取折旧前进行改扩建的，如属于推倒重置的，该资产原值减除提取折旧后的净值，应并入重置后的固定资产计税成本，并在该固定资产投入使用后的次月起，按照税法规定的折旧年限，一并计提折旧。

10. 关于手续费和佣金的税务处理，下列表述错误的是（　　）。

A. 企业发生的手续费和佣金均应作为销售费用在税前扣除

B. 企业不得将手续费及佣金支出计入回扣、业务提成、返利、进场费等费用

C. 从事代理服务、主营业务收入为手续费、佣金的企业，其为取得该类收入而实际发生的手续费及佣金支出，作为营业成本处理

D. 电信企业在发展客户、拓展业务等过程中实际发生的相关手续费及佣金支出，不超过企业当年收入总额5%的部分，准予在企业所得税前据实扣除

[参考答案] A

[答案解析]《国家税务总局关于企业所得税应纳税所得额若干税务处理问题的公告》（国家税务总局公告2012年第15号）规定："从事代理服务、主营业务收入为手续费、佣金的企业（如证券、期货、保险代理等企业），其为取得该类收入而实际发生的营业成本（包括手续费及佣金支出），准予在企业所得税前据实扣除。"

对于电信企业手续费及佣金支出税前扣除问题："电信企业在发展客户、拓展业务等过程中（如委托销售电话入网卡、电话充值卡等），需向经纪人、代办商支付手续费及佣金的，其实际发生的相关手续费及佣金支出，不超过企业当年收入总额5%的部分，准予在企业所得税前据实扣除。"

11. 企业拥有的下列无形资产允许在生产经营期间摊销扣除的是（　　）。

A. 接受投资取得的商标权

B. 自创的商誉

C. 外购的商誉

D. 已作为研究开发费在税前扣除的专利技术

[参考答案] A

[答案解析]《企业所得税法》第十二条规定，"在计算应纳税所得额时，

企业按照规定计算的无形资产摊销费用，准予扣除。下列无形资产不得计算摊销费用扣除：（一）自行开发的支出已在计算应纳税所得额时扣除的无形资产；（二）自创商誉；（三）与经营活动无关的无形资产；（四）其他不得计算摊销费用的无形资产”。

《企业所得税法实施条例》第六十七条规定，“作为投资或者受让的无形资产，有关法律规定或者合同约定了使用年限的，可以按照规定或者约定的使用年限分期摊销。外购商誉的支出，在企业整体转让或者清算时，准予扣除。”

12. 对企业发现以前年度实际发生的、按照税收规定应在企业所得税前扣除而未扣除或者少扣除的支出，企业做出专项申报及说明后准予追补至该项目发生年度计算扣除，但追补确认期限不得超过（　　）年。

A. 1

B. 3

C. 5

D. 7

［参考答案］ C

［答案解析］《国家税务总局关于企业所得税应纳税所得额若干税务处理问题的公告》（国家税务总局2012年第15号公告）第六条规定，根据《中华人民共和国税收征收管理法》的有关规定，对企业发现以前年度实际发生的、按照税收规定应在企业所得税前扣除而未扣除或者少扣除的支出，企业做出专项申报及说明后，准予追补至该项目发生年度计算扣除，但追补确认期限不得超过5年。

13. 企业采用下列销售方式销售商品的，销售收入确认正确的是（　　）。

A. 采用售后回购方式销售商品的，销售的商品一律按售价确认收入

B. 销售商品以旧换新的，销售商品应当按照销售商品收入确认条件确认收入

C. 商品销售涉及折扣的，应当按照扣除折扣后的金额确定销售商品收入金额

D. 以买一赠一方式销售本企业商品的，赠送的商品应按视同销售确认收入

［参考答案］ B

［答案解析］《国家税务总局关于确认企业所得税收入若干问题的通知》（国税函〔2008〕875号）规定：采用售后回购方式销售商品的，销售的商品按售价确认收入，回购的商品作为购进商品处理。有证据表明不符合销售收入确认条件的，如以销售商品方式进行融资，收到的款项应确认为负债，回购价格大于原售价的，差额应在回购期间确认为利息费用。销售商品以旧换新的，销售商品应当按照销售商品收入确认条件确认收入，回收的商品作为购进商品处理。商品销售涉及商业折扣的，应当按照扣除商业折扣后的金额确定销售商品收入金额。销售商品涉及现金折扣的，应当按扣除现金折扣前的金额确定销售商品收入金额，现金折扣在实际发生时作为财务费用扣除。企业以买一赠一等方式组合销售本企业商品的，应将总的销售金额按各项商品的公允价值的比例来分摊确认各项的销售收入。

14. 根据现行企业所得税有关规定，不得提取折旧的固定资产是（　　）。

A. 以经营租赁方式出租的固定资产

B. 房屋、建筑物

C. 与经营活动有关的固定资产

D. 以融资租赁方式租出的固定资产

［参考答案］D

［答案解析］《企业所得税法》第十一条规定，以融资租赁方式租出的固定资产不得计算折旧扣除。

15. 下列各项中，能作为业务招待费税前扣除限额计提依据的是（　　）。

A. 转让无形资产使用权的收入

B. 因债权人原因确实无法支付的应付款项

C. 转让无形资产所有权的收入

D. 出售固定资产的收入

［参考答案］A

［答案解析］《企业所得税法实施条例》第四十三条规定："企业发生的与生产经营活动有关的业务招待费支出，按照发生额的60%扣除，但最高不得超过当年销售（营业）收入的5‰。"年度申报表附表A101 010一般企业收入明细表中，非流动资产处置利得、确实无法偿付的应付款项为营业外收入。

16. 2020年某居民企业实现产品销售收入1 200万元，视同销售收入400

万元，债务重组收益 100 万元，发生的成本费用总额 1 600 万元，其中业务招待费支出 20 万元。假定不存在其他纳税调整事项，2020 年度该企业应纳税所得额为（　　）万元。

A. 100

B. 111.5

C. 112

D. 114

[参考答案] C

[答案解析]《企业所得税法实施条例》第四十三条规定：企业发生的与生产经营活动有关的业务招待费支出，按照发生额的 60% 扣除，但最高不得超过当年销售（营业）收入的 5‰。年度申报表附表 A101010 一般企业收入明细表中，债务重组利得为营业外收入。因而业务招待费支出的 60% 为 12 万元（20 × 60%），当年销售（营业）收入的 5‰为 8 万元 [（1 200 + 400）× 5‰]。孰小的原则，准予税前扣除的业务招待费是 8 万元。应调增应纳税所得额 12 万元。

应纳税所得额 = 1 200 + 400 + 100 − 1 600 + 12 = 112（万元）。

17. 下列费用项目中，计算企业所得税应纳税所得额时，不得税前扣除的项目是（　　）。

A. 金融企业按财政部、国家税务总局规定提取的呆账准备金

B. 纳税人转让各类固定资产发生的费用

C. 纳税人参加财产保险，并按照规定缴纳的保险费用

D. 企业内营业机构之间支付的租金和特许权使用费

[参考答案] D

[答案解析]《企业所得税法实施条例》第四十九条规定：企业之间支付的管理费、企业内营业机构之间支付的租金和特许权使用费，以及非银行企业内营业机构之间支付的利息，不得扣除。”

18. 下列属于企业所得税视同销售收入的是（　　）。

A. 房地产企业将开发房产转作办公用途

B. 房地企业将开发房产用于经营酒店

C. 某酒厂将产品用于捐赠

D. 某工业企业将产品用于管理部门使用

[参考答案] C

[答案解析] 《国家税务总局关于企业处置资产所得税处理问题的通知》(国税函〔2008〕828号)规定:企业将资产用于对外捐赠,因资产所有权属已发生改变而不属于内部处置资产,应按规定视同销售确定收入。

19. 某生产企业在2020年发生财务费用300万元,其中包括用于在建工程支付银行贷款的利息180万元,以及企业为了扩大再生产,年初向其他企业支付借款1 500万元的本年利息120万元(同期银行贷款年利率为6%)。企业当年准予扣除的财务费用是(　　)万元。

A. 300

B. 180

C. 120

D. 90

[参考答案] D

[答案解析] 《企业所得税法实施条例》第三十七条规定:"企业为购置、建造固定资产、无形资产和经过12个月以上的建造才能达到预定可销售状态的存货发生借款的,在有关资产购置、建造期间发生的合理的借款费用,应当作为资本性支出计入有关资产的成本,并依照本条例的规定扣除。"第三十八条规定:"企业在生产经营活动中发生的下列利息支出,准予扣除:(一)非金融企业向金融企业借款的利息支出、金融企业的各项存款利息支出和同业拆借利息支出、企业经批准发行债券的利息支出;(二)非金融企业向非金融企业借款的利息支出,不超过按照金融企业同期同类贷款利率计算的数额的部分。"

准予税前扣除的利息 =1 500 ×6% =90(万元)

20. 下列关于固定资产税务处理的说法中,不正确的是(　　)。

A. 企业应当自固定资产投入使用月份的当月起计算折旧

B. 企业按会计规定提取的固定资产减值准备,不得税前扣除,其折旧仍按税法确定的固定资产计税基础计算扣除

C. 企业固定资产会计折旧年限如果长于税法规定的最低折旧年限,其折旧应按会计折旧年限计算扣除,税法另有规定除外

D. 企业按税法规定实行加速折旧的,其按加速折旧办法计算的折旧额可全额在税前扣除

［参考答案］A

［答案解析］《企业所得税法实施条例》第五十九条规定："企业应当自固定资产投入使用月份的次月起计算折旧；停止使用的固定资产，应当自停止使用月份的次月起停止计算折旧。"

《国家税务总局关于企业所得税应纳税所得额若干问题的公告》（国家税务总局公告2014年第29号）规定："企业固定资产会计折旧年限如果长于税法规定的最低折旧年限，其折旧应按会计折旧年限计算扣除，税法另有规定除外。""企业按会计规定提取的固定资产减值准备，不得税前扣除，其折旧仍按税法确定的固定资产计税基础计算扣除。""企业按税法规定实行加速折旧的，其按加速折旧办法计算的折旧额可全额在税前扣除。"

21. 企业为下列用途借款发生的借款费用，不可以在当期税前扣除的是（　　）。

A. 建造固定资产竣工交付使用后发生的借款利息

B. 企业经批准发行债券融资发生的借款利息

C. 经过8个月建造才能达到预定可使用状态的存货在建造期间发生的借款费用

D. 长期股权投资发生的借款费用

［参考答案］B

［答案解析］《企业所得税法实施条例》第三十七条规定，企业在生产经营活动中发生的合理的不需要资本化的借款费用，准予扣除。企业为购置、建造固定资产、无形资产和经过12个月以上的建造才能达到预定可销售状态的存货发生借款的，在有关资产购置、建造期间发生的合理的借款费用，应当作为资本性支出计入有关资产的成本，并按税法规定税前扣除。

《国家税务总局关于企业所得税应纳税所得额若干税务处理问题的公告》（国家税务总局公告2012年第15号）规定："企业通过发行债券、取得贷款、吸收保户储金等方式融资而发生的合理的费用支出，符合资本化条件的，应计入相关资产成本；不符合资本化条件的，应作为财务费用，准予在企业所得税前据实扣除。"

22. 2020年某企业当年实现自产货物销售收入500万元，当年发生计入销售费用中的广告费60万元，企业上年结转未税前扣除的广告费35万元，根据广告费分摊协议，从关联方分摊给本企业的广告费为 10 万元（广告费的扣除比例为 15%），企业当年可以税前扣除的广告费是（　　）万元。

A. 60

B. 75

C. 85

D. 95

［参考答案］C

［答案解析］《企业所得税法实施条例》第四十四条规定："企业发生的符合条件的广告费和业务宣传费支出，除国务院财政、税务主管部门另有规定外，不超过当年销售（营业）收入 15% 的部分，准予扣除；超过部分，准予在以后纳税年度结转扣除。"

《财政部　税务总局关于广告费和业务宣传费支出税前扣除有关事项的公告》（财政部　税务总局公告 2020 年第 43 号）规定："对签订广告费和业务宣传费分摊协议（以下简称分摊协议）的关联企业，其中一方发生的不超过当年销售（营业）收入税前扣除限额比例内的广告费和业务宣传费支出可以在本企业扣除，也可以将其中的部分或全部按照分摊协议归集至另一方扣除。另一方在计算本企业广告费和业务宣传费支出企业所得税税前扣除限额时，可将按照上述办法归集至本企业的广告费和业务宣传费不计算在内。"

扣除限额为 75 万元（500 × 15%）。根据年度申报表附表 A105060 广告费和业务宣传费等跨年度纳税调整明细表的逻辑计算规则，扣除当年发生的广告费 60 万元后，还可扣除上年度结转的 15 万元。从关联方分摊的广告费 10 万元可以税前扣除，不受扣除限额的限制。该企业当年可税前扣除广告费金额为 85 万元，结转以后年度扣除额 20 万元。

23. 某贸易公司 2020 年 3 月 1 日，以经营租赁方式从关联方租入固定资产使用，租期 1 年，按独立交易原则每年支付租金 1.2 万元；6 月 1 日以融资租赁方式租入机器设备一台，租期 2 年，当年支付租金 1.5 万元。计算当年企业应纳税所得额时应扣除的租赁费用为（　　）万元。

A. 1.0

B. 1.2

C. 1.5

D. 2.7

[参考答案] A

[答案解析]《企业所得税法实施条例》第四十七条规定："企业根据生产经营活动的需要租入固定资产支付的租赁费，按照以下方法扣除：（一）以经营租赁方式租入固定资产发生的租赁费支出，按照租赁期限均匀扣除；（二）以融资租赁方式租入固定资产发生的租赁费支出，按照规定构成融资租入固定资产价值的部分应当提取折旧费用，分期扣除。"

24. 某企业2020年度利润总额为40万元，除捐赠外其他项目调整后应纳税所得额为50万元。当年"营业外支出"账户中列支了通过当地教育部门向农村义务教育的捐赠5万元，通过红十字会向武汉疫情捐赠10万元。该企业2020年可税前扣除的捐赠金额为（　　）万元。

A. 14.8

B. 15

C. 4.8

D. 6.0

[参考答案] A

[答案解析]《财政部　国家税务总局关于公益性捐赠支出企业所得税税前结转扣除有关政策的通知》（财税〔2018〕15号）规定："企业通过公益性社会组织或者县级（含县级）以上人民政府及其组成部门和直属机构，用于慈善活动、公益事业的捐赠支出，在年度利润总额12%以内的部分，准予在计算应纳税所得额时扣除；超过年度利润总额12%的部分，准予结转以后三年内在计算应纳税所得额时扣除。"

《财政部　税务总局关于支持新型冠状病毒感染的肺炎疫情防控有关捐赠税收政策的公告》（财政部　税务总局公告2020年第9号）规定，企业通过公益性社会组织或者县级以上人民政府及其部门等国家机关，捐赠用于应对新型冠状病毒感染的肺炎疫情的现金和物品，以及企业直接向承担疫情防治任务的医院捐赠用于应对新型冠状病毒感染的肺炎疫情的物品，允许在计算应纳税所得额时全额扣除。

公益性捐赠扣除限额 $=40\times12\%=4.8$（万元）

通过当地教育部门向农村义务教育的捐赠5万元，允许税前扣除4.8万元，超过限额的0.2万元结转以后三年内税前扣除。

通过红十字会向武汉疫情捐赠10万元可以全额扣除。

当年度税前扣除的捐赠金额 = 4.8 + 10 = 14.8（万元）

25. 按照《企业所得税法》和《企业所得税法实施条例》规定，下列表叙中不正确的是（　　）。

A. 为本企业投资者和高管支付的补充养老保险费、补充医疗保险费，分别在不超过职工工资总额5%标准内的部分准予税前扣除

B. 企业依照国家有关规定为特殊工种职工支付的人身安全保险费，准予税前扣除

C. 企业依照国家有关规定为职工缴纳的基本养老保险费、基本医疗保险费、失业保险费、工伤保险费、生育保险费等基本社会保险费和住房公积金，准予扣除

D. 除国务院财政、税务主管部门另有规定外，为投资者或者职工支付的商业保险费不得扣除

[参考答案] A

[答案解析]《财政部　国家税务总局关于补充养老保险费、补充医疗保险费有关企业所得税政策问题的通知》（财税〔2009〕27号）规定：“自2008年1月1日起，企业根据国家有关政策规定，为在本企业任职或者受雇的全体员工支付的补充养老保险费、补充医疗保险费，分别在不超过职工工资总额5%标准内的部分，在计算应纳税所得额时准予扣除；超过的部分，不予扣除。”

《企业所得税法实施条例》第三十五条规定：“企业依照国务院有关主管部门或者省级人民政府规定的范围和标准为职工缴纳的基本养老保险费、基本医疗保险费、失业保险费、工伤保险费、生育保险费等基本社会保险费和住房公积金，准予扣除。”

《企业所得税法实施条例》第三十六条规定：“除企业依照国家有关规定为特殊工种职工支付的人身安全保险费和国务院财政、税务主管部门规定可以扣除的其他商业保险费外，企业为投资者或者职工支付的商业保险费，不得扣除。”

26. 按照《企业所得税法》及其实施条例规定，下列固定资产可以提取折旧的是（　　）。

A. 经营租赁方式租出的固定资产

B. 以融资租赁方式租出的固定资产

C. 未使用的机器设备

D. 单独估价作为固定资产入账的土地

[参考答案] A

[答案解析] 在计算应纳税所得额时，企业按照规定计算的固定资产折旧，准予扣除。

27. 下列关于居民企业实行股权激励计划的企业所得税处理中，不正确的是（　　）。

A. 在等待期内会计上确认的相关成本费用，不得在对应年度计算扣除

B. 可行权后，企业可以根据股票实际行权时的公允价格与实际行权支付价格的差额及数量，计算确定税前扣除额

C. 股票实际行权时的公允价格，以该股票实际行权日的前一个交易日的收盘价格确定

D. 股权激励实行方式包括授予限制性股票、股票期权以及其他法律法规规定的方式

[参考答案] C

[答案解析]《国家税务总局关于我国居民企业实行股权激励计划有关企业所得税处理问题的公告》（国家税务总局公告 2012 年第 18 号）规定："股票实际行权时的公允价格，以实际行权日该股票的收盘价格确定。"

28. 某农场外购奶牛支付价款 20 万元，税前扣除方法为（　　）。

A. 一次性在税前扣除

B. 按奶牛寿命在税前分期扣除

C. 按直线法以不低于 3 年折旧年限计算折旧税前扣除

D. 按直线法以不低于 10 年折旧年限计算折旧税前扣除

[参考答案] C

[答案解析] 畜类生产性生物资产计算折旧的最低年限为 3 年。

29. 甲企业处置某设备的原价 150 万元，预计年限 5 年，会计上按直线法折旧，税收上按年数总和法加速折旧并税前扣除，预计残值为 0。已计提了 2 年折旧。则在处置时，该设备的账面价值和计税基础正确的是（　　）。

A. 90，90

B. 60，90

C. 60，60

D. 90，60

［参考答案］D

［答案解析］会计账面价值 $=150-(150/5\times2)=90$（万元）

年折旧率 = 尚可使用年限 ÷ 预计使用寿命的年数总和 × 100%

计税基础 $=150-[150\times5/(5+4+3+2+1)]-[150\times4/(5+4+3+2+1)]$

$=150-50-40=60$（万元）

30. 下列关于收入确认时点的表述，正确的是（　　）。

A. 利息收入，按照合同约定的债务人应付利息的日期确认收入的实现

B. 从事建筑、安装、装配工程业务的，按照完工进度或完成的工作量确认收入的实现

C. 接受捐赠收入，按照签订捐赠合同的日期确认收入的实现

D. 权益性投资收益，按照被投资方作利润分配账务处理的日期确认收入的实现

［参考答案］A

［答案解析］《企业所得税法实施条例》第十八条规定，利息收入，按照合同约定的债务人应付利息的日期确认收入的实现。

《国家税务总局关于确认企业所得税收入若干问题的通知》（国税函〔2008〕875号）规定，提供劳务交易的结果能够可靠估计的，应采用完工进度（完工百分比）法确认提供劳务收入。

《企业所得税法实施条例》第二十一条规定，接受捐赠收入，按照实际收到捐赠资产的日期确认收入的实现。

《企业所得税法实施条例》第十七条规定，股息、红利等权益性投资收益，除国务院财政、税务主管部门另有规定外，按照被投资方作出利润分配决定的日期确认收入的实现。

31. 关于股权转让所得确认和计算问题，下列说法错误的是（　　）。

A. 企业转让股权收入，应于转让协议生效且完成股权变更手续时，确认收入的实现

B. 转让股权收入扣除为取得该股权所发生的成本和被投资企业未分配利润等股东留存收益中按该项股权所可能分配的金额后，为股权转让所得

C. 企业在计算股权转让所得时，不得扣除被投资企业未分配利润等股东留存收益中按该项股权所可能分配的金额

D. 转让股权收入扣除为取得该股权所发生的成本后，为股权转让所得

[参考答案] B

[答案解析]《国家税务总局关于贯彻落实企业所得税法若干税收问题的通知》（国家税务总局国税函〔2010〕79号）文件规定，转让股权收入扣除为取得该股权所发生的成本后，为股权转让所得。企业在计算股权转让所得时，不得扣除被投资企业未分配利润等股东留存收益中按该项股权所可能分配的金额。

32. 下列关于企业转让上市公司限售股表述错误的是（　　）。

A. 企业转让代个人持有的限售股取得的收入，应作为企业应税收入计算纳税

B. 限售股转让所得为限售股转让收入扣除限售股原值和合理税费后的余额

C. 企业未能提供完整、真实的限售股原值凭证，不能准确计算该限售股原值的，主管税务机关一律按该限售股转让收入的10%，核定为该限售股原值和合理税费

D. 企业在限售股解禁前转让限售股的，应按减持在证券登记结算机构登记的限售股取得的全部收入，计入企业当年度应税收入计算纳税

[参考答案] C

[答案解析] 企业未能提供完整、真实的限售股原值凭证，不能准确计算该限售股原值的，主管税务机关一律按该限售股转让收入的15%，核定为该限售股原值和合理税费。

33. 根据企业所得税法相关规定，下列（　　）情况需要按照视同销售确认收入。

A. 某公司将仓库改建为餐厅对外营业

B. 总厂将半成品交付分厂做精加工

C. 公司将自产的汽车作为奖励发给优秀员工

D. 某公司将采购的精油加工成化妆品

［参考答案］C

［答案解析］《国家税务总局关于企业处置资产所得税处理问题的通知》（国税函〔2008〕828号）规定："二、企业将资产移送他人的下列情形，因资产所有权属已发生改变而不属于内部处置资产，应按规定视同销售确定收入。（一）用于市场推广或销售；（二）用于交际应酬；（三）用于职工奖励或福利；（四）用于股息分配；（五）用于对外捐赠；（六）其他改变资产所有权属的用途。"

选项A、B、D资产所有权未改变。

34. 下列关于销售货物确认时间的说法，正确的是（　　）。

A. 销售商品采取托收承付方式的，在办妥托收手续时确认收入

B. 销售商品需要简单安装和检验的，在购买方接受商品并安装和检验完毕后确认收入

C. 销售商品采用支付手续费方式委托代销的，在支付手续费后确认收入

D. 销售商品采取预收货款方式的，在收到预收款时确认收入

［参考答案］A

［答案解析］《国家税务总局关于确认企业所得税收入若干问题的通知》（国税函〔2008〕875号）第一条第二项规定："符合上款收入确认条件，采取下列商品销售方式的，应按以下规定确认收入实现时间：

1. 销售商品采用托收承付方式的，在办妥托收手续时确认收入。

2. 销售商品采取预收款方式的，在发出商品时确认收入。

3. 销售商品需要安装和检验的，在购买方接受商品以及安装和检验完毕时确认收入。如果安装程序比较简单，可在发出商品时确认收入。

4. 销售商品采用支付手续费方式委托代销的，在收到代销清单时确认收入。"

35. 某公司2020年度会计利润是500万元，其中部分业务如下：支付罚款5万；向承担疫情防治任务的医院捐赠用于应对疫情的物品80万；因毁约赔偿4万；通过村委会捐赠70万用于敬老院。则该公司的应纳税所得额是（　　）万元。

A. 515

B. 575

C. 535

D. 539

[参考答案] B

[答案解析]《企业所得税法》第十条规定："在计算应纳税所得额时，下列支出不得扣除：（一）向投资者支付的股息、红利等权益性投资收益款项；（二）企业所得税税款；（三）税收滞纳金；（四）罚金、罚款和被没收财物的损失；（五）本法第九条规定以外的捐赠支出；（六）赞助支出；（七）未经核定的准备金支出；（八）与取得收入无关的其他支出。"

《财政部　国家税务总局关于公益性捐赠支出企业所得税税前结转扣除有关政策的通知》（财税〔2018〕15号）规定："企业通过公益性社会组织或者县级（含县级）以上人民政府及其组成部门和直属机构，用于慈善活动、公益事业的捐赠支出，在年度利润总额12%以内的部分，准予在计算应纳税所得额时扣除；超过年度利润总额12%的部分，准予结转以后三年内在计算应纳税所得额时扣除。"

罚款及通过村委会的捐赠需调增，应纳税所得额 = 500 + 5 + 70 = 575（万元）

36. 某电影制作企业2020年度发生的亏损，最久可以到（　　）结转。

A. 2024年

B. 2025年

C. 2028年

D. 2030年

[参考答案] C

[答案解析]《财政部　税务总局关于电影等行业税费支持政策的公告》（财政部　税务总局公告2020年第25号）规定：对电影行业企业2020年度发生的亏损，最长结转年限由5年延长至8年。

37. 自2018年1月1日起，高新技术企业在具备资格年度之前5个年度发生的尚未弥补完的亏损，准予结转以后年度弥补，结转年限是（　　）。

A. 5年

B. 8年

C. 10年

D. 无期限

［参考答案］C

［答案解析］《财政部　税务总局关于延长高新技术企业和科技型中小企业亏损结转年限的通知》（财税〔2018〕76号）第一条规定：自2018年1月1日起，当年具备高新技术企业或科技型中小企业资格（以下统称资格）的企业，其具备资格年度之前5个年度发生的尚未弥补完的亏损，准予结转以后年度弥补，最长结转年限由5年延长至10年。

38. 根据《企业所得税法》相关规定，下列支出可以扣除的是（　　）。

A. 向投资者支付的股息

B. 广告性质的赞助支出

C. 税收滞纳金

D. 企业所得税税款

［参考答案］B

［答案解析］根据《企业所得税法》第十条规定："在计算应纳税所得额时，下列支出不得扣除：（一）向投资者支付的股息、红利等权益性投资收益款项；（二）企业所得税税款；（三）税收滞纳金；（四）罚金、罚款和被没收财物的损失；（五）本法第九条规定以外的捐赠支出；（六）赞助支出；（七）未经核定的准备金支出；（八）与取得收入无关的其他支出。"

39. 企业发生广告费和业务宣传费可按照当年营业收入30%比例扣除的是（　　）。

A. 白酒制造企业

B. 化妆品制造企业

C. 医药销售企业

D. 房地产开发企业

［参考答案］B

［答案解析］《财政部　税务总局关于广告费和业务宣传费支出税前扣除有关事项的公告》（财政部　税务总局公告2020年第43号）第一条规定：对化妆品制造或销售、医药制造和饮料制造（不含酒类制造）企业发生的广告费和业务宣传费支出，不超过当年销售（营业）收入30%的部分，准予扣除；超过部分，准予在以后纳税年度结转扣除。

40. 下列属于按企业所得税规定不征税收入的是（   ）。

A. 事业单位收到的财政拨款

B. 企业收到的国债利息收入

C. 出口企业获取的出口退税款

D. 居民企业之间的股息收入

［参考答案］A

［答案解析］《企业所得税法》第七条规定："收入总额中的下列收入为不征税收入：（一）财政拨款；（二）依法收取并纳入财政管理的行政事业性收费、政府性基金；（三）国务院规定的其他不征税收入。"

《财政部 国家税务总局关于财政性资金、行政事业性收费、政府性基金有关企业所得税政策问题的通知》（财税〔2008〕151号）规定：企业取得的各类财政性资金，除属于国家投资和资金使用后要求归还本金的以外，均应计入企业当年收入总额。该通知所称财政性资金，是指企业取得的来源于政府及其有关部门的财政补助、补贴、贷款贴息，以及其他各类财政专项资金，包括直接减免的增值税和即征即退、先征后退、先征后返的各种税收，但不包括企业按规定取得的出口退税款。

《企业所得税法》第二十六条规定："企业的下列收入为免税收入：（一）国债利息收入；（二）符合条件的居民企业之间的股息、红利等权益性投资收益；（三）在中国境内设立机构、场所的非居民企业从居民企业取得与该机构、场所有实际联系的股息、红利等权益性投资收益；（四）符合条件的非营利组织的收入。"

41. 2020年某公司向本单位员工实际发放工资1 000万元，另外向劳务派遣员工支付50万元，如果当年职工福利费为300万元，应调增应纳税所得额为（   ）万元。

A. 153

B. 160

C. 110

D. 167

［参考答案］A

［答案解析］调增额 $=300-(1\ 000+50)\times14\%=153$（万元）

42. 关于手续费及佣金支出，以下说法错误的是（　　）。

A. 保险企业发生与其经营活动有关的手续费及佣金支出，不超过当年全部保费收入扣除退保金等后余额的18%的部分，准予扣除

B. 主营业务收入为手续费的企业，其取得该类收入而发生的手续费及佣金收入，准予据实扣除

C. 电信企业的手续费及佣金支出，不超过当年收入总额5%的部分，准予扣除

D. 企业支付的手续费及佣金不得直接冲减合同金额

［参考答案］C

［答案解析］《财政部　税务总局关于保险企业手续费及佣金支出税前扣除政策的公告》（财政部　税务总局公告2019年第72号）规定，保险企业发生与其经营活动有关的手续费及佣金支出，不超过当年全部保费收入扣除退保金等后余额的18%（含本数）的部分，在计算应纳税所得额时准予扣除；超过部分，允许结转以后年度扣除。

《国家税务总局关于企业所得税应纳税所得额若干税务处理问题的公告》（国家税务总局公告2012年第15号）规定，从事代理服务、主营业务收入为手续费、佣金的企业（如证券、期货、保险代理等企业），其为取得该类收入而实际发生的营业成本（包括手续费及佣金支出），准予在企业所得税前据实扣除。

《国家税务总局关于电信企业手续费及佣金支出税前扣除问题的公告》（国家税务总局公告2013年第59号）规定，电信企业手续费及佣金支出，仅限于电信企业在发展客户、拓展业务等过程中因委托销售电话入网卡、电话充值卡所发生的手续费及佣金支出。

《财政部　国家税务总局关于企业手续费及佣金支出税前扣除政策的通知》（财税〔2009〕29号）规定，企业支付的手续费及佣金不得直接冲减服务协议或合同金额，并如实入账。

43. 某医药公司2020年取得销售收入5 000万元，国债利息收入200万元，逾期未退还包装物没收的押金100万元，债务重组收入50万元，发生业务宣传费300万元，广告费1 300万元。该公司的业务宣传费和广告费的纳税调增额是（　　）万元。

A. 55

B. 70

C. 100

D. 850

[参考答案] C

[答案解析]《企业所得税法实施条例》第四十四条规定：企业发生的符合条件的广告费和业务宣传费支出，除国务院财政、税务主管部门另有规定外，不超过当年销售（营业）收入15%的部分，准予扣除；超过部分，准予在以后纳税年度结转扣除。

逾期未退包装物押金收益、债务重组利得作为营业外收入。

调增额 $= 1\ 300 + 300 - 5\ 000 \times 30\% = 100$（万元）

44. 根据企业所得税规定，以下税金不允许扣除的是（　　）

A. 印花税

B. 允许抵扣的增值税

C. 消费税

D. 资源税

[参考答案] B

[答案解析]《企业所得税法实施条例》第三十一条规定，企业所得税法第八条所称税金，是指企业发生的除企业所得税和允许抵扣的增值税以外的各项税金及其附加。

45. 下列支出项目，可以按规定限额扣除的是（　　）。

A. 职工福利费支出

B. 增值税

C. 员工五险一金

D. 银行借款利息

[参考答案] A

[答案解析] 不得抵扣的增值税可扣除；员工五险一金、银行借款利息直接扣除。

46. 甲公司以公司价值1 500万元的股权和500万元现金收购乙公司30%的股权，该股权计税基础为1 800万元。按照特殊性税务处理，乙公司应确认资产转让所得是（　　）万元。

A. 200

B. 50

C. 20

D. 0

［**参考答案**］B

［**答案解析**］《财政部　国家税务总局关于企业重组业务企业所得税处理若干问题的通知》（财税〔2009〕59号）规定：交易中股权支付暂不确认有关资产的转让所得或损失的，其非股权支付仍应在交易当期确认相应的资产转让所得或损失，并调整相应资产的计税基础。

非股权支付对应的资产转让所得或损失=（被转让资产的公允价值-被转让资产的计税基础）×（非股权支付金额÷被转让资产的公允价值）=（1 500+500-1 800）×（500/（1 500+500））=50（万元）

47. 某制造企业2020年接受关联方权益性投资为100万，向关联方借款500万元，利息支出50万元，同期银行同类贷款利率为8%，准予扣除的利息支出是（　　）万元。

A. 16

B. 40

C. 50

D. 10

［**参考答案**］A

［**答案解析**］关联方债权性投资与其权益性投资比例为：

金融企业为5∶1；其他企业为2∶1。

100×2×8%=16（万元）

48. 下列税金在发生当期计入相关资本的成本，可在以后各期分摊扣除的是（　　）。

A. 印花税

B. 耕地占用税

C. 房产税

D. 土地增值税

［参考答案］B

［答案解析］进口关税、耕地占用税、车辆购置税在发生当期计入相关资产的成本，在以后各期分摊扣除。

49. 2019年初，甲居民企业以实物资产400万元直接投资于乙居民企业，取得乙企业30%的股权。2020年11月，甲企业全部撤回投资，取得资产总计600万元，投资撤回时乙企业累计未分配利润为300万元，累计盈余公积50万元。不考虑其他因素，关于甲企业撤回该项投资的说法，正确的是（　　）。

A. 甲企业应确认的投资资产转让所得为200万元

B. 甲企业应确认投资的股息所得为105万元

C. 甲企业应确认的应纳税所得额为200万元

D. 甲企业撤回投资应缴纳企业所得税为50万元

［参考答案］B

［答案解析］《国家税务总局关于企业所得税若干问题的公告》（国家税务总局公告2011年第34号）第五条规定：投资企业从被投资企业撤回或减少投资，其取得的资产中，相当于初始出资的部分，应确认为投资收回；相当于被投资企业累计未分配利润和累计盈余公积按减少实收资本比例计算的部分，应确认为股息所得；其余部分确认为投资资产转让所得。

相当于初始投资400万元确认为投资收回。

应确认的股息所得为105万元［（300+50）×30%］，居民企业之间的符合条件的投资收益免税。

应确认的投资资产转让所得=600-400-105=95（万元）

应缴纳企业所得税=95×25%=23.75（万元）

50. 企业政策性搬迁的税务处理，正确的是（　　）。

A. 搬迁损失自搬迁完成年度起6个年度，均匀在税前扣除

B. 搬迁的资产需要大修理后重新使用的，以资产的净值为计税成本

C. 资产搬迁工程中遭到损毁取得的保险赔偿属于搬迁收入

D. 企业搬迁被征用的土地，采取土地置换的，按被征用土地的净值作为计税成本

［参考答案］C

［答案解析］《企业政策性搬迁所得税管理办法》（国家税务总局公告2012

年第40号）第十八条规定："企业搬迁收入扣除搬迁支出后为负数的，应为搬迁损失。搬迁损失可在下列方法中选择其一进行税务处理：（一）在搬迁完成年度，一次性作为损失进行扣除。（二）自搬迁完成年度起分3个年度，均匀在税前扣除。上述方法由企业自行选择，但一经选定，不得改变。"

第十二条规定："企业搬迁的资产，需要进行大修理后才能重新使用的，应就该资产的净值，加上大修理过程所发生的支出，为该资产的计税成本。在该项资产重新投入使用后，按该资产尚可使用的年限，计提折旧或摊销。"

第六条规定："企业取得的搬迁补偿收入，是指企业由于搬迁取得的货币性和非货币性补偿收入。具体包括：（一）对被征用资产价值的补偿；（二）因搬迁、安置而给予的补偿；（三）对停产停业形成的损失而给予的补偿；（四）资产搬迁过程中遭到毁损而取得的保险赔款；（五）其他补偿收入。"

第十三条规定："企业搬迁中被征用的土地，采取土地置换的，换入土地的计税成本按被征用土地的净值，以及该换入土地投入使用前所发生的各项费用支出，为该换入土地的计税成本，在该换入土地投入使用后，按《企业所得税法》及其实施条例规定年限摊销。"

二、多项选择题

1. 下列利息支出项目中，在计算企业所得税应纳税所得额时可以从收入总额中扣除的有（　　）。

A. 因经营需要企业之间相互拆借的利息支出按金融机构同类、同期贷款利率计算的部分

B. 建造、购置固定资产的利息支出

C. 企业为对外投资发生的借款费用

D. 建造、购置固定资产竣工决算投产后发生的向金融机构借款的利息支出

E. 房地产企业为建造开发产品借入资金，在建造之前发生的向金融机构借款的利息支出

[参考答案] ACDE

[答案解析]《企业所得税法实施条例》第三十七条规定：企业为购置、建造固定资产、无形资产和经过12个月以上的建造才能达到预定可销售状态的存货发生借款的，在有关资产购置、建造期间发生的合理的借款费用，应当作为

资本性支出计入有关资产的成本，并依照本条例的规定扣除。

第三十八条规定：“企业在生产经营活动中发生的下列利息支出，准予扣除：（一）非金融企业向金融企业借款的利息支出、金融企业的各项存款利息支出和同业拆借利息支出、企业经批准发行债券的利息支出；（二）非金融企业向非金融企业借款的利息支出，不超过按照金融企业同期同类贷款利率计算的数额的部分。”

《国家税务总局关于印发〈房地产开发经营业务企业所得税处理办法〉的通知》（国税发〔2009〕31号）第二十一条规定：“企业的利息支出按以下规定进行处理：（一）企业为建造开发产品借入资金而发生的符合税收规定的借款费用，可按企业会计准则的规定进行归集和分配，其中属于财务费用性质的借款费用，可直接在税前扣除。（二）企业集团或其成员企业统一向金融机构借款分摊集团内部其他成员企业使用的，借入方凡能出具从金融机构取得借款的证明文件，可以在使用借款的企业间合理的分摊利息费用，使用借款的企业分摊的合理利息准予在税前扣除。”

2. 纳税人在生产经营过程中租入固定资产而支付的费用，可以直接作为费用税前扣除的有（　　）。

A. 经营租赁方式发生的租赁费

B. 融资租赁方式发生的租赁费

C. 租赁方支付的手续费

D. 安装交付使用后支付的利息

E. 融资性售后回租承租人支付的属于融资利息的部分

[参考答案] ACDE

[答案解析]《企业所得税法实施条例》第四十七条规定：“企业根据生产经营活动的需要租入固定资产支付的租赁费，按照以下方法扣除：（一）以经营租赁方式租入固定资产发生的租赁费支出，按照租赁期限均匀扣除；（二）以融资租赁方式租入固定资产发生的租赁费支出，按照规定构成融资租入固定资产价值的部分应当提取折旧费用，分期扣除。”

《国家税务总局关于融资性售后回租业务中承租方出售资产行为有关税收问题的公告》（国家税务总局公告2010年第13号）规定：融资性售后回租业务中，承租人出售资产的行为，不确认为销售收入，对融资性租赁的资产，仍按承租人出售前原账面价值作为计税基础计提折旧。租赁期间，承租人支付的属于融资利息的部分，作为企业财务费用在税前扣除。

3. 关于房地产开发企业开发产品的计税成本，下列处理正确的有（ ）。

A. 企业单独建造的停车场所，应作为成本对象单独核算

B. 园林绿化等园林环境工程费应列入公共配套设施费

C. 企业在开发区内建造的学校应单独核算成本

D. 计算结转成本时，不得预提出包工程费

E. 利用地下基础设施形成的停车场所，作为公共配套设施进行处理

［参考答案］ACE

［答案解析］《房地产开发经营业务企业所得税处理办法》（国税发〔2009〕31号）第十八条规定：企业在开发区内建造的邮电通讯、学校、医疗设施应单独核算成本，其中，由企业与国家有关业务管理部门、单位合资建设，完工后有偿移交的，国家有关业务管理部门、单位给予的经济补偿可直接抵扣该项目的建造成本，抵扣后的差额应调整当期应纳税所得额。

第二十七条规定："开发产品计税成本支出的内容如下：（四）基础设施建设费。指开发项目在开发过程中所发生的各项基础设施支出，主要包括开发项目内道路、供水、供电、供气、排污、排洪、通讯、照明等社区管网工程费和环境卫生、园林绿化等园林环境工程费。"

第三十二条规定："除以下几项预提（应付）费用外，计税成本均应为实际发生的成本。（一）出包工程未最终办理结算而未取得全额发票的，在证明资料充分的前提下，其发票不足金额可以预提，但最高不得超过合同总金额的10%。（二）公共配套设施尚未建造或尚未完工的，可按预算造价合理预提建造费用。此类公共配套设施必须符合已在售房合同、协议或广告、模型中明确承诺建造且不可撤销，或按照法律法规规定必须配套建造的条件。（三）应向政府上交但尚未上交的报批报建费用、物业完善费用可以按规定预提。物业完善费用是指按规定应由企业承担的物业管理基金、公建维修基金或其他专项基金。"

第三十三条规定：企业单独建造的停车场所，应作为成本对象单独核算。利用地下基础设施形成的停车场所，作为公共配套设施进行处理。

4. 企业发生的下列支出，税法没有规定税前扣除限制的有（ ）。

A. 合理的劳动保护支出

B. 补充养老保险金

C. 统一制作并要求员工工作时统一着装所发生的合理的员工服饰费用

D. 财产保险费

E. 企业内营业机构之间支付的租金

[参考答案] ACD

[答案解析]《企业所得税法实施条例》第四十六条规定：企业参加财产保险，按照规定缴纳的保险费，准予扣除。

第四十八条规定：企业发生的合理的劳动保护支出，准予扣除。

第四十九条规定：企业之间支付的管理费、企业内营业机构之间支付的租金和特许权使用费，以及非银行企业内营业机构之间支付的利息，不得扣除。

《国家税务总局关于企业所得税若干问题的公告》（国家税务总局公告2011年第34号）规定：企业根据其工作性质和特点，由企业统一制作并要求员工工作时统一着装所发生的工作服饰费用，根据相关规定，可以作为企业合理的支出给予税前扣除。

《财政部　国家税务总局关于补充养老保险费、补充医疗保险费有关企业所得税政策问题的通知》（财税〔2009〕27号）规定，企业根据国家有关政策规定，为在本企业任职或者受雇的全体员工支付的补充养老保险费、补充医疗保险费，分别在不超过职工工资总额5%标准内的部分，在计算应纳税所得额时准予扣除；超过的部分，不予扣除。

5. 企业取得收入的货币形式，包括（　　）。

A. 应收账款

B. 应收票据

C. 不准备持有至到期的债券投资

D. 债务的豁免

E. 权益性投资

[参考答案] ABD

[答案解析]《企业所得税法实施条例》第十二条规定，企业所得税法第六条所称企业取得收入的货币形式，包括现金、存款、应收账款、应收票据、准备持有至到期的债券投资以及债务的豁免等。

6. 企业在各个纳税期末，提供劳务交易的结果能够可靠估计的，应采用完工进度（完工百分比）法确认提供劳务收入。下列提供劳务满足收入确认条件，应按完工进度确认收入的有（　　）。

A. 专业安装费

B. 艺术表演活动收费

C. 广告的制作费

D. 软件费

E. 特许权费

［参考答案］ACD

［答案解析］《国家税务总局关于确认企业所得税收入若干问题的通知》（国税函〔2008〕875号）规定，企业在各个纳税期末，提供劳务交易的结果能够可靠估计的，应采用完工进度（完工百分比）法确认提供劳务收入。下列提供劳务满足收入确认条件的，应按规定确认收入：（1）安装费。应根据安装完工进度确认收入。（2）宣传媒介的收费。广告的制作费，应根据制作广告的完工进度确认收入。（3）软件费。为特定客户开发软件的收费，应根据开发的完工进度确认收入。（4）艺术表演、招待宴会和其他特殊活动的收费。在相关活动发生时确认收入。（5）特许权费。属于提供设备和其他有形资产的特许权费，在交付资产或转移资产所有权时确认收入；属于提供初始及后续服务的特许权费，在提供服务时确认收入。

7. 下列各项业务，按税法规定应视同销售的有（　　）。

A. 有公允价值的非货币资产交换

B. 用固定资产抵偿债务

C. 将自产的产品转为固定资产

D. 将自产的产品用于分配股利

E. 用自产的产品用于橱窗陈列

［参考答案］ABD

［答案解析］《国家税务总局关于企业处置资产所得税处理问题的通知》（国税函〔2008〕828号）规定："二、企业将资产移送他人的下列情形，因资产所有权属已发生改变而不属于内部处置资产，应按规定视同销售确定收入。（一）用于市场推广或销售；（二）用于交际应酬；（三）用于职工奖励或福

利；（四）用于股息分配；（五）用于对外捐赠；（六）其他改变资产所有权属的用途。”

8. 关于手续费及佣金的税前扣除，下列表述正确的有（　　）。

A. 财产保险企业按当年全部保费收入的15%计算手续费及佣金的扣除限额

B. 支付对象必须是具有合法经营资格中介服务机构或个人

C. 以非转账方式向中介服务机构支付的手续费及佣金不得在税前扣除

D. 购置固定资产期间发生的手续费及佣金支出，允许在发生当期直接扣除

E. 企业支付的手续费及佣金不得直接冲减服务协议或合同金额

[参考答案] BCE

[答案解析]《财政部　国家税务总局关于企业手续费及佣金支出税前扣除政策的通知》（财税〔2009〕29号）规定："二、企业应与具有合法经营资格中介服务企业或个人签订代办协议或合同，并按国家有关规定支付手续费及佣金。除委托个人代理外，企业以现金等非转账方式支付的手续费及佣金不得在税前扣除。""四、企业已计入固定资产、无形资产等相关资产的手续费及佣金支出，应当通过折旧、摊销等方式分期扣除，不得在发生当期直接扣除。""五、企业支付的手续费及佣金不得直接冲减服务协议或合同金额，并如实入账。"

《关于保险企业手续费及佣金支出税前扣除政策的公告》（财政部　税务总局公告2019年第72号）规定：保险企业发生与其经营活动有关的手续费及佣金支出，不超过当年全部保费收入扣除退保金等后余额的18%（含本数）的部分，在计算应纳税所得额时准予扣除；超过部分，允许结转以后年度扣除。

9. 企业依照国务院有关主管部门或者省级人民政府规定的范围和标准为职工缴纳的基本养老保险费、（　　）等基本社会保险费和住房公积金，准予扣除。

A. 失业保险费

B. 工伤保险费

C. 生育保险费

D. 人身安全保险费

E. 基本医疗保险费

［参考答案］ABCE

［答案解析］《企业所得税法实施条例》第三十五条规定，企业依照国务院有关主管部门或者省级人民政府规定的范围和标准为职工缴纳的基本养老保险费、基本医疗保险费、失业保险费、工伤保险费、生育保险费等基本社会保险费和住房公积金，准予扣除。

10. 企业在计算应纳税所得额时，（　　）项支出不得扣除。

A. 税收滞纳金

B. 罚金、罚款和被没收财物的损失

C. 缴纳的城建税

D. 未经核定的准备金

E. 经济违约金

［参考答案］ABD

［答案解析］《企业所得税法》第十条规定："在计算应纳税所得额时，下列支出不得扣除：（一）向投资者支付的股息、红利等权益性投资收益款项；（二）企业所得税税款；（三）税收滞纳金；（四）罚金、罚款和被没收财物的损失；（五）本法第九条规定以外的捐赠支出；（六）赞助支出；（七）未经核定的准备金支出；（八）与取得收入无关的其他支出。"

11. 关于无偿划入资产的下列表述中，正确的有（　　）。

A. 企业接收股东划入资产，凡约定作为资本金（包括资本公积）且在会计上已做实际处理的，不缴纳企业所得税

B. 企业接收股东划入资产，凡作为收入处理的，应缴纳企业所得税

C. 县级以上人民政府将国有资产无偿划入企业，指定专门用途并按规定管理的，企业可作为免税收入进行企业所得税处理

D. 县级以上人民政府将国有资产无偿划入企业，指定专门用途并按规定管理的，企业可作为不征税收入进行企业所得税处理

E. 县级以上人民政府将国有资产明确以股权投资方式投入企业，企业应作为国家资本金处理，不缴纳企业所得税

［参考答案］ABDE

［答案解析］《国家税务总局关于企业所得税应纳税所得额若干问题的公告》（国家税务总局公告2014年第29号）规定：

“一、企业接收政府划入资产的企业所得税处理

（一）县级以上人民政府（包括政府有关部门）将国有资产明确以股权投资方式投入企业，企业应作为国家资本金（包括资本公积）处理。该项资产如为非货币性资产，应按政府确定的接收价值确定计税基础。

（二）县级以上人民政府将国有资产无偿划入企业，凡指定专门用途并按《财政部国家税务总局关于专项用途财政性资金企业所得税处理问题的通知》（财税〔2011〕70号）规定进行管理的，企业可作为不征税收入进行企业所得税处理。其中，该项资产属于非货币性资产的，应按政府确定的接收价值计算不征税收入。

县级以上人民政府将国有资产无偿划入企业，属于上述（一）、（二）项以外情形的，应按政府确定的接收价值计入当期收入总额计算缴纳企业所得税。政府没有确定接收价值的，按资产的公允价值计算确定应税收入。

二、企业接收股东划入资产的企业所得税处理

（一）企业接收股东划入资产（包括股东赠予资产、上市公司在股权分置改革过程中接收原非流通股股东和新非流通股股东赠予的资产、股东放弃本企业的股权），凡合同、协议约定作为资本金（包括资本公积）且在会计上已做实际处理的，不计入企业的收入总额，企业应按公允价值确定该项资产的计税基础。”

（二）企业接收股东划入资产，凡作为收入处理的，应按公允价值计入收入总额，计算缴纳企业所得税，同时按公允价值确定该项资产的计税基础。

12. 下列（　　）是工会经费的有效扣除凭证。

A. 工会组织开具的工会经费拨缴款专用收据

B. 工会组织开具的工会经费收入专用收据

C. 税务机关开具的工会经费普通发票

D. 税务机关开具的工会经费专用发票

E. 税务机关开具的工会经费代收凭据

[参考答案] BE

[答案解析]《国家税务总局关于工会经费企业所得税税前扣除凭据问题的公告》（国家税务总局公告2010年第24号）规定：“根据《工会法》、《中国工会章程》和财政部颁布的《工会会计制度》，以及财政票据管理的有关规定，

全国总工会决定从2010年7月1日起，启用财政部统一印制并套印财政部票据监制章的《工会经费收入专用收据》，同时废止《工会经费拨缴款专用收据》。为加强对工会经费企业所得税税前扣除的管理，现就工会经费税前扣除凭据问题公告如下：一、自2010年7月1日起，企业拨缴的职工工会经费，不超过工资薪金总额2%的部分，凭工会组织开具的《工会经费收入专用收据》在企业所得税税前扣除。”

《国家税务总局关于税务机关代收工会经费企业所得税税前扣除凭据问题的公告》（国家税务总局公告2011年30号）规定：“自2010年1月1日起，在委托税务机关代收工会经费的地区，企业拨缴的工会经费，也可凭合法、有效的工会经费代收凭据依法在税前扣除。”

13. 在计算应纳税所的额时，下列无形资产不得计算摊销费用扣除的有（　　）。

A. 自行开发的支出已在计算应纳税所得额时扣除的无形资产

B. 自创商誉

C. 与经营活动无关的无形资产

D. 其他不得计算摊销费用扣除的无形资产

E. 在企业整体转让或者清算时，外购商誉的支出

［**参考答案**］ABCD

［**答案解析**］《企业所得税法》第十二条规定：“下列无形资产不得计算摊销费用扣除：（一）自行开发的支出已在计算应纳税所得额时扣除的无形资产；（二）自创商誉；（三）与经营活动无关的无形资产；（四）其他不得计算摊销费用扣除的无形资产。”

《企业所得税法实施条例》第六十七条规定：“外购商誉的支出，在整体转让或者清算时，准予扣除。”

14. 在计算应纳税所的额时，企业发生的（　　）作为长期待摊费用，按照规定摊销的，准予扣除。

A. 已足额提取折旧的固定资产的改建支出

B. 租入固定资产的改建支出

C. 租出固定资产的改建支出

D. 固定资产的大修理支出

E. 其他应当作为长期待摊费用的支出

[参考答案] ABDE

[答案解析]《企业所得税法》第十三条规定："在计算应纳税所得额时，企业发生的下列支出作为长期待摊费用，按照规定摊销的，准予扣除：（一）已足额提取折旧的固定资产的改建支出；（二）租入固定资产的改建支出；（三）固定资产的大修理支出；（四）其他应当作为长期待摊费用的支出。"

15. 通过（　　）等方式取得的无形资产，以该资产的公允价值和支付的相关税费为计税基础。

A. 捐赠

B. 投资

C. 非货币性资产交换

D. 债务重组

E. 资产收购

[参考答案] ABCD

[答案解析]《企业所得税法实施条例》第六十六条规定："无形资产按照以下方法确定计税基础：（一）外购的无形资产，以购买价款和支付的相关税费以及直接归属于使该资产达到预定用途发生的其他支出为计税基础；（二）自行开发的无形资产，以开发过程中该资产符合资本化条件后至达到预定用途前发生的支出为计税基础；（三）通过捐赠、投资、非货币性资产交换、债务重组等方式取得的无形资产，以该资产的公允价值和支付的相关税费为计税基础。"

16. 企业转让资产，准予在计算应纳税所得额时扣除的转让资产的净值，该净值是指允许从该资产的计税基础中减除的项目是（　　）。

A. 按照规定扣除的折旧

B. 按照规定扣除的折耗

C. 按照规定扣除的摊销

D. 按照规定扣除的准备金

E. 按照规定扣除的加速折旧

[参考答案] ABCDE

[答案解析]《企业所得税法实施条例》第七十四条规定，企业所得税法第

十六条所称资产的净值和第十九条所称财产净值，是指有关资产、财产的计税基础减除已经按照规定扣除的折旧、折耗、摊销、准备金等后的余额。

17. 关于资产损失的税前扣除，下列表述正确的有（　　）。

A. 股权投资转让损失不得在税前扣除

B. 企业实际资产损失，应当在其实际发生且会计上已作损失处理的年度申报扣除

C. 未经申报的资产损失，不得在税前扣除

D. 自然灾害造成的资产损失，可申报扣除

E. 企业实际资产损失，不用扣除保险公司或责任人赔付的金额

[**参考答案**] BCD

[**答案解析**]《企业所得税法》第八条规定，企业实际发生的与取得收入有关的、合理的支出，包括成本、费用、税金、损失和其他支出，准予在计算应纳税所得额时扣除。

《企业所得税法实施条例》第三十二条规定，企业所得税法第八条所称损失，是指企业在生产经营活动中发生的固定资产和存货的盘亏、毁损、报废损失，转让财产损失，呆账损失，坏账损失，自然灾害等不可抗力因素造成的损失以及其他损失。

企业发生的损失，减除责任人赔偿和保险赔款后的余额，依照国务院财政、税务主管部门的规定扣除。

《企业资产损失所得税税前扣除管理办法》（国家税务总局公告2011年第25号）第四条规定，企业实际资产损失，应当在其实际发生且会计上已作损失处理的年度申报扣除；法定资产损失，应当在企业向主管税务机关提供证据资料证明该项资产已符合法定资产损失确认条件，且会计上已作损失处理的年度申报扣除。第五条规定，企业发生的资产损失，应按规定的程序和要求向主管税务机关申报后方能在税前扣除。未经申报的损失，不得在税前扣除。

18. 下列关于广告费、业务宣传费的规定，不符合企业所得税政策的有（　　）。

A. 医药制造企业发生的广告费、业务宣传费按销售（营业）收入的30%限额税前扣除

B. 烟草企业的烟草广告费、业务宣传费，按销售（营业）收入的15%限

额税前扣除

C. 企业筹办期间发生的广告费、业务宣传费，按实际发生额计入企业筹办费，按规定扣除

D. 酒类制造企业发生的广告费、业务宣传费按销售（营业）收入的30%限额税前扣除

E. 化妆品制造企业发生的广告费、业务宣传费按销售（营业）收入的15%限额税前扣除

[参考答案] BDE

[答案解析]《财政部　税务总局关于广告费和业务宣传费支出税前扣除有关事项的公告》（财政部　税务总局公告2020年第43号）规定，对化妆品制造或销售、医药制造和饮料制造（不含酒类制造）企业发生的广告费和业务宣传费支出，不超过当年销售（营业）收入30%的部分，准予扣除；超过部分，准予在以后纳税年度结转扣除。烟草企业的烟草广告费和业务宣传费支出，一律不得在计算应纳税所得额时扣除。

《国家税务总局关于企业所得税应纳税所得额若干税务处理问题的公告》（国家税务总局公告2012年第15号）第五条规定，企业在筹建期间，发生的广告费和业务宣传费，可按实际发生额计入企业筹办费，并按有关规定在税前扣除。

19. 可以在计算企业所得税应纳税所得额前扣除的税金有（　　）。

A. 营业税

B. 增值税

C. 消费税

D. 房产税

E. 契税

[参考答案] ACDE

[答案解析] 增值税属于价外税，不应在税前扣除，其他各税与取得收入有关均可税前扣除。

20. 关于投资企业撤回或减少投资的税务处理，下列表述正确的有（　　）。

A. 投资企业从被投资企业撤回或减少投资，其取得的资产中，相当于初始

出资的部分，应确认为投资收回

B. 投资企业从被投资企业撤回或减少投资，确认所得时，不得扣除被投资企业累计未分配利润和累计盈余公积中按照该项股权所可能分配的金额

C. 被投资企业发生的经营亏损，由被投资企业按规定结转弥补

D. 被投资企业发生经营亏损，由投资企业按规定结转弥补

E. 投资企业从被投资企业撤回或减少投资，其取得的资产中，相当于被投资企业累计未分配利润和累计盈余公积按减少实收资本比例计算的部分，应确认为股息所得

[**参考答案**] ACE

[**答案解析**]《国家税务总局关于企业所得税若干问题的公告》（国家税务总局公告2011年第34号）规定，投资企业从被投资企业撤回或减少投资，其取得的资产中，相当于初始出资的部分，应确认为投资收回；相当于被投资企业累计未分配利润和累计盈余公积按减少实收资本比例计算的部分，应确认为股息所得；其余部分确认为投资资产转让所得。被投资企业发生的经营亏损，由被投资企业按规定结转弥补；投资企业不得调整减低其投资成本，也不得将其确认为投资损失。

21. 不超过当年销售（营业）收入30%的部分的广告费和业务宣传费支出，准予税前扣除的行业有（　　）。

A. 白酒制造企业

B. 化妆品制造企业

C. 饮料销售企业

D. 医药制造企业

E. 化妆品销售企业

[**参考答案**] BDE

[**答案解析**]《财政部　税务总局关于广告费和业务宣传费支出税前扣除有关事项的公告》（财政部　税务总局公告2020年第43号）第一条规定：对化妆品制造或销售、医药制造和饮料制造（不含酒类制造）企业发生的广告费和业务宣传费支出，不超过当年销售（营业）收入30%的部分，准予扣除；超过部分，准予在以后纳税年度结转扣除。

22. 企业发生下列行为不需要视同销售的有（　　）。

A. 将自产货物用于职工福利

B. 企业发生非货币性资产交换

C. 将自产货物用于职工宿舍建设

D. 将自建商品房转为固定资产

E. 将自产货物移送到境外分支机构

[参考答案] CD

[答案解析] 选项C、D属于资产的所有权没有发生转移，不属于企业所得税视同销售的情形。

《企业所得税法实施条例》第二十五条规定，企业发生非货币性资产交换，以及将货物、财产、劳务用于捐赠、偿债、赞助、集资、广告、样品、职工福利或者利润分配等用途的，应当视同销售货物、转让财产或者提供劳务，但国务院财政、税务主管部门另有规定的除外。

《国家税务总局关于企业处置资产所得税处理问题的通知》（国税函〔2008〕828号）规定："二、企业将资产移送他人的下列情形，因资产所有权属已发生改变而不属于内部处置资产，应按规定视同销售确定收入。(一）用于市场推广或销售；(二）用于交际应酬；(三）用于职工奖励或福利；(四）用于股息分配；(五）用于对外捐赠；(六）其他改变资产所有权属的用途。"

23. 依据企业所得税的相关规定，下列关于销售收入确认的说法正确的有（　　）。

A. 采取产品分成方式取得收入的，按照企业分得产品的日期确认收入的实现

B. 接受捐赠收入，按照实际收到捐赠资产的日期确认收入的实现

C. 销售商品采取支付手续费方式委托代销的，在收到代销清单时确认收入

D. 销售商品需要简单安装的，可在发出商品时确认收入

E. 销售商品采用分期收款方式的，在发出商品时确认收入

[参考答案] ABCD

[答案解析]《企业所得税法实施条例》第二十四条规定，采取产品分成方式取得收入的，按照企业分得产品的日期确认收入的实现，其收入额按照产品的公允价值确定。

《企业所得税法实施条例》第二十一条规定，接受捐赠收入，按照实际收

到捐赠资产的日期确认收入的实现。

《国家税务总局关于确认企业所得税收入若干问题的通知》（国税函〔2008〕875号）第一条第二项规定，符合上款收入确认条件，采取下列商品销售方式的，应按以下规定确认收入实现时间：销售商品需要安装和检验的，在购买方接受商品以及安装和检验完毕时确认收入。如果安装程序比较简单，可在发出商品时确认收入；销售商品采用支付手续费方式委托代销的，在收到代销清单时确认收入。

《企业所得税法实施条例》第二十三条规定，企业的下列生产经营业务可以分期确认收入的实现：以分期收款方式销售货物的，按照合同约定的收款日期确认收入的实现。

24. 在计算企业所得税时，下列（　　）支出不能在企业所得税税前扣除。

A. 企业向银行支付的罚息

B. 企业所得税税款

C. 有关政府部门的罚款

D. 企业支付的合同违约金

E. 企业向投资者支付的股息、红利

[参考答案] BCE

[答案解析] 根据《企业所得税法》第十条规定："在计算应纳税所得额时，下列支出不得扣除：（一）向投资者支付的股息、红利等权益性投资收益款项；（二）企业所得税税款；（三）税收滞纳金；（四）罚金、罚款和被没收财物的损失；（五）本法第九条规定以外的捐赠支出；（六）赞助支出；（七）未经核定的准备金支出；（八）与取得收入无关的其他支出。"

25. 根据企业所得税法相关规定，企业发生的下列支出超过扣除限额标准，准予结转以后年度扣除的有（　　）。

A. 公益性捐赠支出

B. 业务宣传费支出

C. 广告费支出

D. 职工教育经费支出

E. 职工福利费支出

[参考答案] ABCD

［答案解析］《财政部　国家税务总局关于公益性捐赠支出企业所得税税前结转扣除有关政策的通知》（财税〔2018〕15号）规定，企业通过公益性社会组织或者县级（含县级）以上人民政府及其组成部门和直属机构，用于慈善活动、公益事业的捐赠支出，在年度利润总额12%以内的部分，准予在计算应纳税所得额时扣除；超过年度利润总额12%的部分，准予结转以后三年内在计算应纳税所得额时扣除。

《企业所得税法实施条例》第四十四条规定，企业发生的符合条件的广告费和业务宣传费支出，除国务院财政、税务主管部门另有规定外，不超过当年销售（营业）收入15%的部分，准予扣除；超过部分，准予在以后纳税年度结转扣除。

《财政部　税务总局关于企业职工教育经费税前扣除政策的通知》（财税〔2018〕51号）规定，企业发生的职工教育经费支出，不超过工资薪金总额8%的部分，准予在计算企业所得税应纳税所得额时扣除；超过部分，准予在以后纳税年度结转扣除。

《企业所得税法实施条例》第四十条规定，企业发生的职工福利费支出，不超过工资、薪金总额14%的部分，准予扣除。

26. 根据企业所得税相关规定，下列各项中应计入收入总额的有（　　）。

A. 企业取得计入实收资本的财政资金

B. 已作坏账损失处理后又收回的应收款项

C. 企业按规定取得的出口退税款

D. 债务重组收入

E. 违约金收入

［参考答案］ BDE

［答案解析］《企业所得税法实施条例》第二十二条规定，企业所得税法第六条第（九）项所称其他收入，是指企业取得的除企业所得税法第六条第（一）项至第（八）项规定的收入外的其他收入，包括企业资产溢余收入、逾期未退包装物押金收入、确实无法偿付的应付款项、已作坏账损失处理后又收回的应收款项、债务重组收入、补贴收入、违约金收入、汇兑收益等。所以选项B、E正确。

《财政部　国家税务总局关于财政性资金、行政事业性收费、政府性基金有关企业所得税政策问题的通知》（财税〔2008〕151号）规定，企业取得的各类财政性资金，除属于国家投资和资金使用后要求归还本金的以外，均应计入企业当年收入总额。这里的财政性资金，是指企业取得的来源于政府及其有关部门的财政补助、补贴、贷款贴息，以及其他各类财政专项资金，包括直接减免的增值税和即征即退、先征后退、先征后返的各种税收，但不包括企业按规定取得的出口退税款。所称国家投资，是指国家以投资者身份投入企业、并按有关规定相应增加企业实收资本（股本）的直接投资。

上述文件明确规定财政性资金不包括企业按规定取得的出口退税款，出口退税款不属于会计损益，不属于收入总额，也不属于不征税收入，因此，不需要缴纳企业所得税。

27. 若甲企业属于金融企业，其下列资产准予税前提取贷款损失准备金的有（　　）。

A. 银行卡透支

B. 国债投资

C. 贴现

D. 质押贷款

E. 委托贷款

[参考答案] ACD

[答案解析] 风险资产允许计提贷款损失准备金，有些资产是无风险的，不需要计提贷款损失准备金。《财政部　税务总局关于金融企业贷款损失准备金企业所得税税前扣除有关政策的公告》（财政部　税务总局公告2019年第86号）规定：“一、准予税前提取贷款损失准备金的贷款资产范围包括：（一）贷款（含抵押、质押、保证、信用等贷款）；（二）银行卡透支、贴现、信用垫款（含银行承兑汇票垫款、信用证垫款、担保垫款等）、进出口押汇、同业拆出、应收融资租赁款等具有贷款特征的风险资产；（三）由金融企业转贷并承担对外还款责任的国外贷款，包括国际金融组织贷款、外国买方信贷、外国政府贷款、日本国际协力银行不附条件贷款和外国政府混合贷款等资产。”

28. 若甲企业为软件企业，其在计算应纳税所得额时可在发生当期据实扣除的有（　　）。

A. 非广告性赞助支出

B. 职工培训费

C. 工资薪金支出

D. 诉讼费

E. 劳动保护费

[参考答案] BCDE

[答案解析] 非广告性赞助支出与生产经营无关，不得税前扣除。所以选项A错。根据《企业所得税法实施条例》第五十四条、《企业所得税法》第十条第（六）项规定，所称赞助支出，是指企业发生的与生产经营活动无关的各种非广告性质支出。

29. 企业取得的下列收入，不需要分期计入所属纳税年度收入的有（　　）。

A. 接受捐赠收入

B. 工期为两年的船舶制造收入

C. 企业资产溢余收入

D. 无法偿付的应付款收入

E. 财产转让收入

[参考答案] ACDE

[答案解析]《企业所得税法实施条例》第二十一条规定，接受捐赠收入，按照实际收到捐赠资产的日期确认收入的实现。

《企业所得税法实施条例》第二十三条规定，企业的下列生产经营业务可以分期确认收入的实现：企业受托加工制造大型机械设备、船舶、飞机，以及从事建筑、安装、装配工程业务或者提供其他劳务等，持续时间超过12个月的，按照纳税年度内完工进度或者完成的工作量确认收入的实现。

30. 根据《企业所得税法》的相关规定，企业发生销售商品业务，需要满足（　　）的条件来确认收入的实现。

A. 收入的金额能够可靠地计量

B. 收入很可能流入企业

C. 企业对已售出的商品既没有保留通常与所有权相联系的继续管理权，也没有实施有效控制

D. 已发生或将发生的销售方的成本能够可靠地核算

E. 商品销售合同已经签订，企业已将商品所有权相关的主要风险和报酬转移给购货方

[参考答案] ACDE

[答案解析]《国家税务总局关于确认企业所得税收入若干问题的通知》(国税函〔2008〕875号) 规定："一、除企业所得税法及实施条例另有规定外，企业销售收入的确认，必须遵循权责发生制原则和实质重于形式原则。(一) 企业销售商品同时满足下列条件的，应确认收入的实现：1. 商品销售合同已经签订，企业已将商品所有权相关的主要风险和报酬转移给购货方；2. 企业对已售出的商品既没有保留通常与所有权相联系的继续管理权，也没有实施有效控制；3. 收入的金额能够可靠地计量；4. 已发生或将发生的销售方的成本能够可靠地核算。"

31. 下列对应不征税收入和免税收入的所得税处理，错误的有（ ）。

A. 免税收入用于支出所形成的费用，不得在计算应纳税所得额时扣除

B. 不征税收入用于支出所形成的费用，不得在计算应纳税所得额时扣除

C. 不征税收入用于支出所形成的资产，其计算的折旧、摊销不得在计算应纳税所得额时扣除

D. 企业将取得的符合条件的财政性资金作为不征税收入处理后，5年内未发生支出且未缴回有关部门的，应在第6年计入应税收入

E. 免税收入用于支出所形成的资产，其计算的折旧、摊销不得在计算应纳税所得额时扣除

[参考答案] AE

[答案解析] 不征税收入用于支出形成的费用或者形成的资产计算的折旧可以在企业所得税税前扣除，免税收入可以。

32. 下列关于收入确认的表述中，错误的有（ ）。

A. 被投资方的资本公积转为股本的，作为投资方企业的股息、红利收入

B. 采取产品分成方式取得收入的，按照企业分得产品的日期确认收入的实现

C. 利息收入，按照合同约定的债务人应付利息的日期确认收入的实现

D. 股息等权益性投资收益，按照被投资方董事会决议做出利润分配决定的日期确认收入的实现

E. 接受捐赠收入，按照合同确定的交付日期确认收入的实现

[参考答案] ADE

[答案解析]《国家税务总局关于贯彻落实企业所得税法若干税收问题的通知》(国税函〔2010〕79号) 规定，被投资企业将股权（票）溢价所形成的资本公积转为股本的，不作为投资方企业的股息、红利收入，投资方企业也不得增加该项长期投资的计税基础。

《企业所得税法实施条例》第二十四条规定，采取产品分成方式取得收入的，按照企业分得产品的日期确认收入的实现，其收入额按照产品的公允价值确定。

《企业所得税法实施条例》第十八条规定：利息收入，按照合同约定的债务人应付利息的日期确认收入的实现。

《国家税务总局关于贯彻落实企业所得税法若干税收问题的通知》(国税函〔2010〕79号) 规定，企业权益性投资取得股息、红利等收入，应以被投资企业股东会或股东大会作出利润分配或转股决定的日期，确定收入的实现。

《企业所得税法实施条例》第二十一条规定，接受捐赠收入，按照实际收到捐赠资产的日期确认收入的实现。

33. 下列收入中不属于企业所得税相关法律规定的不征税收入的有(　　)。

A. 企业取得的国债利息收入

B. 公立初中取得的财政拨款收入

C. 企业取得的没有专项用途的财政性资金

D. 企业取得的规定专项用途的财政性资金

E. 工业企业取得的出口退税款

[参考答案] ACE

[答案解析] 国债利息收入属于免税收入。

《企业所得税法》第七条规定："收入总额中的下列收入为不征税收入：(一) 财政拨款；(二) 依法收取并纳入财政管理的行政事业性收费、政府性基金；(三) 国务院规定的其他不征税收入。"

《企业所得税法实施条例》第二十六条规定：企业所得税法第七条第（三）项所称国务院规定的其他不征税收入，是指企业取得的，由国务院财政、税务

主管部门规定专项用途并经国务院批准的财政性资金。

《财政部　国家税务总局关于财政性资金、行政事业性收费、政府性基金有关企业所得税政策问题的通知》（财税〔2008〕151号）规定：企业取得的各类财政性资金，除属于国家投资和资金使用后要求归还本金的以外，均应计入企业当年收入总额。财政性资金，是指企业取得的来源于政府及其有关部门的财政补助、补贴、贷款贴息，以及其他各类财政专项资金，包括直接减免的增值税和即征即退、先征后退、先征后返的各种税收，但不包括企业按规定取得的出口退税款。

34. 下列关于手续费及佣金支出的表述中，错误的有（　　）。

A. 主营业务收入为手续费的某证券公司发生的佣金支出，可准予在企业所得税税前据实扣除

B. 某企业支付的佣金直接冲减合同金额

C. 某保险企业按当年全部保费收入扣除退保金等后余额的18%以内计算手续费及佣金支出限额

D. 某咨询公司与B中介公司按所签订合同确认收入的5%支付佣金，可在企业所得税税前扣除

E. 某商贸公司将手续费及佣金支出计入业务提成，可在企业所得税税前扣除

[参考答案] BE

[答案解析]《国家税务总局关于企业所得税应纳税所得额若干税务处理问题的公告》（国家税务总局公告2012年第15号）第三条规定，从事代理服务、主营业务收入为手续费、佣金的企业（如证券、期货、保险代理等企业），其为取得该类收入而实际发生的营业成本（包括手续费及佣金支出），准予在企业所得税前据实扣除。

《企业手续费及佣金支出税前扣除政策》（财税〔2009〕29号）第五条规定，企业支付的手续费及佣金不得直接冲减服务协议或合同金额，并如实入账。

《关于保险企业手续费及佣金支出税前扣除政策的公告》（财政部　税务总局公告2019年第72号）第一条规定，保险企业发生与其经营活动有关的手续费及佣金支出，不超过当年全部保费收入扣除退保金等后余额的18%（含本

数）的部分，在计算应纳税所得额时准予扣除；超过部分，允许结转以后年度扣除。

《企业手续费及佣金支出税前扣除政策》（财税〔2009〕29号）第一条规定，企业发生与生产经营有关的手续费及佣金支出，不超过以下规定计算限额以内的部分，准予扣除；超过部分，不得扣除。其他企业：按与具有合法经营资格中介服务机构或个人（不含交易双方及其雇员、代理人和代表人等）所签订服务协议或合同确认的收入金额的5%计算限额。

《企业手续费及佣金支出税前扣除政策》（财税〔2009〕29号）第三条规定，企业不得将手续费及佣金支出计入回扣、业务提成、返利、进场费等费用。

35. 下列支出项目中，准予在企业所得税税前扣除的有（　　）。

A. 企业发生的合理的劳动保护支出

B. 企业内营业机构之间支付的租金

C. 银行内营业机构之间支付的利息

D. 向司法机关支付的罚金

E. 烟草企业的烟草广告费和业务宣传费

[**参考答案**] AC

[**答案解析**]《企业所得税法实施条例》第四十八条规定，企业发生的合理的劳动保护支出，准予扣除。

《企业所得税法实施条例》第四十九条规定，企业之间支付的管理费、企业内营业机构之间支付的租金和特许权使用费，以及非银行企业内营业机构之间支付的利息，不得扣除。

《企业所得税法》第十条规定，在计算应纳税所得额时，罚金、罚款和被没收财物的损失这些支出不得扣除。

《财政部　税务总局关于广告费和业务宣传费支出税前扣除有关事项的公告》（财政部　税务总局公告2020年第43号）第三条规定，烟草企业的烟草广告费和业务宣传费支出，一律不得在计算应纳税所得额时扣除。

36. 下列对于企业所得税收入确认时点的描述，正确的有（　　）。

A. 股息、红利等权益性投资收益，按照投资方收到利润分配决定的日期确认收入的实现

B. 特许权使用费收入，按照合同约定的特许权使用人应付特许权使用费的日期确认收入的实现

C. 利息收入，按照合同约定的债务人应付利息的日期确认收入的实现

D. 采取产品分成方式取得收入的，按照产品完工的日期确认收入的实现

E. 接受捐赠收入，按照实际收到捐赠资产的日期确认收入的实现。

[参考答案] BCE

[答案解析] 根据《企业所得税法实施条例》的规定，股息、红利等权益性投资收益，除国务院财政、税务主管部门另有规定外，按照被投资方作出利润分配决定的日期确认收入的实现。采取产品分成方式取得收入的，按照企业分得产品的日期确认收入的实现，其收入额按照产品的公允价值确定。所以选项 A、D 错误。

37. 甲居民企业以其持有的一处房产投资设立一家公司，在一般性税务处理的情况下，下列关于该投资行为涉及企业所得税处理，正确的有（　　）。

A. 确认的转让所得，可按不超过 5 年分期均匀计入相应年度的应纳税所得额

B. 该居民企业取得股权投资的计税基础为该房产的原计税成本

C. 以房产的账面价值作为被投资方的计税基础

D. 应于投资协议生效并办理股权登记手续时，确认房产转让收入的实现

E. 企业在对外投资 5 年内注销的，应停止执行递延纳税政策，并就递延期内尚未确认的非货币性资产转让所得，在注销当年的企业所得税年度汇算清缴时，一次性计算缴纳企业所得税

[参考答案] ADE

[答案解析] 根据《财政部　国家税务总局关于非货币性资产投资企业所得税政策问题的通知》（财税〔2014〕116 号）的规定，以非货币性资产对外投资确认的非货币性资产转让所得，可在不超过 5 年期限内，分期均匀计入相应年度的应纳税所得额，按规定计算缴纳企业所得税。企业以非货币性资产对外投资，应于投资协议生效并办理股权登记手续时，确认非货币性资产转让收入的实现。企业在对外投资 5 年内注销的，应停止执行递延纳税政策，并就递延期内尚未确认的非货币性资产转让所得，在注销当年的企业所得税年度汇算清缴时，一次性计算缴纳企业所得税。所以选项 A、D、E 正确。

企业以非货币性资产对外投资而取得被投资企业的股权，应以非货币性资产的原计税成本为计税基础，加上每年确认的非货币性资产转让所得，逐年进行调整。被投资企业取得非货币性资产的计税基础，应按非货币性资产的公允价值确定。所以选项 B、C 错误。

38. 下列关于永续债的企业所得税处理的表述，正确的有（　　）。

A. 企业发行的永续债，可以适用股息、红利企业所得税政策

B. 企业对永续债采取的税收处理办法属于商业秘密，不对外公开

C. 发行永续债的企业在每一年度可以调整永续债产品的税收处理方法

D. 适用股息、红利企业所得税政策的，可适用居民企业之间权益性投资收益免税的规定

E. 企业对永续债采取的税收处理办法与会计核算方式不一致的，发行方、投资方在进行税收处理时须作出相应纳税调整

［参考答案］ ADE

［答案解析］ 根据《财政部　税务总局关于永续债企业所得税政策问题的公告》（财政部　税务总局公告 2019 年第 64 号）的规定，企业发行永续债，应当将其适用的税收处理方法在证券交易所、银行间债券市场等发行市场的发行文件中向投资方予以披露。发行永续债的企业对每一永续债产品的税收处理方法一经确定，不得变更。所以选项 B、C 错误。

39. 下列关于企业所得税亏损弥补，相关表述错误的有（　　）。

A. 企业发现以前年度实际发生的应扣未扣的支出，只能追补至该项目发生年度扣除

B. 2019 年具备高新技术企业资格的，2019 年之前 5 个年度发生的未弥补亏损，准予结转以后 10 年扣除

C. 企业筹办期间不计算为亏损年度

D. 企业发现以前年度实际发生的应扣未扣的支出，追补确认期限不得超过 3 年

E. 2 019 具备科技型中小企业资格的，2019 年之前 5 个年度发生的尚未弥补完的亏损，准予结转以后年度弥补，最长结转年限由 5 年延长至 8 年

［参考答案］ DE

［答案解析］ 选项 A、D：《国家税务总局关于企业所得税应纳税所得额若

干税务处理问题的公告》（国家税务总局公告2012年第15号）第六条规定，对企业发现以前年度实际发生的、按照税收规定应在企业所得税前扣除而未扣除或者少扣除的支出，企业做出专项申报及说明后，准予追补至该项目发生年度计算扣除，但追补确认期限不得超过5年。

选项B、E:《财政部 税务总局关于延长高新技术企业和科技型中小企业亏损结转年限的通知》(财税〔2018〕76号）规定：自2018年1月1日起，当年具备高新技术企业或科技型中小企业资格（以下统称资格）的企业，其具备资格年度之前5个年度发生的尚未弥补完的亏损，准予结转以后年度弥补，最长结转年限由5年延长至10年。

选项C:《国家税务总局关于贯彻落实企业所得税法若干税收问题的通知》(国税函〔2010〕79号）第七条规定：企业自开始生产经营的年度，为开始计算企业损益的年度。企业从事生产经营之前进行筹办活动期间发生筹办费用支出，不得计算为当期的亏损，应按照《国家税务总局关于企业所得税若干税务事项衔接问题的通知》(国税函〔2009〕98号）第九条规定执行。

40. 下列关于企业取得政府财政资金的收入时间确认，相关表述正确的有（　　）。

A. 企业取得的政府研发财政补助，除了另有规定外，应当按照实际取得收入的时间确认收入

B. 企业取得政府对其技改购置设备的财政补贴，应当按照设备购置的时间确认收入

C. 企业取得政府根据其提供服务外包金额的一定比例给予的资金补贴，应当按照权责发生制原则确认收入

D. 企业取得政府根据其提供服务外包金额的一定比例给予的资金补贴，应当按照实际取得收入的时间确认收入

E. 新能源汽车生产企业每销售一辆新能源汽车，政府给予财政补贴6万元，应当在实际取得补贴收入时确认收入

[参考答案] AC

[答案解析] 根据《国家税务总局关于企业所得税若干政策征管口径问题的公告》（国家税务总局公告2021年第17号）第六条规定，企业按照市场价格销售货物、提供劳务服务等，凡由政府财政部门根据企业销售货物、提供劳

务服务的数量、金额的一定比例给予全部或部分资金支付的，应当按照权责发生制原则确认收入。除上述情形外，企业取得的各种政府财政支付，如财政补贴、补助、补偿、退税等，应当按照实际取得收入的时间确认收入。

三、判断题

1. A公司2021年6月1日租入一层办公楼，合同约定租期为3年，租入之后开始改建装修，2021年9月30日完成，共发生支出50万元，可以在当期申报时全额扣除。 (　　)

[参考答案] 错误

[答案解析]《企业所得税法》第十三条规定："在计算应纳税所得额时，企业发生的下列支出作为长期待摊费用，按照规定摊销的，准予扣除：（一）已足额提取折旧的固定资产的改建支出；（二）租入固定资产的改建支出；（三）固定资产的大修理支出；（四）其他应当作为长期待摊费用的支出。"

其中第（一）项和第（二）项所称"固定资产的改建支出"，是指改变房屋或者建筑物结构、延长使用年限等发生的支出。

《企业所得税法》第十三条第（一）项规定的支出，按照固定资产预计尚可使用年限分期摊销；第（二）项规定的支出，按照合同约定的剩余租赁期限分期摊销。

改建的固定资产延长使用年限的，除企业所得税法第十三条第（一）项和第（二）项规定外，应当适当延长折旧年限。

2. 企业取得的各项免税收入所对应的成本、费用、资产损失，不得在计算企业应纳税所得额时扣除。 (　　)

[参考答案] 错误

[答案解析] 根据国家税务总局关于贯彻落实企业所得税法若干税收问题的通知（国税函〔2010〕79号）的规定。

3. A公司于2021年六月向职工支付防暑降温费3万元，可以计入职工福利费在企业所得税税前扣除。 (　　)

[参考答案] 正确

[答案解析]《国家税务总局关于企业工资薪金及职工福利费扣除问题的通知》（国税函〔2009〕3号）规定，为职工卫生保健、生活、住房、交通等所

发放的各项补贴和非货币性福利，包括企业向职工发放的因公外地就医费用、未实行医疗统筹企业职工医疗费用、职工供养直系亲属医疗补贴、供暖费补贴、职工防暑降温费、职工困难补贴、救济费、职工食堂经费补贴、职工交通补贴等。

4.《企业所得税法》规定，固定资产的大修理支出是指同时符合下列条件的支出：修理支出达到取得固定资产时的计税基础50%以上；修理后固定资产的使用年限延长2年以上。（ ）

［参考答案］ 正确

［答案解析］《企业所得税法实施条例》第六十九条规定，固定资产的大修理支出，是指同时符合下列条件的支出：修理支出达到取得固定资产时的计税基础50%以上；修理后固定资产的使用年限延长2年以上。

5. 小企业利润表里的销售费用项目在计算企业所得税时可以全额扣除。（ ）

［参考答案］ 错误

［答案解析］ 销售费用是企业所得税的扣除项目，但是广告费和业务宣传费当年扣除有限额，不一定能全额扣除。

6. 企业经过12个月以上的建造才能达到预定可销售状态的存货发生借款的，借款费用计入财务费用。（ ）

［参考答案］ 错误

［答案解析］《企业所得税法实施条例》第三十七条规定，企业为购置、建造固定资产、无形资产和经过12个月以上的建造才能达到预定可销售状态的存货发生借款的，在有关资产购置、建造期间发生的合理借款费用，应当作为资本性支出计入有关资产的成本，并依照本条例的规定扣除。

7. 清算所得，是指企业的全部资产可变现价值或者交易价格减除资产净值、清算费用以及相关税费等后的余额。（ ）

［参考答案］ 正确

［答案解析］《企业所得税法实施条例》第十一条规定，企业所得税法第五十五条所称清算所得，是指企业的全部资产可变现价值或者交易价格减除资产净值、清算费用以及相关税费等后的余额。

8. 企业之间支付的管理费、企业内营业机构之间支付的租金和特许权使用

费，以及非银行企业内营业机构之间支付的利息，准予在企业所得税税前扣除。（　　）

［参考答案］错误

［答案解析］《企业所得税法实施条例》第四十九条规定，企业之间支付的管理费、企业内营业机构之间支付的租金和特许权使用费，以及非银行企业内营业机构之间支付的利息，不得扣除。

9. 依据企业所得税法的相关规定，将自产货物用于职工奖励应视同销售确认收入处理。（　　）

［参考答案］正确

［答案解析］《国家税务总局关于企业处置资产所得税处理问题的通知》（国税函〔2008〕828 号）规定，企业将资产移送他人用于职工奖励或福利的情形，因资产所有权属已发生改变而不属于内部处置资产，应按规定视同销售确定收入。

10. 企业为投资者或者职工支付的商业保险费，均不可以在企业所得税税前扣除。（　　）

［参考答案］错误

［答案解析］《企业所得税法实施条例》第三十六条规定，除企业依照国家有关规定为特殊工种职工支付的人身安全保险费和国务院财政、税务主管部门规定可以扣除的其他商业保险费外，企业为投资者或者职工支付的商业保险费，不得扣除。

11. 甲企业于 2020 年 7 月通过公益性社会组织或者县级以上人民政府及其部门等国家机关，捐赠用于应对新型冠状病毒感染的肺炎疫情的现金和物品，允许在计算企业所得税应纳税所得额时全额扣除。（　　）

［参考答案］正确

［答案解析］《财政部　税务总局关于支持新型冠状病毒感染的肺炎疫情防控有关捐赠税收政策的公告》（财政部　税务总局公告 2020 年第 9 号）第一条规定，企业和个人通过公益性社会组织或者县级以上人民政府及其部门等国家机关，捐赠用于应对新型冠状病毒感染的肺炎疫情的现金和物品，允许在计算应纳税所得额时全额扣除。

12. 销售商品以旧换新的，销售的商品按照销售商品收入确认条件确认收

入，回收的商品作为购进商品处理。 ( )

[参考答案] 正确

[答案解析]《国家税务总局关于确认企业所得税收入若干问题的通知》（国税函〔2008〕875号）规定，销售商品以旧换新的，销售商品应当按照销售商品收入确认条件确认收入，回收的商品作为购进商品处理。

13. 将资产从境内总机构转移到境外分机构，是内部处置资产，不视同销售确认收入。 ( )

[参考答案] 错误

[答案解析]《国家税务总局关于企业处置资产所得税处理问题的通知》（国税函〔2008〕828号）第一条规定："企业发生下列情形的处置资产，除将资产转移至境外以外，由于资产所有权属在形式和实质上均不发生改变，可作为内部处置资产，不视同销售确认收入，相关资产的计税基础延续计算。"

14. 计算扣除限额的"工资、薪金总额"不包括"五险一金"。 ( )

[参考答案] 正确

[答案解析]《国家税务总局关于企业工资薪金及职工福利费扣除问题的通知》（国税函〔2009〕3号）第二条的规定，《实施条例》第四十、四十一、四十二条所称的"工资薪金总额"，是指企业按照本通知第一条规定实际发放的工资薪金总和，不包括企业的职工福利费、职工教育经费、工会经费以及养老保险费、医疗保险费、失业保险费、工伤保险费、生育保险费等社会保险费和住房公积金。

15. 企业派发的现金网络红包，属于赠予行为，不得在计算企业所得税应纳税所得额时扣除。 ( )

[参考答案] 错误

[答案解析] 企业为广告、宣传或扩大企业用户等目的而通过网络随机向个人派发红包的支出，属于广告费和业务宣传费支出，可以按规定税前扣除。

16. 企业在新股东投资入股时，签订了含业绩承诺的对赌协议。因业绩未达标而付给新股东的补偿款项，不可以税前扣除。 ( )

[参考答案] 正确

[答案解析] 属于老股东给新股东的补偿，不能税前扣除。

17. A公司2021年4月28日将50万元资金提供给B公司使用，该资金不构成对B公司的权益性投资。双方签订了借款合同，约定借款期限半年，B公司应与2021年10月28日归还本金并支付利息1万元，则A公司的利息收入应与2021年10月28日确认企业所得税收入的实现。（ ）

[参考答案] 正确

[答案解析]《企业所得税法实施条例》第十八条规定，企业所得税法第六条第（五）项所称利息收入，是指企业将资金提供他人使用但不构成权益性投资，或者因他人占用本企业资金取得的收入，包括存款利息、贷款利息、债券利息、欠款利息等收入。利息收入，按照合同约定的债务人应付利息的日期确认收入的实现。

18. A公司2021年5月对固定资产进项清查盘点，发现一台仪器设备未入账，这笔固定资产盘盈收入无须计入企业所得税收入总额中。（ ）

[参考答案] 错误

[答案解析]《企业所得税法实施条例》第二十二条规定，企业所得税法第六条第（九）项所称其他收入，是指企业取得的除企业所得税法第六条第（一）项至第（八）项规定的收入外的其他收入，包括企业资产溢余收入、逾期未退包装物押金收入、确实无法偿付的应付款项、已作坏账损失处理后又收回的应收款项、债务重组收入、补贴收入、违约金收入、汇兑收益等。

19. 企业购买艺术品用于收藏、展示，文物、艺术品不得计提折旧、摊销在税前扣除。（ ）

[参考答案] 正确

[答案解析]《国家税务总局关于企业所得税若干政策征管口径问题的公告》（国家税务总局公告2021年第17号）第五条规定：企业购买的文物、艺术品用于收藏、展示、保值增值的，作为投资资产进行税务处理。文物、艺术品资产在持有期间，计提的折旧、摊销费用，不得税前扣除。

20. 企业在企业所得税核定征收改为查账征收后，核定期间已投入使用的固定资产，可以按照税法规定的折旧年限，扣除实际已投入使用年限后，就剩余年限继续计提折旧在税前扣除。（ ）

[参考答案] 正确

[答案解析]《国家税务总局关于企业所得税若干政策征管口径问题的公告》（国家税务总局公告2021年第17号）第四条规定：企业核定征税期间投

入使用的资产，改为查账征税后，按照税法规定的折旧、摊销年限，扣除该资产投入使用年限后，就剩余年限继续计提折旧、摊销额并在税前扣除。

四、综合分析题

1. 某医药制造企业为居民企业，适用法定税率25%，假定2020年其利润总额为2 330万元，具体经营情况如下：

（1）产品销售不含税收入9 000万元，房屋出租不含税收入600万元，接受捐赠收入500万元；

（2）取得房屋转让不含税收入1 500万元，相关的转让成本及费用等1 000万元；

（3）产品销售成本5 000万元，房屋出租成本200万元；

（4）发生管理费用800万元，其中，业务招待费280万元；

（5）发生销售费用2 000万元，其中，广告和业务宣传费1 700万元；

（6）发生财务费用70万元，其中有一年期银行贷款300万元，全部用于在建工程的建设，一年内支付此笔利息20万元；

（7）实发工资800万元，拨缴工会经费16万元，实际发生福利费120万元、职工教育经费80万元、补充养老保险44万元，均已计入相关成本、费用；

（8）营业外支出借方发生额200万元，其中，向中国工商银行贷款到期无力偿还，被银行加收罚息5万元；税款滞纳金2万元；环保部门罚款3万元；公益性捐赠190万元；

（9）上年超过税前扣除标准的公益性捐赠100万元。

根据上述资料和税法有关规定，假定不考虑摊销费用的扣除，回答下列问题：

（1）企业2020年准予税前扣除的管理费用；

（2）企业2020年准予税前扣除的销售费用；

（3）企业2020年准予扣除的营业外支出。

[参考答案]

（1）2020年业务招待费的税前扣除限额1 =（9 000 + 600）× 5‰ = 48（万元）

税前扣除限额2 = 280 × 60% = 168（万元）> 48（万元）

所以2018年的业务招待费税前扣除限额是48万元，实际发生额280万元。

2018年准予税前扣除的管理费用金额 = 800 - 280 + 48 = 568（万元）

[**答案解析**]《企业所得税法实施条例》第四十三条规定，企业发生的与生产经营活动有关的业务招待费支出按照发生额的60%扣除，但最高不得超过当年销售（营业）收入的5‰。

接受捐赠收入、房屋转让所得为营业外收入。

（2）2020年广告和业务宣传费的税前扣除限额 =（9 000 + 600）× 30% = 2 880（万元）

2020年广告费和业务宣传费发生额1 700万元，在税前扣除限额内，因此，2020年准予税前扣除的销售费用是2 000万元。

[**答案解析**]《财政部　税务总局关于广告费和业务宣传费支出税前扣除政策的通知》（财税〔2017〕41号）规定：对化妆品制造或销售、医药制造和饮料制造（不含酒类制造）企业发生的广告费和业务宣传费支出，不超过当年销售（营业）收入30%的部分，准予扣除；超过部分，准予在以后纳税年度结转扣除。

（3）被银行加收罚息5万元允许税前扣除，税收滞纳金2万元不能税前扣除，环保罚款3万元属于行政罚款不能税前扣除。

用于在建工程的贷款利息20万元计入财务费用属于账务处理错误，应调整账务处理，计入在建工程。

利润总额 = 2 330 + 20 = 2 350（万元）

2020年公益性捐赠可税前扣除限额 = 2 350 × 12% = 282（万元）

先扣除上年超过税前扣除金额的公益性捐赠100万元，则本年可税前扣除公益性捐赠金额 = 282 - 100 = 182（万元）

本年发生190万元，超过限额8万元（190 - 182），需留抵以后3年内税前扣除。

2020年准予税前扣除的营业外支出 = 200 - 2 - 3 - 8 = 187（万元）

[**答案解析**]《企业所得税法》第十条规定，在计算应纳税所得额时，下列支出不得扣除：税收滞纳金，罚金、罚款和被没收财物的损失。

《财政部　国家税务总局关于公益性捐赠支出企业所得税税前结转扣除有关政策的通知》（财税〔2018〕15号）第三条规定：企业发生的公益性捐赠支

出未在当年税前扣除的部分，准予向以后年度结转扣除，但结转年限自捐赠发生年度的次年起计算最长不得超过三年。第四条规定：企业在对公益性捐赠支出计算扣除时，应先扣除以前年度结转的捐赠支出，再扣除当年发生的捐赠支出。”

2. A企业为X市城区一食品加工企业，是增值税一般纳税人，2020年平均资产总额为2 400万，平均从业人数为90人，销售收入为1 000万元，会计利润为400万元。2020年发生以下业务：

（1）6月，企业为后续改造技术扩充产能，采购了一台不含税价格为200万元的固定资产，会计上按照使用寿命10年进行折旧，无净残值，税法上企业享受设备、器具一次性扣除政策优惠政策。

（2）2020全年实际支付工资薪金总额300万元，其中支付安置残疾人员工资50万元，发生福利费支出45万元，拨缴工会经费6万元，发生职工教育经费7万元，为职工支付商业保险费20万元，均已计入相关成本。

（3）全年发生财务费用100万元，其中含向关联企业（非金融企业）支付一年期贷款利息费用90万元，已知借款本金为1 200万元，关联企业的权益性投资额为480万元，且实际税负低于企业，同期银行贷款利率为6%。

（4）全年发生管理费用70万元，其中支付母公司提取的管理费30万元，业务招待费20万元。

（5）全年发生营业外支出30万元，其中直接资助贫困大学生20万元。

要求回答：

（1）计算上述业务（2）需要调整的应纳税所得额；

（2）计算上述业务（3）需要调整的应纳税所得额；

（3）计算上述业务（4）需要调整的应纳税所得额；

（4）计算A企业2020年度的应纳税所得额。

[参考答案]

（1）业务（2）需要调整的应纳税所得额。

残疾人工资加计扣除纳税调减：50万元。

福利费支出：扣除限额为42万元（300×14%），调增3万元（45－42）。

工会经费：扣除限额为6万元（300×2%），不需调整。

职工教育经费：扣除限额为24万元（300×8%），不需调整。

为职工支付商业保险费：纳税调增20万元。

[答案解析]《企业所得税实施条例》第九十六条规定，企业所得税法第三十条第（二）项所称企业安置残疾人员所支付的工资的加计扣除，是指企业安置残疾人员的，在按照支付给残疾职工工资据实扣除的基础上，按照支付给残疾职工工资的100%加计扣除。

《企业所得税实施条例》第四十条规定，企业发生的职工福利费支出，不超过工资薪金总额14%的部分，准予扣除。

《企业所得税实施条例》第四十一条的规定，企业拨缴的工会经费，不超过工资、薪金总额2%的部分，准予扣除。

财税〔2018〕51号文件规定，企业发生的职工教育经费支出，不超过工资薪金总额8%的部分，准予在计算企业所得税应纳税所得额时扣除；超过部分，准予在以后纳税年度结转扣除。

《企业所得税法实施条例》第三十六条规定，除企业依照国家有关规定为特殊工种职工支付的人身安全保险费和国务院财政、税务主管部门规定可以扣除的其他商业保险费外，企业为投资者或者职工支付的商业保险费，不得扣除。

（2）业务（3）需要调整的应纳税所得额。

关联企业利息费用应纳税调增应纳税所得额 $=90-480\times2\times6\%=32.4$（万元）

[答案解析]《财政部　国家税务总局关于企业关联方利息支出税前扣除标准有关税收政策问题的通知》（财税〔2008〕121号）第一条规定，在计算应纳税所得额时，企业实际支付给关联方的利息支出，不超过以下规定比例和税法及其实施条例有关规定计算的部分，准予扣除，超过的部分不得在发生当期和以后年度扣除。企业实际支付给关联方的利息支出，除符合本通知第二条规定外，其接受关联方债权性投资与其权益性投资比例为：金融企业为5∶1；其他企业为2∶1。

《企业所得税实施条例》第三十八条规定，非金融企业向非金融企业借款的利息支出，不超过按照金融企业同期同类贷款利率计算的数额的部分，准予税前扣除。

（3）业务（4）需要调整的应纳税所得额。

业务招待费：限额判定标准为 5 万元（1 000 × 0.005）和 12 万元（20 × 60%）孰小，所以需纳税调增 15 万元（20 − 5）。

向其他企业支付的管理费纳税调增 30 万元。

[答案解析]《企业所得税法实施条例》第四十三条规定，企业发生的与生产经营活动有关的业务招待费支出，按照发生额的 60% 扣除，但最高不得超过当年销售（营业）收入的 5‰。

《国家税务总局关于母子公司间提供服务支付费用有关企业所得税处理问题的通知》（国税发〔2008〕86 号）规定：母公司以管理费形式向子公司提取费用，子公司因此支付给母公司的管理费，不得在税前扣除。

（4）业务（1）固定资产一次性扣除优惠政策纳税调减为 190 万元（200 − 200/10/2）。

业务（5）直接资助贫困大学生纳税调增 20 万元。

A 企业 2020 年度的应纳税所得额 = 400 − 50 + 3 + 20 + 32.4 + 15 + 30 − 190 + 20 = 280.4（万元）

[答案解析]《财政部　税务总局关于设备、器具扣除有关企业所得税政策的通知》（财税〔2018〕54 号）规定，企业在 2018 年 1 月 1 日至 2020 年 12 月 31 日期间新购进的设备、器具，单位价值不超过 500 万元的，允许一次性计入当期成本费用在计算应纳税所得额时扣除，不再分年度计算折旧。

《财政部　税务总局　国务院扶贫办关于企业扶贫捐赠所得税税前扣除政策公告》（财政部　税务总局 国务院扶贫办公告 2019 年第 49 号）规定：自 2019 年 1 月 1 日至 2022 年 12 月 31 日，企业通过公益性社会组织或者县级（含县级）以上人民政府及其组成部门和直属机构，用于目标脱贫地区的扶贫捐赠支出，准予在计算企业所得税应纳税所得额时据实扣除。

3. A 企业为 2012 年成立的有限责任公司（非国有），注册资本为 200 万元，丙公司与丁公司各占 70% 和 30%。A 企业主要从事嵌入式软件的生产与技术咨询服务，2017 年 6 月获得科技型中小企业认定，并经税务机关审核批准，享受软件产品增值税即征即退的税收优惠政策，共有员工 85 人（全年季度平均值），资产平均总额为 2 500 万元。2020 年有关经营业务如下：

全年实现嵌入式软件主营业务收入 1 850 万元，技术咨询服务收入 100 万元，取得国债利息收入 10 万元；发生配比的营业成本为 1 200 万元，营业税金与附加为125万元，财务费用为70万元，销售费用为230万元（佣金支出为75万元），管理费用为400万元（其中业务招待费为30万元，研发费用化支出为15万元），营业外收入为250万元。有关账目资料如下：

（1）A企业2020年7月1日研发投入形成的无形资产达到预计可使用状态，账面价值为60万元，预计使用年限为10年。

（2）"销售费用"科目中包含佣金75万元，是与拥有合法中介经营资质的D公司和E公司签订销售服务合同约定的费用支出，合同共涉及收入为1 000万元，其中以现金支付给D公司的佣金为20万元。

（3）"递延收益"科目中存在2013年当地县级财政部门为扶持高新技术产业一次性发放的科研奖励金贷方余额为10万元，企业已于2013年申请了不征税收入的备案。

（4）A企业全年计提的应付职工薪酬为165万元，次年汇算清缴前实际发放工资为150万元，其中发放给残疾人的工资为10万元（符合优惠条件）；发生的职工教育经费为5万元，单独核算的职工培训经费为3.5万元，党组织工作经费为2万元，上述工资薪金以及三项费用均已计入相关成本费用。

要求回答：

（1）请计算研发费用加计扣除与无形资产摊销应调整的应纳税所得额；

（2）请计算销售费用应调整的应纳税所得额；

（3）请计算企业递延收益科目应调整的应纳税所得额；

（4）请计算职工工资（含残疾人）、党组织工作经费、职工教育经费、培训费用应调整的应纳税所得额。

[参考答案]

（1）费用化研发费用加计扣除 $=15\times75\%=11.25$（万元）

资本化研发费用形成无形资产的加计摊销 $=60/10/2\times75\%=2.25$（万元）

应调整的应纳税所得额（纳税调减）$=11.25+2.25=13.5$（万元）

[答案解析] 根据《财政部　税务总局　科技部关于提高研究开发费用税前加计扣除比例的通知》（财税〔2018〕99号）、《财政部　税务总局关于延长部分税收优惠政策执行期限的公告》（财政部　税务总局公告2021年第6号）规定，企业开展研发活动中实际发生的研发费用，未形成无形资产计入当期损益的，在2023年12月31日前，在按规定据实扣除的基础上，再按照实际发生

额的75%在税前加计扣除；形成无形资产的，在上述期间按照无形资产成本的175%在税前摊销。

(2) 佣金的扣除限额=1 000万元×5% =50（万元）

以现金支付给企业的佣金20万元不得扣除。

销售费用应调整的应纳税所得额（纳税调增）=75 - 50 + 20 = 45（万元）

[答案解析]《关于企业手续费及佣金支出税前扣除政策的通知》（财税〔2009〕29号）规定：企业发生与生产经营有关的手续费及佣金支出，不超过规定计算限额以内的部分，准予扣除；超过部分，不得扣除。其他企业：按与具有合法经营资格中介服务机构或个人（不含交易双方及其雇员、代理人和代表人等）所签订服务协议或合同确认的收入金额的5%计算限额。

企业应与具有合法经营资格中介服务企业或个人签订代办协议或合同，并按国家有关规定支付手续费及佣金。除委托个人代理外，企业以现金等非转账方式支付的手续费及佣金不得在税前扣除。

(3)"递延收益"科目应调整的应纳税所得额（纳税调增）为10万元。

[答案解析]《财政部 国家税务总局关于专项用途财政性资金企业所得税处理问题的通知》(财税〔2011〕70号）文规定：企业将符合本通知第一条规定条件的财政性资金作不征税收入处理后，在5年（60个月）内未发生支出且未缴回财政部门或其他拨付资金的政府部门的部分，应计入取得该资金第六年的应税收入总额；计入应税收入总额的财政性资金发生的支出，允许在计算应纳税所得额时扣除。

(4) 职工工资应调整（纳税调增）=165 - 150 = 15（万元）

残疾人工资加计扣除（纳税调减）为10万元。

党组织工作经费应调整（纳税调增）=2 - 150×1% =0.5（万元）

职工教育经费扣除限额为12万元（150×8%），发生5万元，不需要调整。

符合条件的软件企业单独核算的职工培训费用可以全额扣除，不需要调整。

[答案解析]《企业所得税法实施条例》第九十六条规定：企业所得税法第三十条第（二）项所称企业安置残疾人员所支付的工资的加计扣除，是指企业安置残疾人员的，在按照支付给残疾职工工资据实扣除的基础上，按照支付给残疾职工工资的100%加计扣除。

《中共中央组织部 财政部 国务院国资委党委国家税务总局关于国有企业党组织工作经费问题的通知》(组通字〔2017〕38号)规定：纳入管理费用的党组织工作经费，实际支出不超过职工年度工作薪金总额1%的部分，可以据实在企业所得税前扣除。

《财政部 税务总局关于企业职工教育经费税前扣除政策的通知》(财税〔2018〕51号)规定，企业发生的职工教育经费支出，不超过工资薪金总额8%的部分，准予在计算企业所得税应纳税所得额时扣除；超过部分，准予在以后纳税年度结转扣除。

《财政部 国家税务总局关于进一步鼓励软件产业和集成电路产业发展企业所得税政策的通知》(财税〔2012〕27号)规定：集成电路设计企业和符合条件软件企业的职工培训费用，应单独进行核算并按实际发生额在计算应纳税所得额时扣除。

4. 某县电器生产企业为增值税一般纳税人，适用企业所得税税率为25%。2020年生产经营情况如下：

(1) 当年销售电器给商场，开具增值税专用发票，取得不含税销售收入6 500万元，销项税额合计为845万元，对应的销售成本为4 240万元，当年购进原材料发票取得进项税额520万元。

(2) 将自产化妆品销售给本企业职工，该批化妆品不含税市场价为50万元（税率为13%），成本为20万元。

(3) 当年发生销售费用700万元，其中含广告费230万元；发生财务费用300万元，其中支付银行借款的逾期罚息为20万元，向非金融企业借款利息超银行同类贷款利息18万元；管理费用为600万元，其中新技术开发费为100万元，业务招待费为80万元。

(4) 营业外支出共计120万元，其中税收滞纳金为10万元，通过当地人民政府向目标脱贫地区捐款70万元；订购的一批材料因临时取消而支付给供货方违约金40万元。

(5) 取得投资收益260万元，其中包括当年3月购买了境内甲上市公司的流通股股票30万股（持股时间为10个月），12月收到甲上市公司发放的现金股利80万元。

该企业适用教育费附加税率、地方教育费附加税率分别为3%、2%；除城市建设维护税、教育费附加以及地方教育费附加外无其他税费，除原材料以外的成本与费用均只取得增值税普通发票，计算结果均保留两位小数。

要求回答：

（1）计算销售费用、财务费用应调整的应纳税所得额；

（2）计算管理费用、营业外支出应调整的应纳税所得额；

（3）计算企业2020年度的会计利润；

（4）计算企业2020年度的应纳税所得额。

[参考答案]

（1）销售费用中2020年广告和业务宣传费的税前扣除限额为982.5万元[（6 500+50）×15%]，2020年广告费和业务宣传费实际发生额230万元，允许税前扣除。

财务费用中支付银行借款的逾期罚息不属于行政罚款，允许扣除，而向非金融企业借款利息超银行同类贷款利息18万元，需要进行纳税调增。

[答案解析]《企业所得税法实施条例》第四十四条规定，企业发生的符合条件的广告费和业务宣传费支出，除国务院财政、税务主管部门另有规定外，不超过当年销售（营业）收入15%的部分，准予扣除；超过部分，准予在以后纳税年度结转扣除。

《企业所得税实施条例》第三十八条规定，非金融企业向非金融企业借款的利息支出，不超过按照金融企业同期同类贷款利率计算的数额的部分，准予税前扣除。

（2）管理费用中新技术开发费100万元可按照75%进行加计扣除，纳税调减75万元（100×75%）。

营业外支出中税收滞纳金不得扣除，纳税调增10万元；通过当地人民政府向目标脱贫地区捐款70万元可以全额扣除，不需纳税调整；支付给供应商的违约金允许税前扣除，不需做纳税调整。

[答案解析]《财政部　税务总局　科技部关于提高研究开发费用税前加计扣除比例的通知》（财税〔2018〕99号）、《财政部　税务总局关于延长部分税收优惠政策执行期限的公告》（财政部　税务总局公告2021年第6号）规定，企业开展研发活动中实际发生的研发费用，未形成无形资产计入当期损益的，在按规定据实扣除的基础上，在2018年1月1日至2023年12月31日期间，再

按照实际发生额的75%在税前加计扣除；形成无形资产的，在上述期间按照无形资产成本的175%在税前摊销。

《企业所得税法》第十条规定：在计算应纳税所得额时，下列支出不得扣除：(三) 税收滞纳金；

《财政部　税务总局　国务院扶贫办关于企业扶贫捐赠所得税税前扣除政策的公告》(财政部　税务总局　国务院扶贫办公告2019年第49号) 规定，自2019年1月1日至2022年12月31日，企业通过公益性社会组织或者县级(含县级) 以上人民政府及其组成部门和直属机构，用于目标脱贫地区的扶贫捐赠支出，准予在计算企业所得税应纳税所得额时据实扣除。在政策执行期限内，目标脱贫地区实现脱贫的，可继续适用上述政策。

(3) 企业2020年度的应纳增值税 = 845 + 50 × 13% − 520 = 331.5 (万元)

应纳城市维护建设税、教育费附加和地方教育费附加 = 331.5 × (7% + 3% + 2%) = 39.78 (万元)

2020年度的会计利润 = 6 500 + 50 (职工) − 4 240 − 20 (职工) − 39.78 (税金) − 700 − 300 − 600 − 120 + 260 = 790.22 (万元)

(4) 企业2020年度的应纳税所得额 = 790.22 + 18 + 10 − 75 = 743.22 (万元)

12月收到甲上市公司发放的现金股利80万元，由于持股时间未超过12个月，不能作为免税收入予以纳税调减。

[答案解析]

《中华人民共和国城市维护建设税法》第二条规定，城市维护建设税以纳税人依法实际缴纳的增值税、消费税税额为计税依据。

《征收教育费附加的暂行规定》第三条规定，教育费附加，以各单位和个人实际缴纳的增值税、营业税、消费税的税额为计征依据，教育费附加率为3%，分别与增值税、营业税、消费税同时缴纳。

《企业所得税法》第八条规定，企业实际发生的与取得收入有关的、合理的支出，包括成本、费用、税金、损失和其他支出，准予在计算应纳税所得额时扣除。

《企业所得税法实施条例》第三十一条规定，企业所得税法第八条所称税金，是指企业发生的除企业所得税和允许抵扣的增值税以外的各项税金及其附加。

《企业所得税法》第二十六条规定，企业符合条件的居民企业之间的股息、红利等权益性投资收益为免税收入。

《企业所得税法实施条例》第八十三条规定，企业所得税法第二十六条第（二）项和第（三）项所称股息、红利等权益性投资收益，不包括连续持有居民企业公开发行并上市流通的股票不足12个月取得的投资收益。

5. 某化妆品生产制造企业A，系增值税一般纳税人。企业会计核算2020年度营业收入2 300万元，成本、费用等支出金额合计1 550万元，实现会计利润750万元，适用税率25%。2021年4月聘请税务师对其2020年度的企业所得税汇算清缴审核，发现以下业务未作纳税调整：

（1）10月赊销产品一批，不含税价款为200万元，合同约定2020年12月20日收款，但该款于2021年1月5日收讫。企业于实际收款日确认收入并结转成本160万元。

（2）8月A企业以自产的一批化妆品对外投资设立B公司，该批存货账面价值为100万元，市场价格（公允价值）为150万元，企业拟选择5年分期均匀缴纳相应所得税款；同时A企业将自身开发的专利技术注入境内查账征收的居民企业C公司换取其25%股权，其账面价值为200万元，市场价格（公允价值）为300万元，A企业已向税务申请技术入股优惠政策备案，会计上均依照相关准则进行处理，但上述调整均未反映在汇算清缴报表中。

（3）A企业全年投资收益为200万元，其中A企业从2015年投资100万元、股权占比15%的甲公司撤资，撤资时甲公司累计未分配利润200万元，累计盈余公积50万元，企业实际收回款项200万元，A企业依照“股权转让所得”在账面上列示“投资收益”100万元。

（4）A企业全年发放工资900万元，发生职工福利费150万元，税务机关代收工会经费25万元，职工教育经费110万元。

（5）A企业全年销售费用列支广告费和业务宣传费400万元，管理费用账户中的业务招待费30万元。

不考虑增值税、消费税方面的调整，计算结果均保留两位小数。

要求回答：

（1）计算上述业务（1）需要调整的应纳税所得额；

（2）计算上述业务（2）适用优惠政策后需要调整的应纳税所得额；

（3）计算上述业务（3）需要调整的应纳税所得额；

（4）计算上述业务（4）企业需要调整的应纳税所得额；

（5）计算上述业务（5）企业需要调整的应纳税所得额。

[参考答案]

（1）A企业采取赊销方式销售货物，应以合同约定的收款日期确认收入的实现。上述收入、成本应于2020年度确认，而非2021年度。2020年度企业所得税需纳税调增收入200万元，调减成本160万元，确认调增应纳税所得额40万元。

[答案解析]《企业所得税法实施条例》第二十三条规定，“企业的下列生产经营业务可以分期确认收入的实现：（一）以分期收款方式销售货物的，按照合同约定的收款日期确认收入的实现”。

（2）A企业对B公司投资确认的非货币性资产转让所得50万元（150－100），可在不超过5年期限内，分期均匀计入相应年度的应纳税所得额。所以，2020年会计确认非货币性资产转让所得50万元，税收上只确认50/5＝10（万元），调减40万元。

A公司对C公司的技术入股可选择递延至转让股权时，按股权转让收入减去技术成果原值和合理税费后的差额计算缴纳所得税。2020年会计确认技术入股形成非货币性资产转让所得100万元（300－200），税收上不确认，应调减100万元。

[答案解析]《财政部　国家税务总局关于非货币性资产投资企业所得税政策问题的通知》（财税〔2014〕116号）规定，居民企业（以下简称企业）以非货币性资产对外投资确认的非货币性资产转让所得，可在不超过5年期限内，分期均匀计入相应年度的应纳税所得额，按规定计算缴纳企业所得税。企业以非货币性资产对外投资，应对非货币性资产进行评估并按评估后的公允价值扣除计税基础后的余额，计算确认非货币性资产转让所得。企业以非货币性资产对外投资，应于投资协议生效并办理股权登记手续时，确认非货币性资产转让收入的实现。

根据《财政部　国家税务总局关于完善股权激励和技术入股有关所得税政策的通知》（财税〔2016〕101号）中第三条“对技术成果投资入股实施选择

性税收优惠政策”的规定：“（一）企业或个人以技术成果投资入股到境内居民企业，被投资企业支付的对价全部为股票（权）的，企业或个人可选择继续按现行有关税收政策执行，也可选择适用递延纳税优惠政策。选择技术成果投资入股递延纳税政策的，经向主管税务机关备案，投资入股当期可暂不纳税，允许递延至转让股权时，按股权转让收入减去技术成果原值和合理税费后的差额计算缴纳所得税。（二）企业或个人选择适用上述任一项政策，均允许被投资企业按技术成果投资入股时的评估值入账并在企业所得税前摊销扣除。”

(3) 100万元属于投资收回，股息所得37.5万元［(200+50)×15%］为免税收入，投资资产转让所得62.5万元（200-100-37.5）为应税收入，因此需做纳税调减37.5万元。

[答案解析]《国家税务总局关于企业所得税若干问题的公告》（国家税务总局公告2011年第34号）第五条规定，投资企业从被投资企业撤回或减少投资，其取得的资产中，相当于初始出资的部分，应确认为投资收回；相当于被投资企业累计未分配利润和累计盈余公积按减少实收资本比例计算的部分，应确认为股息所得；其余部分确认为投资资产转让所得。

(4) 福利费扣除限额=900×14%=126（万元）

纳税调增金额=150-126=24（万元）

职工教育经费扣除限额=900×8%=72（万元）

纳税调增金额=110-72=38（万元）

工会经费扣除限额=900×2%=18（万元）

纳税调增金额=25-18=7（万元）

合计纳税调增=24+38+7=69（万元）

[答案解析]《企业所得税实施条例》第四十条规定，企业发生的职工福利费支出，不超过工资薪金总额14%的部分，准予扣除。

《财政部 国家税务总局关于公益性捐赠支出企业所得税税前结转扣除有关政策的通知》（财税〔2018〕5号）规定，企业发生的职工教育经费支出，不超过工资薪金总额8%的部分，准予在计算企业所得税应纳税所得额时扣除；超过部分，准予在以后纳税年度结转扣除。

《企业所得税实施条例》第四十一条规定，企业拨缴的工会经费，不超过工资薪金总额2%的部分，准予扣除。

（5）2020 年业务招待费的税前扣除限额 1 = 2 300 × 5‰ = 11.5（万元）

税前扣除限额 2 = 30 × 60% = 18（万元）> 11.5（万元）

所以 2020 年的业务招待费税前扣除限额是 11.5 万元。实际发生额 30 万元，2020 年需要纳税调增为 18.5 万元（30 − 11.5）。

2020 年广告和业务宣传费的税前扣除限额 = 2 300 × 30% = 750（万元）

2020 年广告费和业务宣传费发生额 400 万元，在税前扣除限额内，不需要做纳税调整。

[答案解析] 用存货对外投资，贷记主营业务收入，已计入营业收入；用无形资产对外投资，贷记营业外收入。

《财政部　税务总局关于广告费和业务宣传费支出税前扣除有关事项的公告》（财政部　税务总局公告 2020 年第 43 号）规定，对化妆品制造或销售、医药制造和饮料制造（不含酒类制造）企业发生的广告费和业务宣传费支出，不超过当年销售（营业）收入 30% 的部分，准予扣除；超过部分，准予在以后纳税年度结转扣除。

《企业所得税法实施条例》第四十三条规定，企业发生的与生产经营活动有关的业务招待费支出，按照发生额的 60% 扣除，但最高不得超过当年销售（营业）收入的 5‰。

第三章　应纳税额

一、单项选择题

1. 居民企业来源于中国境外的应税所得已在境外缴纳的所得税税额，可以从其当期应纳税额中抵免，抵免限额为该项所得依照企业所得税法规定计算的应纳税额；超过抵免限额的部分，可以在（　　）内，用每年度抵免限额抵免当年应抵税额后的余额进行抵补。

A. 5 个年度

B. 5 个纳税年度

C. 以前 5 个年度

D. 以后 5 个年度

［参考答案］D

［答案解析］选项 D 符合《企业所得税法》第二十三条的规定。

2.《企业所得税法》规定的应纳税额的计算公式，下列表述正确的是（　　）。

A. 应纳税额 = 应纳税所得额 × 适用税率 － 免征税额 － 抵免税额

B. 应纳税额 = 应纳税所得额 × 适用税率 － 减免税额 － 抵扣税额

C. 应纳税额 = 应纳税所得额 × 适用税率 － 减免税额 － 抵免税额

D. 应纳税额 = 应纳税所得额 × 适用税率 － 减免税额 － 抵免限额

［参考答案］C

［答案解析］选项 C 符合《企业所得税法实施条例》第七十六条的规定。

3. 根据《企业所得税法》及其实施条例的规定，下列表述正确的是（ ）。

A. 抵免限额，是指企业来源于中国境外的所得，依照《企业所得税法》及其实施条例的规定计算的应纳税额

B. 抵免限额，是指企业来源于中国境外的所得，依照《企业所得税法》及其实施条例的规定计算的应纳税所得额

C. 抵免限额，是指企业来源于中国境内外的所得，依照《企业所得税法》及其实施条例的规定计算的应纳税额

D. 抵免限额，是指企业来源于中国境内外的所得，依照《企业所得税法》及其实施条例的规定计算的应纳税所得额

［参考答案］A

［答案解析］选项 A 符合《企业所得税法实施条例》第七十八条的规定。

4. 长虹公司 2020 年境内应税所得 100 万元，企业所得税率为 25%；同时长虹公司还分别在 A、B 两国设有分支机构；A 国分支机构的应税所得为 50 万元，A 国企业所得税税率 20%；B 国分支机构的应税所得为 30 万元，B 国企业所得税税率 30%。假设三国所得额计算方法一致，两个分支机构分别在 A、B 两国缴纳了 10 万元和 9 万元的企业所得税。长虹公司 2020 年应纳企业所得税为（ ）。

A. 45 万元

B. 27.5 万元

C. 26 万元

D. 25 万元

［参考答案］B

［答案解析］

（1）境内境外应纳税额 =（100 + 50 + 30）× 25% = 45（万元）

（2）A 国抵免限额 = 45 × 50 ÷（100 + 50 + 30）= 12.5（万元）

B 国抵免限额 = 45 × 30 ÷（100 + 50 + 30）= 7.5（万元）

（3）A 国可全额抵扣 10 万元，B 国只能抵扣 7.5 万元。

（4）应纳税额 = 45 − 10 − 7.5 = 27.5（万元）

5. 居民企业间接控制的外国企业，是指居民企业以间接持股方式持有外国

企业（　　）股份。

A. 20%以下

B. 20%以上

C. 25%以下

D. 25%以上

［参考答案］ B

［答案解析］ 选项B符合《企业所得税法实施条例》第八十条的规定。

6. 企业在境外取得的（　　），在按规定计算可抵免所得税额和抵免限额时，由该企业直接或者间接持有20%以上股份的外国企业，限于按照企业所得税法相关文件规定的持股方式确定的五层外国企业。

A. 利息所得

B. 股息所得

C. 租金所得

D. 特许权使用费所得

［参考答案］ B

［答案解析］ 根据《中华人民共和国企业所得税法》及其实施条例和《财政部　国家税务总局关于企业境外所得税收抵免有关问题的通知》（财税〔2009〕125号）第二条规定，"企业在境外取得的股息所得，在按规定计算该企业境外股息所得的可抵免所得税额和抵免限额时，由该企业直接或者间接持有20%以上股份的外国企业，限于按照财税〔2009〕125号文件第六条规定的持股方式确定的五层外国企业。"

7. 企业抵免境外所得税额后实际应纳所得税额的计算公式为（　　）。

A. 企业实际应纳所得税额 = 企业境内应纳税额 - 企业所得税减免、抵免优惠税额 - 境外所得税抵免额

B. 企业实际应纳所得税额 = 企业境内外所得应纳税总额 - 境外所得税抵免额

C. 企业实际应纳所得税额 = 企业境内外所得应纳税总额 - 企业所得税减免、抵免优惠税额 - 境外所得税抵免额

D. 企业实际应纳所得税额 = 企业境内外所得应纳税总额 - 企业所得税减免、抵免优惠税额 - 境外所得税额

[参考答案] C

[答案解析] 选项C符合《财政部 国家税务总局关于企业境外所得税收抵免有关问题的通知》(财税〔2009〕125号) 第十二条的规定。

8. 根据《企业所得税法实施条例》的规定，抵免限额计算公式正确的是(　　)。

A. 抵免限额=中国境内所得依照《企业所得税法》及其实施条例的规定计算的应纳税额×来源于某国（地区）的应纳税所得额÷中国境内、境外应纳税所得总额

B. 抵免限额=中国境内、境外所得依照《企业所得税法》及其实施条例的规定计算的应纳税总额×来源于某国（地区）的应纳税额÷中国境内、境外应纳税所得总额

C. 抵免限额=中国境内、境外所得依照《企业所得税法》及其实施条例的规定计算的应纳税总额×来源于某国（地区）的应纳税所得额÷中国境内、境外应纳税所得总额

D. 抵免限额=中国境外所得依照《企业所得税法》及其实施条例的规定计算的应纳税额×来源于某国（地区）的应纳税所得额÷中国境内、境外应纳税所得总额

[参考答案] C

[答案解析] 选项C符合《企业所得税法实施条例》第七十八条的规定。

9. 根据《企业所得税法实施条例》的规定，已在境外缴纳的所得税税额表述正确的是(　　)。

A. 已在境外缴纳的所得税税额，是指企业来源于中国境外的所得依照中国境内税收法律以及相关规定应当缴纳并已经实际缴纳的企业所得税性质的税款

B. 已在境外缴纳的所得税税额，是指企业来源于中国境外的所得依照中国境外税收法律以及相关规定应当缴纳并已经实际缴纳的企业所得税性质的税款

C. 已在境外缴纳的所得税税额，是指企业来源于中国境外的所得依照中国境外税收法律以及相关规定应当缴纳的企业所得税性质的税款

D. 已在境外缴纳的所得税税额，是指企业来源于中国境外的所得依照中国境外税收法律以及相关规定应当缴纳并已经实际缴纳的税款

[参考答案] B

[答案解析] 选项B符合《企业所得税法实施条例》第七十七条的规定。

10. 根据《企业所得税法实施条例》的规定，下列表述正确的是（　　）。

A. 居民企业从其直接或者间接控制的外国企业分得的来源于中国境外的利息所得等债权性投资收益，外国企业在境外实际缴纳的所得税税额中属于该项所得负担的部分，可以作为该居民企业的可抵免境外所得税税额，在企业所得法规定的抵免限额内抵免

B. 居民企业从其直接或者间接控制的外国企业分得的来源于中国境外的租金、特许权使用费等财产租赁收益，外国企业在境外实际缴纳的所得税税额中属于该项所得负担的部分，可以作为该居民企业的可抵免境外所得税税额，在企业所得法规定的抵免限额内抵免

C. 居民企业从其直接或者间接控制的外国企业分得的来源于中国境外的股息、红利等权益性投资收益，外国企业在境外实际缴纳的所得税税额中属于该项所得负担的部分，可以作为该居民企业的可抵免境外所得税税额，在企业所得法规定的抵免限额内抵免

D. 居民企业从其直接或者间接控制的外国企业取得的来源于中国境外的转让财产收益，外国企业在境外实际缴纳的所得税税额中属于该项所得负担的部分，可以作为该居民企业的可抵免境外所得税税额，在企业所得法规定的抵免限额内抵免

[参考答案] C

[答案解析] 选项C符合《企业所得税法》第二十四条的规定。

11. 居民企业在境外设立不具有独立纳税地位的分支机构取得的各项境外所得，无论是否汇回中国境内，均应计入该企业（　　）的境外应纳税所得额。

A. 所属纳税年度

B. 收回年度

C. 以后纳税年度

D. 经居民企业申请税务机关认可纳税年度

[参考答案] A

[答案解析] 选项A符合《财政部　国家税务总局关于企业境外所得税收抵免有关问题的通知》（财税〔2009〕125号）第三条第（一）款的规定。

12. A公司2020年境内所得1 200万元。境外所得（均为税后所得）有三笔，其中来自甲国有两笔所得，分别为120万元和51万元，税率分别为40%和15%；来自乙国所得42.5万元，已纳税7.5万元（甲国、乙国均与我国签订了避免重复征税的税收协定）。则2020年A公司应纳企业所得税为（　　）万元。

A. 300

B. 305

C. 308

D. 316

［参考答案］B

［答案解析］（1）来源于甲国税前所得=［120÷（1-40%）+51÷（1-15%）］=200+60=260（万元）

来源于乙国税前所得=42.5+7.5=50（万元）

（2）境内、境外应纳税所得额=1 200+260+50=1 510（万元）

（3）境内、境外应纳税总额=1 510×25%=377.5（万元）

（4）来源于甲国抵免限额=377.5×260÷1 510=65（万元）

来源于甲国已纳税额=200×40%+60×15%=80+9=89（万元）

可抵免65万元；

来源于乙国抵免限额=377.5×50÷1 510=12.5（万元）

来源于乙国已纳税额7.5万元，可抵免7.5万元。

（5）应纳企业所得税=377.5-65-7.5=305（万元）

13. 境外中资企业可向其实际管理机构所在地或中国主要投资者所在地主管税务机关提出居民企业申请，主管税务机关对其居民企业身份进行初步审核后，层报（　　）确认。

A. 国家税务总局

B. 省级国家税务局

C. 地市级国家税务局

D. 县（区）级国家税务局

［参考答案］A

［答案解析］选项A符合《国家税务总局关于境外注册中资控股企业依据

实际管理机构标准认定为居民企业有关问题的通知》（国税发〔2009〕82号）第七条的规定。

14. 主管税务机关应当在非境内注册居民企业年度申报和汇算清缴结束后（　　）内，判定其构成居民身份的条件是否发生实质性变化。对实际管理机构转移至境外或者企业中资控股地位发生变化的，主管税务机关应层报税务总局终止其居民身份。

A. 1个月

B. 2个月

C. 3个月

D. 6个月

[参考答案] B

[答案解析] 选项B符合《国家税务总局关于印发〈境外注册中资控股居民企业所得税管理办法（试行）〉的公告》（国家税务总局公告2011年第45号）第二十三条的规定。

15. A企业2020年度应纳税所得额为1 200万元，已预缴税款140万元，来源于境外甲国税前所得100万元，境外所得税税率30%，由于享受优惠实际按20%税率纳税（不适用税收饶让），A企业2020年企业所得税汇算清缴应补（退）税款为（　　）万元。

A. 105

B. 110

C. 165

D. 223

[参考答案] C

[答案解析] (1) 境内、境外应纳税所得总额 = 1 200 + 100 = 1 300（万元）

(2) 境内、境外应纳所得税额 = 1 300 × 25% = 325（万元）

(3) 抵免限额 = 325 × 100 ÷ 1 300 = 25（万元）

境外所得已纳税额 = 100 × 20% = 20（万元）

因而，可抵免20万元。

(4) 2020年企业所得税汇算清缴应补税额 = 325 − 140 − 20 = 165（万元）

16. 以下给予非境内注册居民企业主管税务机关确认正确的是（　　）。

A. 非境内注册居民企业的实际管理机构所在地与境内主要控股投资者所在地一致的，为境内主要控股投资者的企业所得税主管税务机关

B. 非境内注册居民企业的实际管理机构所在地与境内主要控股投资者所在地不一致的，为实际管理机构所在地的主管税务机关

C. 非境内注册居民企业的实际管理机构所在地与境内主要控股投资者所在地不一致的，经共同的上级税务机关批准，企业也可以选择境内主要控股投资者的企业所得税主管税务机关为其主管税务机关

D. 境外注册中资控股居民企业中国境内主要投资者登记注册地主管税务机关

［参考答案］D

［答案解析］选项D符合《国家税务总局关于修改〈非居民企业所得税核定征收管理办法〉等文件的公告》（国家税务总局公告2015年第22号）第二条的规定。

17. 非境内注册居民企业经税务总局确认终止居民身份的，应当自收到主管税务机关书面通知之日起内（　　）向主管税务机关申报办理注销税务登记。

A. 7日

B. 15日

C. 30日

D. 60日

［参考答案］B

［答案解析］选项B符合《国家税务总局关于印发〈境外注册中资控股居民企业所得税管理办法（试行）〉的公告》（国家税务总局公告2011年第45号）第十四条的规定。

18. 非境内注册居民企业应当自收到居民身份认定书之日起（　　）内向主管税务机关提供相关资料申报办理税务登记，主管税务机关核发临时税务登记证及副本。

A. 7日

B. 15日

C. 30日

D. 60日

[参考答案] C

[答案解析] 选项C符合《国家税务总局关于印发〈境外注册中资控股居民企业所得税管理办法（试行）〉的公告》（国家税务总局公告2011年第45号）第十三条的规定。

19. 非境内注册居民企业发生终止生产经营或者居民身份变化情形的，应当自停止生产经营之日或者税务总局取消其居民企业之日起（ ）内，向其主管税务机关办理当期企业所得税汇算清缴。

A. 7日

B. 15日

C. 30日

D. 60日

[参考答案] D

[答案解析] 选项D符合《国家税务总局关于印发〈境外注册中资控股居民企业所得税管理办法（试行）〉的公告》（国家税务总局公告2011年第45号）第二十一条的规定。

20. 企业可以选择按国（地区）别分别计算，或者不按国（地区）别汇总计算其来源于境外的应纳税所得额。并按照《企业所得税法》相关规定的税率，分别计算其可抵免境外所得税税额和抵免限额。上述方式一经选择，（ ）内不得改变。

A. 1年

B. 2年

C. 3年

D. 5年

[参考答案] D

[答案解析] 选项D符合《财政部 国家税务总局关于完善企业境外所得税收抵免政策问题的通知》（财税〔2017〕84号）第一条的规定。

二、多项选择题

1. 企业取得的下列所得（ ）已在境外缴纳的所得税税额，可以从其当期应纳税额中抵免，抵免限额为该项所得依照《企业所得税法》规定计算的应纳税额；超过抵免限额的部分，可以在以后5个年度内，用每年度抵免限额抵免当年应抵税额后的余额进行抵补。

A. 居民企业来源于中国境外的应税所得

B. 居民企业来源于中国境外的免税所得

C. 居民企业来源于中国境外的抵税所得

D. 非居民企业在中国境内设立机构、场所，取得发生在中国境外但与该机构、场所有实际联系的应税所得

E. 非居民企业在中国境内设立机构、场所，取得发生在中国境外的应税所得

［参考答案］ AD

［答案解析］ 选项A、D是《企业所得税法》第二十三条列举的企业取得的所得已在境外缴纳的所得税税额。选项B、C、E不是《企业所得税法》第二十三条列举的企业取得的所得已在境外缴纳的所得税税额。

2. 根据企业所得税法的相关规定，下列表述正确的有（　　）。

A. 已在境外缴纳的所得税税额，超过企业所得税法规定抵免限额的部分，可以在以后5个年度内，用每年度抵免限额抵免当年应抵税额后的余额进行抵补

B. 居民企业直接控制的外国企业，是指居民企业直接持有外国企业20%以上股份

C. 居民企业间接控制的外国企业，是指居民企业以间接持股方式持有外国企业25%以上股份，具体认定办法由国务院财政、税务主管部门另行制定

D. 居民企业间接控制的外国企业，是指居民企业以间接持股方式持有外国企业20%以上股份，具体认定办法由国家税务总局另行制定

E. 企业依照企业所得税法的规定抵免境外企业所得税税额时，应当提供中国境外税务机关出具的税款所属年度的有关纳税凭证

［参考答案］ ABE

［答案解析］ 选项A、B、E符合《企业所得税法》第二十三条、《企业所得税法实施条例》第八十条第一款、第八十一条的规定。选项C、D不符合《企业所得税法实施条例》第八十条第二款的规定。

3. 可抵免境外所得税税额，是指企业来源于中国境外的所得依照中国境外税收法律以及相关规定应当缴纳并已实际缴纳的企业所得税性质的税款。但不包括（　　）。

A. 按照该国（地区）税收法律享受了免税或减税待遇，且该免税或减税的数额按照税收协定规定应视同已缴的税额

B. 按照境外所得税法律及相关规定属于错缴或错征的境外所得税税款

C. 按照税收协定规定不应征收的境外所得税税款

D. 因少缴或迟缴境外所得税而追加的利息、滞纳金或罚款

E. 境外所得税纳税人或者其利害关系人从境外征税主体得到实际返还或补偿的境外所得税税款

[参考答案] BCDE

[答案解析] 选项B、C、D、E符合《财政部　国家税务总局关于企业境外所得税收抵免有关问题的通知》（财税〔2009〕125号）第四条的规定。

4. 根据现行企业所得税政策相关规定，下列企业取得的境外所得中，已在境外缴纳的企业所得税税款，可以从其当期应纳税额中抵免的有（　　）。

A. 居民企业来源于中国境外的生产经营的应税所得

B. 非居民企业取得的与其在境内所设机构、场所有实际联系的境外应税所得

C. 非居民企业取得的与其在境内所设机构、场所无实际联系的境外应税所得

D. 居民企业从其直接控制的外国企业分得的股息红利等权益性投资所得

E. 抵免限额应该分国分项进行计算

[参考答案] ABD

[答案解析] 选项A、B、D符合《企业所得税法》及其实施条例规定；选项C、E不符合《企业所得税法》及其实施条例的规定。

5. 境外中资企业同时符合以下条件（　　）的，应判定其为实际管理机构在中国境内的居民企业。

A. 企业负责实施日常生产经营管理运作的高层管理人员及其高层管理部门履行职责的场所主要位于中国境内

B. 企业的财务决策和人事决策由位于中国境内的机构或人员决定

C. 企业的财务决策和人事决策需要得到位于中国境内的机构或人员批准

D. 企业的主要财产、会计账簿、公司印章、董事会和股东会议纪要档案等位于或存放于中国境内

E. 企业1/2（含1/2）以上有投票权的董事或高层管理人员经常居住于中国境内

[参考答案] ABCDE

[答案解析] 选项A、B、C、D、E符合《国家税务总局关于境外注册中资控股企业依据实际管理机构标准认定为居民企业有关问题的通知》（国税发〔2009〕82号）的规定。

6. 企业应按照《企业所得税法》及其实施条例、税收协定以及相关文件的规定，准确计算（　　）当期与抵免境外所得税有关的项目后，确定当期实际可抵免分国（地区）别的境外所得税税额和抵免限额。

A. 境内所得的应纳税所得额

B. 分国（地区）别的境外所得的应纳税所得额

C. 分国（地区）别的可抵免境外所得税税额

D. 分国（地区）别的境外所得的减免税额

E. 分国（地区）别的境外所得税的抵免限额

[参考答案] ABCE

[答案解析] 选项A、B、C、E符合《财政部　国家税务总局关于企业境外所得税收抵免有关问题的通知》（财税〔2009〕125号）第二条的规定。

7. 根据《企业所得税法》的相关规定，下列表述正确的有（　　）。

A. 已在境外缴纳的所得税税额，超过《企业所得税法》规定抵免限额的部分，可以在5个年度内，用每年度抵免限额抵免当年应抵税额后的余额进行抵补

B. 居民企业直接控制的外国企业，是指居民企业直接持有外国企业20%以上股份

C. 居民企业间接控制的外国企业，是指居民企业以间接持股方式持有外国企业25%以上股份

D. 企业依照《企业所得税法》的规定抵免境外企业所得税税额时，应当提供中国境外税务机关出具的税款所属年度的有关纳税凭证

E. 来源于境外的股息所得在境外缴纳的预提所得税属于间接抵免的范围

[参考答案] BD

[答案解析] 选项 B、D 符合《企业所得税法实施条例》第八十条、第八十一条的规定。

8. 主管税务机关应按季度核查非境内注册居民企业向非居民企业支付（　　）依法扣缴企业所得税的情况，发现该企业未依法履行相关扣缴义务的，应按照《税收征收管理法》及其实施细则和《企业所得税法》及其实施条例等有关规定对其进行处罚，并向非居民企业追缴税款。

A. 股息

B. 利息

C. 租金

D. 特许权使用费

E. 劳务收入及其他收入

[参考答案] ABCD

[答案解析] 选项 A、B、C、D 符合《国家税务总局关于印发〈境外注册中资控股居民企业所得税管理办法（试行）〉的公告》（国家税务总局公告 2011 年第 45 号）第二十四条的规定。

9. 根据《企业所得税法》的相关规定，下列表述正确的有（　　）。

A. 非境内注册居民企业应当按照中国有关法律、法规和国务院财政、税务主管部门的规定，编制财务、会计报表，并在领取税务登记证件之日起 30 日内将企业的财务、会计制度或者财务会计、处理办法及有关资料报送主管税务机关备案

B. 非境内注册居民企业存放在中国境内的会计账簿和境内税务机关要求提供的报表等资料，应当使用中文

C. 发生扣缴义务的非境内注册居民企业应当设立代扣代缴税款账簿和合同资料档案，准确记录扣缴企业所得税情况

D. 非境内注册居民企业与境内单位或者个人发生交易的，应当按照发票管理办法规定使用发票，发票存根应当保存在中国境内，以备税务机关查验

E. 非境内注册居民企业按照月度或者季度预缴、年度汇算清缴方法申报缴纳所得税

［参考答案］BCD

［答案解析］选项B、C、D符合《国家税务总局关于印发〈境外注册中资控股居民企业所得税管理办法（试行）〉的公告》（国家税务总局公告2011年第45号）第十七条、第十八条、第十九条的规定，选项A、E不符合《国家税务总局关于印发〈境外注册中资控股居民企业所得税管理办法（试行）〉的公告》（国家税务总局公告2011年第45号）第十六条、第二十条的规定。

10. 境外中资企业居民身份的认定，采用（　　）形式。

A. 企业自行认定

B. 企业自行判定提请税务机关认定

C. 企业提出申请税务机关认定

D. 税务机关调查发现予以认定

E. 税务机关认定

［参考答案］BD

［答案解析］选项B、D符合《国家税务总局关于印发〈境外注册中资控股居民企业所得税管理办法（试行）〉的公告》（国家税务总局公告2011年第45号）第六条的规定。

三、判断题

1. 企业的应纳税所得额乘以税率，减除依照《企业所得税法》关于税收优惠的规定减免和抵免的税额后的余额，为应纳税额。（　　）

［参考答案］错误

［答案解析］《企业所得税法》第二十二条规定，企业的应纳税所得额乘以适用税率，减除依照本法关于税收优惠的规定减免和抵免的税额后的余额，为应纳税额。

2. 《企业所得税法》规定的应纳税额的计算公式中的减免税额，是指依照《企业所得税法》和国务院的税收优惠规定减征和抵免的应纳税额。（　　）

［参考答案］错误

［答案解析］《企业所得税法实施条例》第七十六条规定，公式中的减免税额，是指依照《企业所得税法》和国务院的税收优惠规定减征、免征的应纳税额。

3.《企业所得税法》规定的应纳税额的计算公式中的抵免税额，是指依照《企业所得税法》和国务院的税收优惠规定抵免的应纳税额。（　）

[参考答案] 正确

[答案解析]《企业所得税法实施条例》第七十六条规定，公式中的抵免税额，是指依照《企业所得税法》和国务院的税收优惠规定抵免的应纳税额。

4. 居民企业从其直接或者间接控制的外国企业分得的来源于中国境外的股息、红利等权益性投资收益，外国企业在境外实际缴纳的所得税税额中属于该项所得负担的部分，可以作为该居民企业的可抵免境外所得税税额。（　）

[参考答案] 错误

[答案解析]《企业所得税法》第二十四条规定，居民企业从其直接或者间接控制的外国企业分得的来源于中国境外的股息、红利等权益性投资收益，外国企业在境外实际缴纳的所得税税额中属于该项所得负担的部分，可以作为该居民企业的可抵免境外所得税税额，在本法第二十三条规定的抵免限额内抵免。

5. 企业依照《企业所得税法》的规定抵免企业所得税税额时，可提供中国境外税务机关出具的税款所属年度的有关纳税凭证。（　）

[参考答案] 错误

[答案解析]《企业所得税法实施条例》第八十一条规定，企业依照《企业所得税法》第二十三条、第二十四条的规定抵免企业所得税税额时，应当提供中国境外税务机关出具的税款所属年度的有关纳税凭证。

第四章　税收优惠

一、单项选择题

1. 根据《企业所得税优惠政策事项办理办法》，下列说法正确的是（　　）。

A. 企业享受优惠事项采取“自行判别、申报享受、相关资料留存备查”的办理方式

B. 企业享受优惠事项的，应当在完成年度汇算清缴前，将留存备查资料归集齐全并整理完成，以备税务机关核查

C. 企业同时享受多项优惠事项或者享受的优惠事项按照规定分项目进行核算的，应当按照优惠事项或者项目汇总归集留存备查资料

D. 企业留存备查资料应从企业享受优惠事项当年的企业所得税汇算清缴期结束次日起保留 5 年

［**参考答案**］A

［**答案解析**］企业享受优惠事项采取“自行判别、申报享受、相关资料留存备查”的办理方式。企业享受优惠事项的，应当在完成年度汇算清缴后，将留存备查资料归集齐全并整理完成，以备税务机关核查，故选项 B 不正确。企业同时享受多项优惠事项或者享受的优惠事项按照规定分项目进行核算的，应当按照优惠事项或者项目分别归集留存备查资料，故选项 C 不正确。企业留存备查资料应从企业享受优惠事项当年的企业所得税汇算清缴期结束次日起保留 10 年，故选项 D 不正确。综上所述，选项 A 符合题意。

2. 下列各项收入中免征企业所得税的是（　　）。

A. 转让国债取得的转让收入

B. 非营利组织免税收入孳生的银行存款利息

C. 国际金融组织向居民企业提供一般贷款的利息收入

D. 种植观赏性作物并销售取得的收入

［参考答案］B

［答案解析］选项A不正确，国债利息收入免税，但转让所得不免；选项C不正确，国际金融组织向中国政府和居民企业提供优惠贷款取得的利息所得免征企业所得税；选项D不正确，观赏性作物的种植，项目所得减半征收企业所得税。故只有选项B符合题意。

3. 符合条件的非营利组织取得下列收入，免征企业所得税的是（　　）。

A. 从事营利活动取得的收入

B. 因政府购买服务而取得的收入

C. 不征税收入孳生的银行存款利息收入

D. 按照县级民政部门规定收取的会费收入

［参考答案］C

［答案解析］非营利组织的下列收入为免税收入：接受其他单位或者个人捐赠的收入；除税法规定的财政拨款以外的其他政府补助收入，但不包括因政府购买服务而取得的收入；按照省级以上民政、财政部门规定收取的会员费；不征税收入和免税收入孳生的银行利息收入。故选项C符合题意。

4. 下列股息、红利收入享受免税收入正确的是（　　）。

A. 企业权益性投资取得股息、红利等收入，应以被投资企业股东会或股东大会作出利润分配或转股决定的日期，确定收入的实现

B. 被投资企业将股权（票）溢价所形成的资本公积转为股本的，作为投资方企业的股息、红利收入

C. 居民企业之间的股息、红利等权益性投资收益为免税收入

D. 内地居民企业通过沪港通投资香港联交所上市股票不满12个月取得的股息红利所得，依法免征企业所得税

［参考答案］A

［答案解析］被投资企业将股权（票）溢价所形成的资本公积转为股本的，

不作为投资方企业的股息、红利收入，投资方企业也不得增加该项长期投资的计税基础。符合条件的居民企业之间的股息、红利等权益性投资收益为免税收入，不包括连续持有居民企业公开发行并上市流通的股票不足12个月取得的投资收益。内地居民企业通过沪港通投资香港联交所上市股票连续持有满12个月取得的股息红利所得，依法免征企业所得税。故选项A符合题意。

5. 企业从事下列项目的所得，减半征收企业所得税（　　）。

A. 蔬菜、谷物、薯类、油料、豆类、棉花、麻类、糖料、水果、坚果的种植

B. 灌溉、农产品初加工、兽医、农技推广、农机作业和维修等农、林、牧、渔服务业项目

C. 远洋捕捞

D. 海水养殖、内陆养殖

［参考答案］D

［答案解析］企业从事下列项目的所得，免征企业所得税：(1) 蔬菜、谷物、薯类、油料、豆类、棉花、麻类、糖料、水果、坚果的种植；(2) 农作物新品种的选育；(3) 中药材的种植；(4) 林木的培育和种植；(5) 牲畜、家禽的饲养；(6) 林产品的采集；(7) 灌溉、农产品初加工、兽医、农技推广、农机作业和维修等农、林、牧、渔服务业项目；(8) 远洋捕捞。企业从事下列项目的所得，减半征收企业所得税：(1) 花卉、茶以及其他饮料作物和香料作物的种植；(2) 海水养殖、内陆养殖。故选项D符合题意。

6. 企业从事下列项目所得的税务处理正确的是（　　）。

A.“牲畜、家禽的饲养”以外的生物养殖项目，按“牲畜、家禽的饲养”项目处理

B. 猪、兔的饲养，按“牲畜、家禽的饲养”项目处理

C. 观赏性作物的种植，按“林木的培育和种植”项目处理

D. 饲养牲畜、家禽产生的分泌物、排泄物，不可享受项目所得优惠

［参考答案］B

［答案解析］企业从事下列项目所得的税务处理：猪、兔的饲养，按“牲畜、家禽的饲养”项目处理；饲养牲畜、家禽产生的分泌物、排泄物，按“牲畜、家禽的饲养”项目处理；观赏性作物的种植，按“花卉、茶及其他饮料作

物和香料作物的种植”项目处理；“牲畜、家禽的饲养”以外的生物养殖项目，按“海水养殖、内陆养殖”项目处理。故选项 B 符合题意。

7. 企业从事符合规定的国家重点扶持的公共基础设施项目，享受企业所得税项目所得减免表述正确是（　　）。

A. 企业从事符合规定的国家重点扶持的公共基础设施项目的投资经营的所得，自项目取得第一笔生产经营收入所属纳税年度起，第一年至第三年免征企业所得税，第四年至第六年减半征收企业所得税

B. 企业承包经营、承包建设和内部自建自用符合规定的国家重点扶持的公共基础设施项目，可按规定享受公共基础设施项目所得减免的企业所得税优惠

C. 企业同时从事不在《公共基础设施项目企业所得税优惠目录》范围的生产经营项目取得的所得，应与享受优惠的公共基础设施项目经营所得分开核算，但不需要分摊企业的期间共同费用

D. 企业在减免税期限内转让所享受减免税优惠的项目，受让方承续经营该项目的，可重新享受规定的减免税优惠

［参考答案］A

［答案解析］企业从事符合规定的国家重点扶持的公共基础设施项目的投资经营的所得，自项目取得第一笔生产经营收入所属纳税年度起，第一年至第三年免征企业所得税，第四年至第六年减半征收企业所得税。企业承包经营、承包建设和内部自建自用符合规定的国家重点扶持的公共基础设施项目，不得享受从事国家重点扶持的公共基础设施项目投资经营所得的企业所得税优惠。企业同时从事不在《公共基础设施项目企业所得税优惠目录》范围的生产经营项目取得的所得，应与享受优惠的公共基础设施项目经营所得分开核算，并合理分摊企业的期间共同费用；没有单独核算的，不得享受上述企业所得税优惠。企业在减免税期限内转让所享受减免税优惠的项目，受让方承续经营该项目的，可自受让之日起，在剩余优惠期限内享受规定的减免税优惠；减免税期限届满后转让的，受让方不得就该项目重复享受减免税优惠。故选项 A 符合题意。

8. 甲公司投资符合《公共基础设施项目企业所得税优惠目录》规定的港口码头项目，2016 年取得第一笔生产经营收入，2017 年开始盈利，2019 年甲公司将码头转让给乙投资公司经营，乙公司当年因码头项目取得应纳税所得额

5 000 万元。2019 年乙公司就该项目所得应缴纳企业所得税（　　）万元（乙公司适用税率 25%）。

A. 1 250

B. 0

C. 750

D. 625

［参考答案］D

［答案解析］企业从事国家重点扶持的公共基础设施项目的投资经营所得，自项目取得第一笔生产经营收入所属纳税年度起，第一年至第三年免征企业所得税，第四年至第六年减半征收企业所得税。企业在减免税期限内转让所享受减免税优惠的项目，受让方可自受让之日起，在剩余优惠期限内享受规定的减免税优惠。乙企业应缴纳的企业所得税为 625 万元（5 000 × 50% × 25%）。

故选项 D 符合题意。

9. 享受减免企业所得税优惠的技术转让应符合以下条件（　　）。

A. 享受优惠的技术转让主体是企业所得税法规定的居民企业

B. 享受优惠的技术转让主体是企业所得税法规定的非居民企业

C. 境内技术转让经省级以上商务部门认定

D. 向境外转让技术经省级以上科技部门认定

［参考答案］A

［答案解析］享受减免企业所得税优惠的技术转让应符合以下条件：(1) 享受优惠的技术转让主体是企业所得税法规定的居民企业；(2) 技术转让属于财政部、国家税务总局规定的范围；(3) 境内技术转让经省级以上科技部门认定；(4) 向境外转让技术经省级以上商务部门认定；(5) 国务院税务主管部门规定的其他条件。故选项 A 符合题意。

10. 以下认定为高新技术企业须满足条件之一的是（　　）。

A. 企业申请认定时须注册成立半年以上

B. 企业通过自主研发、受让、受赠、并购等方式，获得对其主要产品（服务）在技术上发挥核心支持作用的知识产权的使用权

C. 对企业主要产品（服务）发挥核心支持作用的技术属于《国家重点支持的高新技术领域》规定的范围

D. 企业从事研发和相关技术创新活动的科技人员占企业当年职工总数的比例不低于5%

[参考答案] C

[答案解析] 认定为高新技术企业须同时满足以下条件：(1) 企业申请认定时须注册成立一年以上；(2) 企业通过自主研发、受让、受赠、并购等方式，获得对其主要产品（服务）在技术上发挥核心支持作用的知识产权的所有权；(3) 对企业主要产品（服务）发挥核心支持作用的技术属于《国家重点支持的高新技术领域》规定的范围；(4) 企业从事研发和相关技术创新活动的科技人员占企业当年职工总数的比例不低于10%；(5) 企业近3个会计年度（实际经营期不满3年的按实际经营时间计算，下同）的研究开发费用总额占同期销售收入总额的比例符合如下要求：①最近一年销售收入小于5 000万元（含）的企业，比例不低于5%；②最近一年销售收入在5 000万元至2亿元（含）的企业，比例不低于4%；③最近一年销售收入在2亿元以上的企业，比例不低于3%。其中，企业在中国境内发生的研究开发费用总额占全部研究开发费用总额的比例不低于60%。故选项C符合题意。

11. 国家需要重点扶持的高新技术企业，减按（　　）的税率征收企业所得税。

A. 12.5%

B. 10%

C. 20%

D. 15%

[参考答案] D

[答案解析] 国家需要重点扶持的高新技术企业，减按15%的税率征收企业所得税。故选项D符合题意。

12. 根据有关规定，高新技术企业享受高企优惠当年从事研发和相关技术创新活动的科技人员占企业当年职工总数的比例不低于（　　）。

A. 30%

B. 10%

C. 20%

D. 15%

［参考答案］ B

［答案解析］ 企业从事研发和相关技术创新活动的科技人员占企业当年职工总数的比例不低于10%。故选项 B 符合题意。

13. 企业研发活动直接形成产品或作为组成部分形成的产品对外销售的，研发费用中对应的（　　）不得加计扣除。

A. 材料费用

B. 人员人工

C. 制造费用

D. 其他费用

［参考答案］ A

［答案解析］ 企业研发活动直接形成产品或作为组成部分形成的产品对外销售的，研发费用中对应的材料费用不得加计扣除。故选项 A 符合题意。

14. 从 2016 年起，企业委托外部机构或个人进行研发活动所发生的费用，按照费用实际发生额的（　　）计入委托方研发费用并计算加计扣除，受托方不得再进行加计扣除。

A. 90%

B. 80%

C. 70%

D. 100%

［参考答案］ B

［答案解析］ 企业委托外部机构或个人进行研发活动所发生的费用，按照费用实际发生额的 80% 计入委托方研发费用并计算加计扣除，受托方不得再进行加计扣除。故选项 B 符合题意。

15. 企业委托外部机构或个人进行研发活动所发生的费用，由（　　）进行加计扣除。

A. 委托方

B. 受托方

C. 委托方和受托方

D. 委托方或受托方

［参考答案］ A

［答案解析］企业委托外部机构或个人进行研发活动所发生的费用，按照费用实际发生额的80%计入委托方研发费用并计算加计扣除，受托方不得再进行加计扣除。故选项A符合题意。

16. 税务部门应加强研发费用加计扣除优惠政策的后续管理，定期开展核查，年度核查面不得低于（　　）。

A. 50%

B. 30%

C. 20%

D. 10%

［参考答案］C

［答案解析］税务部门应加强研发费用加计扣除优惠政策的后续管理，定期开展核查，年度核查面不得低于20%。故选项C符合题意。

17. 与研发活动直接相关的其他费用，不包括（　　）。

A. 研发成果的检索、分析、评议、论证、鉴定、评审、评估、验收费用

B. 差旅费

C. 高新科技研发保险费

D. 研发人员工资薪金

［参考答案］D

［答案解析］其他相关费用指与研发活动直接相关的其他费用，如技术图书资料费、资料翻译费、专家咨询费、高新科技研发保险费，研发成果的检索、分析、评议、论证、鉴定、评审、评估、验收费用，知识产权的申请费、注册费、代理费，差旅费、会议费，职工福利费、补充养老保险费、补充医疗保险费。研发人员工资薪金属于人员人工费，不属于其他相关费用，故选项D符合题意。

18. 与研发活动直接相关的其他费用，总额不得超过可加计扣除研发费用总额的（　　）。

A. 50%

B. 30%

C. 20%

D. 10%

[参考答案] D

[答案解析] 其他费用总额不得超过可加计扣除研发费用总额的10%。故选项D符合题意。

19. 制造业企业开展研发活动中实际发生的研发费用，未形成无形资产计入当期损益的，在按规定据实扣除的基础上，自2021年1月1日起，再按照实际发生额的（　　）在税前加计扣除。

A. 50%

B. 75%

C. 100%

D. 150%

[参考答案] C

[答案解析] 制造业企业开展研发活动中实际发生的研发费用，未形成无形资产计入当期损益的，在按规定据实扣除的基础上，自2021年1月1日起，再按照实际发生额的100%在税前加计扣除；形成无形资产的，自2021年1月1日起，按照无形资产成本的200%在税前摊销。制造业企业开展研发活动中实际发生的研发费用，未形成无形资产计入当期损益的，在按规定据实扣除的基础上，自2021年1月1日起，再按照实际发生额的100%在税前加计扣除；形成无形资产的，自2021年1月1日起，按照无形资产成本的200%在税前摊销。故选项C符合题意。

20. 在2021年1月1日至2023年12月31日期间，企业（非制造业）开展研发活动中实际发生的符合条件的研发费用，未形成无形资产计入当期损益的，在按规定据实扣除的基础上，再按照实际发生额的（　　）在税前加计扣除。

A. 50%

B. 75%

C. 100%

D. 150%

[参考答案] B

[答案解析] 企业开展研发活动中实际发生的研发费用，未形成无形资产计入当期损益的，在按规定据实扣除的基础上，在2021年1月1日至2023年

12 月 31 日，再按照实际发生额的 75% 在税前加计扣除；形成无形资产的，在上述期间按照无形资产成本的 175% 在税前摊销。制造业有特殊政策按 100% 加计扣除。故选项 C 正确。

21. 研发费用加计扣除优惠政策表述不正确的是（　　）。

A. 采取“自行判别、申报享受、相关资料留存备查”办理方式

B. 自 2021 年 1 月 1 日起，企业预缴申报当年第 3 季度（按季预缴）或 9 月（按月预缴）企业所得税时，可以自行选择就当年上半年研发费用享受加计扣除优惠政策

C. 企业办理第 3 季度或 9 月预缴申报时，未选择享受研发费用加计扣除优惠政策的，不得在次年办理汇算清缴时统一享受

D. 符合条件的企业可以自行计算加计扣除金额，填报《中华人民共和国企业所得税月（季）度预缴纳税申报表（A 类）》享受税收优惠，并根据享受加计扣除优惠的研发费用情况（上半年）填写《研发费用加计扣除优惠明细表》（A107012）

[参考答案] C

[答案解析] 企业预缴申报当年第 3 季度（按季预缴）或 9 月（按月预缴）企业所得税时，可以自行选择就当年上半年研发费用享受加计扣除优惠政策，采取“自行判别、申报享受、相关资料留存备查”办理方式。企业办理第 3 季度或 9 月预缴申报时，未选择享受研发费用加计扣除优惠政策的，可在次年办理汇算清缴时统一享受。符合条件的企业可以自行计算加计扣除金额，填报《中华人民共和国企业所得税月（季）度预缴纳税申报表（A 类）》享受税收优惠，并根据享受加计扣除优惠的研发费用情况（上半年）填写《研发费用加计扣除优惠明细表》（A107012）。故选项 C 符合题意。

22. 允许加计扣除的人员人工费用，不包括直接从事研发活动人员的（　　）。

A. 工资薪金

B. 基本养老保险费、基本医疗保险费

C. 补充养老保险费、补充医疗保险费

D. 失业保险费、工伤保险费、生育保险费和住房公积金

[参考答案] C

［答案解析］允许加计扣除的人员人工费用指直接从事研发活动人员的工资薪金、基本养老保险费、基本医疗保险费、失业保险费、工伤保险费、生育保险费和住房公积金，以及外聘研发人员的劳务费用。故选项C符合题意。

23. 某企业2020年进行了两项研发活动A和B。A项目共发生研发费用100万元，其中与研发活动直接相关的其他费用12万元；B共发生研发费用100万元，其中与研发活动直接相关的其他费用8万元，假设研发活动均符合加计扣除相关规定，下列处理不正确的有（　　）。

A. A项目其他费用允许扣除的研发费用为9.78万元

B. A项目允许加计扣除的研发费用总额为100万元

C. B项目其他费用允许扣除的研发费用为8万元

D. B项目允许加计扣除的研发费用总额为100万元

［参考答案］B

［答案解析］A项目其他相关费用限额 $=(100-12)\times10\%/(1-10\%)=$ 9.78（万元）

小于实际发生数12万元，则A项目允许加计扣除的研发费用应为97.78万元（$100-12+9.78=97.78$）。

B项目其他相关费用限额 $=(100-8)\times10\%/(1-10\%)=10.22$（万元）

大于实际发生数8万元，则B项目允许加计扣除的研发费用应为100万元。故选项B符合题意。

24. 企业委托（　　）进行研发活动所发生的费用，不得加计扣除。

A. 境外机构

B. 境内机构

C. 境内个人

D. 境外个人

［参考答案］D

［答案解析］关于企业委托境外研究开发费用税前加计扣除有关政策明确，委托境外进行研发活动不包括委托境外个人进行的研发活动。故选项D符合题意。

25. 企业在计算加计扣除的研发费用时，应扣减已按规定归集计入研发费用，但在当期取得的特殊收入，这里的特殊收入不包括销售（　　）形成的特殊收入。

A. 下脚料

B. 残次品

C. 中间试制品

D. 无形资产

［参考答案］D

［答案解析］企业取得研发过程中形成的下脚料、残次品、中间试制品等特殊收入，在计算确认收入当年的加计扣除研发费用时，应从已归集研发费用中扣减的该特殊收入，不足扣减的，加计扣除研发费用按零计算。故选项D符合题意。

26. 自2018年1月1日起，对经认定的技术先进型服务企业（服务贸易类），减按（　　）的税率征收企业所得税。

A. 12.5%

B. 10%

C. 20%

D. 15%

［参考答案］D

［答案解析］自2018年1月1日起，对经认定的技术先进型服务企业（服务贸易类），减按15%的税率征收企业所得税。故选项D符合题意。

27. 国家鼓励的集成电路线宽小于28纳米（含），且经营期在15年以上的集成电路生产企业，自获利年度起，享受（　　）优惠。

A. 免征企业所得税

B. 第一年至第十年免征企业所得税

C. 第一年至第五年免征企业所得税，第六年至第十年按照25%的法定税率减半征收企业所得税

D. 第一年至第二年免征企业所得税，第三年至第五年按照25%的法定税率减半征收企业所得税

［参考答案］B

［答案解析］国家鼓励的集成电路线宽小于28纳米（含），且经营期在15年以上的集成电路生产企业或项目，第一年至第十年免征企业所得税；国家鼓

励的集成电路线宽小于 65 纳米（含），且经营期在 15 年以上的集成电路生产企业或项目，第一年至第五年免征企业所得税，第六年至第十年按照 25% 的法定税率减半征收企业所得税；国家鼓励的集成电路线宽小于 130 纳米（含），且经营期在 10 年以上的集成电路生产企业或项目，第一年至第二年免征企业所得税，第三年至第五年按照 25% 的法定税率减半征收企业所得税。故选项 B 符合题意。

28. 2019 年 9 月某化肥企业购进一台污水处理设备并投入使用（该设备属于环境保护专用设备企业所得税优惠目录列举项目），取得增值税专用发票注明设备价款 100 万元、进项税额 13 万元。该企业可抵免企业所得税税额（　　）万元。

A. 10

B. 11.3

C. 100

D. 113

[参考答案] A

[答案解析] 企业购置并实际使用相关规定的环境保护、节能节水、安全生产等设备的，该设备的投资额的 10% 可以从企业当年的应纳税额中抵扣。

该企业可抵免企业所得税税额 $=100\times10\%=10$（万元）

故选项 A 符合题意。

29. 某小型微利企业 2019 年应纳税所得额为 180 万元，则该企业应缴纳企业所得税（　　）万元。

A. 9

B. 13

C. 18

D. 36

[参考答案] B

[答案解析] 自 2019 年 1 月 1 日至 2021 年 12 月 31 日，对小型微利企业年应纳税所得额不超过 100 万元的部分，减按 25% 计入应纳税所得额，按 20% 的税率缴纳企业所得税；对年应纳税所得额超过 100 万元但不超过 300 万元的部分，减按 50% 计入应纳税所得额，按 20% 的税率缴纳企业所得税。该企业应缴

纳企业所得税 13 万元［100×25%×20%+(180-100)×50%×20%］。故选项 B 符合题意。

30. 某小型微利企业 2021 年应纳税所得额为 180 万元，则该企业应缴纳企业所得税（　　）万元。

A. 9

B. 10.5

C. 18

D. 45

［参考答案］B

［答案解析］2021 年 1 月 1 日至 2022 年 12 月 31 日，小微企业年应纳税所得额不到 100 万元的部分，在财税〔2019〕13 号文件优惠政策基础上，再减半征收所得税。对年应纳税所得额超过 100 万元但不超过 300 万元的部分，减按 50% 计入应纳税所得额，按 20% 的税率缴纳企业所得税。该企业应缴纳企业所得税 10.5 万元［100×25%×20%×50%+(180-100)×50%×20%］。故选项 B 符合题意。

31. 甲创业投资企业 2018 年 7 月以股权投资方式向境内未上市的乙企业（中小高新技术企业）投资 200 万元。甲企业 2020 年度利润总额为 100 万元，2021 年度利润总额为 500 万元。假定不考虑其他纳税调整事项，甲企业无其他税收优惠政策，2021 年应缴纳的企业所得税为（　　）万元。

A. 0

B. 75

C. 115

D. 125

［参考答案］C

［答案解析］创业投资企业采取股权投资方式投资于未上市的中小高新技术企业 2 年以上的，可以按照其投资额的 70% 在股权持有满 2 年的当年抵扣该创业投资企业的应纳税所得额；当年不足抵扣的，可以在以后纳税年度结转抵扣。股权投资额的 70%，即 140 万元（200×70%），抵扣 2020 年度应纳税所得额以后，还有 40 万元（140-100）未抵扣完，可以结转到 2021 年抵扣。甲企业 2019 年应缴纳的企业所得税 115 万元［(500-40)×25%］。故选项 C 符

合题意。

32. 下列关于企业委托境外研究开发费用税前加计扣除政策的表述，错误的是（　　）。

A. 委托境外进行研发活动不包括委托境外个人进行的研发活动

B. 企业对委托境外研发费用以及留存备查资料的真实性、合法性承担法律责任

C. 委托方与受托方存在关联关系的，受托方应向委托方提供研发项目费用支出明细情况

D. 委托境外进行研发活动所发生的费用，按照费用实际发生额的80%计入委托方的委托境外研发费用并在企业所得税前加计扣除

［参考答案］D

［答案解析］委托境外进行研发活动所发生的费用，按照符合条件的费用实际发生额的80%和不超过境内符合条件的研发费用三分之二的部分的孰小值，计入委托方的委托境外研发费用。故选项D符合题意。

33. 下列行业（　　）可适用税前加计扣除政策。

A. 住宿和餐饮业

B. 批发和零售业

C. 信息传输、软件和信息技术服务业

D. 房地产业

［参考答案］C

［答案解析］不适用税前加计扣除政策的行业包括：（1）烟草制造业。（2）住宿和餐饮业。（3）批发和零售业。（4）房地产业。（5）租赁和商务服务业。（6）娱乐业。（7）财政部和国家税务总局规定的其他行业。上述行业以《国民经济行业分类与代码（GB/4754－2011）》为准，并随之更新。故选项C符合题意。

34. 企业取得作为（　　）处理的财政性资金用于研发活动所形成的费用或无形资产，不得计算加计扣除或摊销。

A. 不征税收入

B. 免税收入

C. 营业外收入

D. 补贴收入

［参考答案］A

［答案解析］企业取得作为不征税收入处理的财政性资金用于研发活动所形成的费用或无形资产，不得计算加计扣除或摊销。故选项A符合题意。

35. 根据国家税务总局关于发布《企业所得税优惠政策事项办理办法》的公告，企业留存备查资料的保存期限为申报优惠年度汇缴期结束次日起（ ）年。

A. 10

B. 20

C. 5

D. 无限期

［参考答案］A

［答案解析］企业留存备查资料应从企业享受优惠事项当年的企业所得税汇算清缴期结束次日起保留10年。故选项A符合题意。

36. 企业转让符合条件的5年以上非独占许可使用权的技术，（ ）。

A. 限于其拥有所有权的技术

B. 可以是其拥有使用权的技术

C. 限于其拥有使用权的技术

D. 可以是其拥有所有权或使用权的技术

［参考答案］A

［答案解析］企业转让符合条件的5年以上非独占许可使用权的技术，限于其拥有所有权的技术。故选项A符合题意。

37. 某符合条件的国家需要重点扶持的高新技术企业，2020年度应纳税所得额为1 000万元，实际应纳所得税为（ ）万元。

A. 100

B. 150

C. 250

D. 0

［参考答案］B

［答案解析］依据相关规定，国家需要重点扶持的高新技术企业，减按

15%的税率征收企业所得税。故选项B符合题意。

38. A企业2020年进行甲研发项目的研发工作，企业共投入符合条件的研发费80万元，其中40万元资金来源于财政拨款（符合不征税收入条件并已做不征税收入处理），该企业研发费用加计扣除额为（　　）万元。

A. 80

B. 40

C. 30

D. 0

［参考答案］C

［答案解析］（80－40）×75%＝30（万元）

故选项C符合题意。

39. A制造企业2021年进行甲研发项目的研发工作，企业共投入符合条件的研发费100万元，其中40万元资金来源于财政拨款（符合不征税收入条件并已做不征税收入处理），该企业研发费用加计扣除额为（　　）万元。

A. 80

B. 60

C. 40

D. 0

［参考答案］B

［答案解析］（100－40）×100%＝60（万元）

故选项B符合题意。

40. A企业2020年进行甲研发项目的研发工作，企业投入符合条件的直接消耗的材料费用20万元，直接从事研发活动的人员费用30万元，符合条件的研发人员劳务派遣费15万元，研发大楼折旧费10万元，中间试验费用20万元。最终符合资本化条件的有45万元（本年暂未摊销），其余40万元费用化处理，下列说法正确的有（　　）。

A. 符合资本化条件研发费用本年加计扣除额为33.75万元

B. 计入本年研发费用加计扣除额为30万元

C. 计入本年研发费用加计扣除额为42.5万元

D. 计入本年研发费用加计扣除额为85万元

[参考答案] B

[答案解析] 符合资本化条件的研发费用45万元，因本年暂未摊销加计扣除额为0。因而本年允许研发费用加计扣除额为30万元（40×75%）。故选项B符合题意。

41. 某符合条件的小型微利企业，2021年度汇缴应纳税所得额为180万元，其享受小微企业减免税额为（　　）万元。

A. 10.5

B. 34.5

C. 45

D. 0

[参考答案] B

[答案解析] 2021年1月1日至2022年12月31日，小微企业年应纳税所得额不到100万元的部分，在财税〔2019〕13号文件规定的优惠政策基础上，再减半征收所得税。对年应纳税所得额超过100万元但不超过300万元的部分，减按50%计入应纳税所得额，按20%的税率缴纳企业所得税。该企业应缴纳企业所得税为10.5万元［100×25%×20%×50%+(180-100)×50%×20%］。享受小微企业减免税额为34.5万元（180×25%-10.5）。故选项B符合题意。

42. 某符合条件的小型微利企业，2020年度汇缴应纳税所得额为180万元，其享受小微企业减免税额为（　　）万元。

A. 13

B. 32

C. 45

D. 0

[参考答案] B

[答案解析] 自2019年1月1日至2021年12月31日，对小型微利企业年应纳税所得额不超过100万元的部分，减按25%计入应纳税所得额，按20%的税率缴纳企业所得税；对年应纳税所得额超过100万元但不超过300万元的部分，减按50%计入应纳税所得额，按20%的税率缴纳企业所得税。该企业应缴纳企业所得税为13万元［100×25%×20%+(180-100)×50%×20%］。享受小微企业减免税额为32万元（180×25%-13）。故选项B符合题意。

43. 以下关于经营性文化事业单位转制为企业优惠政策问题表述正确的是（ ）。

A. 2018 年 12 月 31 日之前已完成转制的企业，自 2018 年 1 月 1 日起可继续免征 5 年企业所得税

B. 2018 年 12 月 31 日之前已完成转制的企业，自转制注册之日起 5 年内免征企业所得税

C. 2019 年 1 月 1 日至 2023 年 12 月 31 日转制的，自转制注册之日起免征企业所得税

D. 2019 年 1 月 1 日至 2023 年 12 月 31 日转制的，自转制注册之日起 5 年内免征企业所得税

[参考答案] D

[答案解析] 经营性文化事业单位转制为企业，自转制注册之日起 5 年内免征企业所得税。2018 年 12 月 31 日之前已完成转制的企业，自 2019 年 1 月 1 日起可继续免征 5 年企业所得税。故选项 D 符合题意。

44.《财政部　税务总局关于支持新型冠状病毒感染的肺炎疫情防控有关税收政策的公告》（财政部　税务总局公告 2020 年第 8 号）、《财政部　税务总局关于支持新型冠状病毒感染的肺炎疫情防控有关捐赠税收政策的公告》（财政部　税务总局公告 2020 年第 9 号）规定的税收优惠政策执行期限延长至（ ）。

A. 2023 年 12 月 31 日

B. 2023 年 3 月 31 日

C. 2021 年 12 月 31 日

D. 2021 年 3 月 31 日

[参考答案] D

[答案解析]《财政部　税务总局关于支持新型冠状病毒感染的肺炎疫情防控有关税收政策的公告》（财政部　税务总局公告 2020 年第 8 号）、《财政部　税务总局关于支持新型冠状病毒感染的肺炎疫情防控有关捐赠税收政策的公告》（财政部　税务总局公告 2020 年第 9 号）规定的税收优惠政策执行期限延长至 2021 年 3 月 31 日。故选项 D 符合题意。

45.《财政部　税务总局关于设备　器具扣除有关企业所得税政策的通知》

（财税〔2018〕54 号）规定的税收优惠政策执行期限延长至（　　）。

A. 2023 年 12 月 31 日

B. 2023 年 3 月 31 日

C. 2021 年 12 月 31 日

D. 2021 年 3 月 31 日

［参考答案］A

［答案解析］《财政部　税务总局关于设备　器具扣除有关企业所得税政策的通知》（财税〔2018〕54 号）等 16 个文件规定的税收优惠政策凡已经到期的，执行期限延长至 2023 年 12 月 31 日。故选项 A 符合题意。

46. 国家鼓励的（　　），自获利年度起，第一年至第二年免征企业所得税，第三年至第五年按照 25% 的法定税率减半征收企业所得税。

A. 集成电路装备、材料、封装、测试企业

B. 重点软件企业

C. 重点集成电路设计企业

D. 集成电路生产企业

［参考答案］A

［答案解析］国家鼓励的集成电路设计、装备、材料、封装、测试企业和软件企业，自获利年度起，第一年至第二年免征企业所得税，第三年至第五年按照 25% 的法定税率减半征收企业所得税。故选项 A 符合题意。

47. 依据相关规定，对电影行业企业 2020 年度发生的亏损，最长结转年限为（　　）。

A. 延长至 6 年

B. 延长至 8 年

C. 延长至 10 年

D. 延长至 15 年

［参考答案］B

［答案解析］依据相关规定，对电影行业企业 2020 年度发生的亏损，最长结转年限由 5 年延长至 8 年。故选项 B 符合题意。

48. 企业通过公益性社会组织或者县级以上人民政府及其部门等国家机关，捐赠用于应对新型冠状病毒感染的肺炎疫情的现金和物品，允许在计算应纳税

所得额时（ ）。

A. 限额扣除

B. 全额扣除

C. 加计扣除

D. 不得扣除

［参考答案］B

［答案解析］依据相关规定，企业通过公益性社会组织或者县级以上人民政府及其部门等国家机关，捐赠用于应对新型冠状病毒感染的肺炎疫情的现金和物品，允许在计算应纳税所得额时全额扣除。故选项 B 符合题意。

49. 受疫情影响较大的困难行业企业，2020 年度发生的亏损，最长结转年限由 5 年延长至 8 年。这里的困难行业企业不包括（ ）。

A. 交通运输

B. 餐饮

C. 住宿

D. 批发业

［参考答案］D

［答案解析］困难行业企业，包括交通运输、餐饮、住宿、旅游（指旅行社及相关服务、游览景区管理两类）四大类。故选项 D 符合题意。

50. 以下关于支持新型冠状病毒感染的肺炎疫情防控的企业所得税政策，正确的是（ ）。

A. 对疫情防控重点保障物资生产企业为扩大产能新购置的所有设备，允许一次性计入当期成本费用在企业所得税税前扣除

B. 疫情防控重点保障物资生产企业名单，由市级及以上发展改革部门、工业和信息化部门确定

C. 受疫情影响较大的困难行业企业 2020 年度发生的亏损，最长结转年限由 5 年延长至 10 年

D. 企业直接向承担疫情防治任务的医院捐赠用于应对新型冠状病毒感染的肺炎疫情的物品，允许在计算应纳税所得额时全额扣除

［参考答案］D

［答案解析］对疫情防控重点保障物资生产企业为扩大产能新购置的相关

设备，允许一次性计入当期成本费用在企业所得税税前扣除。疫情防控重点保障物资生产企业名单，由省级及以上发展改革部门、工业和信息化部门确定。受疫情影响较大的困难行业企业2020年度发生的亏损，最长结转年限由5年延长至8年。企业和个人直接向承担疫情防治任务的医院捐赠用于应对新型冠状病毒感染的肺炎疫情的物品，允许在计算应纳税所得额时全额扣除。故选项D符合题意。

51. 国家鼓励的重点集成电路设计企业和软件企业，自获利年度起，（　　）。

A. 第一年至第五年免征企业所得税，接续年度减按10%的税率征收企业所得税

B. 第一年至第十年免征企业所得税

C. 第一年至第五年免征企业所得税，第六年至第十年按照25%的法定税率减半征收企业所得税

D. 第一年至第二年免征企业所得税，第三年至第五年按照25%的法定税率减半征收企业所得税

[参考答案] A

[答案解析] 依据相关规定，国家鼓励的重点集成电路设计企业和软件企业，自获利年度起，第一年至第五年免征企业所得税，接续年度减按10%的税率征收企业所得税。故选项A符合题意。

52. 企业安置残疾人员的，在按照支付给残疾职工工资据实扣除的基础上，可以在计算应纳税所得额时按照支付给残疾职工工资的（　　）加计扣除。

A. 100%

B. 50%

C. 25%

D. 10%

[参考答案] A

[答案解析] 依据相关规定，企业安置残疾人员的，在按照支付给残疾职工工资据实扣除的基础上，可以在计算应纳税所得额时按照支付给残疾职工工资的100%加计扣除。故选项A符合题意。

53. 关于企业所得税减计收入优惠政策，下列表述不正确的是（　　）。

A. 对金融机构农户小额贷款的利息收入，在计算应纳税所得额时，按90%计入收入总额

B. 对企业投资者持有发行的铁路债券取得的利息收入，按90%计入收入总额

C. 对保险公司为种植业、养殖业提供保险业务取得的保费收入，在计算应纳税所得额时，按90%计入收入总额

D. 企业以《资源综合利用企业所得税优惠目录》规定的资源作为主要原材料，生产国家非限制和禁止并符合国家和行业相关标准的产品取得的收入，减按90%计入收入总额

[参考答案] B

[答案解析] 对金融机构农户小额贷款的利息收入，在计算应纳税所得额时，按90%计入收入总额。对保险公司为种植业、养殖业提供保险业务取得的保费收入，在计算应纳税所得额时，按90%计入收入总额。企业以《资源综合利用企业所得税优惠目录》规定的资源作为主要原材料，生产国家非限制和禁止并符合国家和行业相关标准的产品取得的收入，减按90%计入收入总额。对企业投资者持有2019—2023年发行的铁路债券取得的利息收入，减半征收企业所得税。故选项B符合题意。

54. 企业利用（　　）购置符合条件的专用设备的投资额，不得抵免企业应纳所得税额。

A. 自筹资金

B. 银行贷款

C. 银行存款

D. 财政拨款

[参考答案] D

[答案解析] 企业利用自筹资金和银行贷款购置专用设备的投资额，可以按企业所得税法的规定抵免企业应纳所得税额；企业利用财政拨款购置专用设备的投资额，不得抵免企业应纳所得税额。故选项D符合题意。

55. 关于证券投资基金企业所得税政策，下列表述不正确的是（　　）。

A. 对证券投资基金从证券市场中取得的收入，包括买卖股票、债券的差价收入，股权的股息、红利收入，债券的利息收入及其他收入，暂不征收企业所

得税

B. 对投资者从证券投资基金分配中取得的收入，暂不征收企业所得税

C. 对投资者转让证券投资基金取得的收入，暂不征收企业所得税

D. 对证券投资基金管理人运用基金买卖股票、债券的差价收入，暂不征收企业所得税

［参考答案］C

［答案解析］根据《财政部　国家税务总局关于企业所得税若干优惠政策的通知》（财税〔2008〕1号）的规定，（1）对证券投资基金从证券市场中取得的收入，包括买卖股票、债券的差价收入，股权的股息、红利收入，债券的利息收入及其他收入，暂不征收企业所得税。（2）对投资者从证券投资基金分配中取得的收入，暂不征收企业所得税。（3）对证券投资基金管理人运用基金买卖股票、债券的差价收入，暂不征收企业所得税。故选项C符合题意。

56. 提供社区（　　）服务取得的收入，在计算应纳税所得额时，减按90%计入收入总额。

A. 医疗、托育、家政

B. 养老、托育、医疗

C. 医疗、家教、家政

D. 养老、托育、家政

［参考答案］D

［答案解析］《关于养老、托育、家政等社区家庭服务业税费优惠政策的公告》（财政部　税务总局　发展改革委　民政部　商务部　卫生健康委公告2019年第76号）规定，提供社区养老、托育、家政服务取得的收入，在计算应纳税所得额时，减按90%计入收入总额。故选项D符合题意。

57. 关于固定资产加速折旧，下列表述正确的是（　　）。

A. 集成电路生产企业的生产设备，其折旧年限可以适当缩短，最短可为2年（含）

B. 企业外购的软件，凡符合固定资产或无形资产确认条件的，可以按照固定资产或无形资产进行核算，其折旧或摊销年限可以适当缩短，最短可为3年（含）

C. 企业在2018年1月1日至2023年12月31日新购进的设备、器具，单

位价值不超过500万元的，允许一次性计入当期成本费用在计算应纳税所得额时扣除，不再分年度计算折旧。

D. 对全部制造业企业2018年1月1日后新购进的固定资产，可由企业选择缩短折旧年限或采取加速折旧的方法。

［参考答案］C

［答案解析］集成电路生产企业的生产设备，其折旧年限可以适当缩短，最短可为3年（含）。企业外购的软件，凡符合固定资产或无形资产确认条件的，可以按照固定资产或无形资产进行核算，其折旧或摊销年限可以适当缩短，最短可为2年（含）。自2019年1月1日起，适用《财政部 国家税务总局关于完善固定资产加速折旧企业所得税政策的通知》（财税〔2014〕75号）和《财政部 国家税务总局关于进一步完善固定资产加速折旧企业所得税政策的通知》（财税〔2015〕106号）规定固定资产加速折旧优惠的行业范围，扩大至全部制造业领域。企业在2018年1月1日至2023年12月31日期间新购进的设备、器具，单位价值不超过500万元的，允许一次性计入当期成本费用在计算应纳税所得额时扣除，不再分年度计算折旧。故选项C符合题意。

58. 某企业于2018年12月购进了一项单位价值为300万元的设备并于当月投入使用，则该设备可在（　　）一次性税前扣除。

A. 2018年

B. 2018年12月

C. 2019年

D. 任选一年

［参考答案］C

［答案解析］某企业于2018年12月购进了一项单位价值为300万元的设备并于当月投入使用，则该设备可在2019年一次性税前扣除。故选项C符合题意。

59. 企业享受安置残疾职工工资100%加计扣除时，企业须为安置的每位残疾人按月足额缴纳了企业所在区县人民政府根据国家政策规定的基本养老保险，基本养老保险是指（　　）。

A. 城镇居民社会养老保险

B. 新型农村社会养老保险

C. 职工基本养老保险

D. 一般养老保险

［参考答案］C

［答案解析］《国家税务总局关于促进残疾人就业税收优惠政策有关问题的公告》（国家税务总局公告2013年第78号）规定的“基本养老保险”和“基本医疗保险”是指“职工基本养老保险”和“职工基本医疗保险”，不含“城镇居民社会养老保险”“新型农村社会养老保险”“城镇居民基本医疗保险”和“新型农村合作医疗”。故选项C符合题意。

60. 对饮水工程运营管理单位从事《公共基础设施项目企业所得税优惠目录》规定的饮水工程新建项目投资经营的所得，自项目取得第一笔生产经营收入所属纳税年度起，享受（　　）企业所得税优惠政策。

A. “五免五减半”

B. “二免三减半”

C. “三免三减半”

D. 免征

［参考答案］C

［答案解析］对饮水工程运营管理单位从事《公共基础设施项目企业所得税优惠目录》规定的饮水工程新建项目投资经营的所得，自项目取得第一笔生产经营收入所属纳税年度起，第一年至第三年免征企业所得税，第四年至第六年减半征收企业所得税。故选项C符合题意。

二、多项选择题

1. 根据《企业所得税优惠政策事项办理办法》，下列说法不正确的有（　　）。

A. 企业享受优惠事项采取“自行判别、申报享受、相关资料留存备查”的办理方式

B. 企业享受优惠事项的，应当在完成年度汇算清缴前，将留存备查资料归集齐全并整理完成，以备税务机关核查

C. 企业同时享受多项优惠事项或者享受的优惠事项按照规定分项目进行核算的，应当按照优惠事项或者项目汇总归集留存备查资料

D. 企业留存备查资料应从企业享受优惠事项当年的企业所得税汇算清缴期结束次日起保留5年

E. 企业对优惠事项留存备查资料的真实性、合法性承担法律责任

[参考答案] BCD

[答案解析] 企业享受优惠事项采取“自行判别、申报享受、相关资料留存备查”的办理方式。企业享受优惠事项的，应当在完成年度汇算清缴后，将留存备查资料归集齐全并整理完成，以备税务机关核查。企业同时享受多项优惠事项或者享受的优惠事项按照规定分项目进行核算的，应当按照优惠事项或者项目分别归集留存备查资料。企业留存备查资料应从企业享受优惠事项当年的企业所得税汇算清缴期结束次日起保留10年。故选项B、C、D符合题意。

2. 下列表述不正确的有（　　）。

A. 企业权益性投资取得股息、红利等收入，应以被投资企业股东会或股东大会作出利润分配或转股决定的日期，确定收入的实现

B. 被投资企业将股权（票）溢价所形成的资本公积转为股本的，作为投资方企业的股息、红利收入

C. 居民企业之间的股息、红利等权益性投资收益为免税收入

D. 内地居民企业通过沪港通投资香港联交所上市股票取得的股息红利所得，依法免征企业所得税

E. 对公募证券投资基金（封闭式证券投资基金、开放式证券投资基金）转让创新企业CDR取得的差价所得，按规定征收企业所得税。

[参考答案] BCDE

[答案解析] 被投资企业将股权（票）溢价所形成的资本公积转为股本的，不作为投资方企业的股息、红利收入，投资方企业也不得增加该项长期投资的计税基础。符合条件的居民企业之间的股息、红利等权益性投资收益为免税收入，不包括连续持有居民企业公开发行并上市流通的股票不足12个月取得的投资收益。内地居民企业通过沪港通投资香港联交所上市股票连续持有满12个月取得的股息红利所得，依法免征企业所得税。对公募证券投资基金（封闭式证券投资基金、开放式证券投资基金）转让创新企业CDR取得的差价所得，按公募证券投资基金税收政策规定暂不征收企业所得税。故选项B、C、D、E符合题意。

3. 企业从事下列项目的所得，免征企业所得税（　　）。

A. 蔬菜、谷物、薯类、油料、豆类、棉花、麻类、糖料、水果、坚果的种植

B. 灌溉、农产品初加工、兽医、农技推广、农机作业和维修等农林牧渔业服务项目

C. 远洋捕捞

D. 海水养殖、内陆养殖

E. 茶以及其他饮料作物和香料作物的种植

［**参考答案**］ABC

［**答案解析**］企业从事下列项目的所得，免征企业所得税：（1）蔬菜、谷物、薯类、油料、豆类、棉花、麻类、糖料、水果、坚果的种植；（2）农作物新品种的选育；（3）中药材的种植；（4）林木的培育和种植；（5）牲畜、家禽的饲养；（6）林产品的采集；（7）灌溉、农产品初加工、兽医、农技推广、农机作业和维修等农、林、牧、渔服务业项目；（8）远洋捕捞。企业从事下列项目的所得，减半征收企业所得税：（1）花卉、茶以及其他饮料作物和香料作物的种植；（2）海水养殖、内陆养殖。故选项 A、B、C 符合题意。

4. 以下企业从事符合规定的国家重点扶持的公共基础设施项目，享受企业所得税项目所得减免表述正确的有（　　）。

A. 企业从事符合规定的国家重点扶持的公共基础设施项目的投资经营的所得，自项目取得第一笔生产经营收入所属纳税年度起，第一年至第三年免征企业所得税，第四年至第六年减半征收企业所得税

B. 企业承包经营、承包建设和内部自建自用符合规定的国家重点扶持的公共基础设施项目，不得享受该项目所得企业所得税优惠

C. 企业同时从事不在《公共基础设施项目企业所得税优惠目录》（以下简称《目录》）范围的生产经营项目取得的所得，应与享受优惠的公共基础设施项目经营所得分开核算，并合理分摊企业的期间共同费用；没有单独核算的，不得享受上述企业所得税优惠

D. 企业在减免税期限内转让所享受减免税优惠的项目，受让方承续经营该项目的，可自受让之日起，在剩余优惠期限内享受规定的减免税优惠

E. 企业在减免税期限届满后转让所享受减免税优惠的项目，受让方就该项

目可重新享受减免税优惠

［参考答案］ABCD

［答案解析］《财政部 国家税务总局关于执行公共基础设施项目企业所得税优惠目录有关问题的通知》（财税〔2008〕46号）、《国家税务总局关于实施国家重点扶持的公共基础设施项目企业所得税优惠问题的通知》（国税发〔2009〕80号）规定，企业从事符合规定的国家重点扶持的公共基础设施项目的投资经营的所得，自项目取得第一笔生产经营收入所属纳税年度起，第一年至第三年免征企业所得税，第四年至第六年减半征收企业所得税。企业承包经营、承包建设和内部自建自用符合规定的国家重点扶持的公共基础设施项目，不得享受该项目所得企业所得税优惠。企业同时从事不在《目录》范围的生产经营项目取得的所得，应与享受优惠的公共基础设施项目经营所得分开核算，并合理分摊企业的期间共同费用；没有单独核算的，不得享受上述企业所得税优惠。企业在减免税期限内转让所享受减免税优惠的项目，受让方承续经营该项目的，可自受让之日起，在剩余优惠期限内享受规定的减免税优惠；减免税期限届满后转让的，受让方不得就该项目重复享受减免税优惠。故选项A、B、C、D符合题意。

5. 企业投资经营符合《公共基础设施项目企业所得税优惠目录》规定条件和标准的公共基础设施项目，采用一次核准、分批次建设的，同时符合（　　）条件，可按每一批次为单位计算所得，并享受企业所得税“三免三减半”优惠。

A. 不同批次在空间上相互独立

B. 不同批次在时间上相互独立

C. 以每一批次为单位进行会计核算，单独计算所得，并合理分摊期间费用

D. 每一批次自身具备取得所得的功能

E. 每一批次自身具备取得收入的功能

［参考答案］ACE

［答案解析］企业投资经营符合《公共基础设施项目企业所得税优惠目录》规定条件和标准的公共基础设施项目，采用一次核准、分批次（如码头、泊位、航站楼、跑道、路段、发电机组等）建设的，凡同时符合以下条件的，可按每一批次为单位计算所得，并享受企业所得税“三免三减半”优惠：（1）不

同批次在空间上相互独立；(2) 每一批次自身具备取得收入的功能；(3) 以每一批次为单位进行会计核算，单独计算所得，并合理分摊期间费用。故选项 A、C、E 符合题意。

6. 企业的下列所得，可以免征、减征企业所得税的有（　　）。

A. 从事农、林、牧、渔业项目的所得

B. 从事国家重点扶持的公共基础设施项目投资经营的所得

C. 从事符合条件的环境保护、节能节水项目的所得

D. 符合条件的技术转让所得

E. 非居民企业在中国境内未设立机构、场所的，或者虽设立机构、场所但取得的所得与其所设机构、场所没有实际联系的，应当就其来源于中国境内外的所得缴纳企业所得税

[参考答案] ABCD

[答案解析] 企业的下列所得，可以免征、减征企业所得税：(1) 从事农、林、牧、渔业项目的所得；(2) 从事国家重点扶持的公共基础设施项目投资经营的所得；(3) 从事符合条件的环境保护、节能节水项目的所得；(4) 符合条件的技术转让所得；(5)《企业所得税法》第三条第三款规定的所得。非居民企业在中国境内未设立机构、场所的，或者虽设立机构、场所但取得的所得与其所设机构、场所没有实际联系的，应当就其来源于中国境内的所得缴纳企业所得税。故选项 A、B、C、D 符合题意。

7. 以下认定为高新技术企业须满足的条件为（　　）。

A. 企业申请认定时须注册成立一年以上

B. 企业通过自主研发、受让、受赠、并购等方式，获得对其主要产品（服务）在技术上发挥核心支持作用的知识产权的所有权

C. 对企业主要产品（服务）发挥核心支持作用的技术属于《国家重点支持的高新技术领域》规定的范围

D. 企业从事研发和相关技术创新活动的科技人员占企业当年职工总数的比例不低于 15%

E. 企业近 3 个会计年度（实际经营期不满 3 年的按实际经营时间计算，下同）的研究开发费用总额占同期销售收入总额不低于规定比例

[参考答案] ABCE

［答案解析］根据《科技部　财政部　国家税务总局关于修订印发〈高新技术企业认定管理办法〉的通知》（国科发火〔2016〕32号）规定，认定为高新技术企业须同时满足以下条件：（1）企业申请认定时须注册成立一年以上；（2）企业通过自主研发、受让、受赠、并购等方式，获得对其主要产品（服务）在技术上发挥核心支持作用的知识产权的所有权；（3）对企业主要产品（服务）发挥核心支持作用的技术属于《国家重点支持的高新技术领域》规定的范围；（4）企业从事研发和相关技术创新活动的科技人员占企业当年职工总数的比例不低于10%；（5）企业近3个会计年度（实际经营期不满3年的按实际经营时间计算，下同）的研究开发费用总额占同期销售收入总额的比例符合如下要求：①最近一年销售收入小于5 000万元（含）的企业，比例不低于5%；②最近一年销售收入在5 000万元至2亿元（含）的企业，比例不低于4%；③最近一年销售收入在2亿元以上的企业，比例不低于3%，其中，企业在中国境内发生的研究开发费用总额占全部研究开发费用总额的比例不低于60%。故选项A、B、C、E符合题意。

8.（　　）减按15%的税率征收企业所得税。

A. 小型微利企业

B. 经认定的高新技术企业

C. 经认定的技术先进性服务企业

D. 符合条件的从事污染防治的第三方企业

E. 软件企业

［参考答案］BCD

［答案解析］经认定的高新技术企业、经认定的技术先进性服务企业、符合条件的从事污染防治的第三方企业减按15%的税率征收企业所得税。故选项B、C、D符合题意。

9. 根据企业所得税相关规定，受新冠肺炎疫情影响较大的困难行业企业2020年度发生的亏损，最长结转年限由5年延长至8年，困难行业包括下列（　　）企业。

A. 交通运输

B. 餐饮

C. 旅游

D. 住宿

E. 建筑

[参考答案] ABCD

[答案解析] 困难行业企业，包括交通运输、餐饮、住宿、旅游（指旅行社及相关服务、游览景区管理两类）四大类。故选项 A、B、C、D 符合题意。

10. 下列说法中，关于研究开发费用符合企业所得税相关规定的有（　　）。

A. 研究开发费中人员人工费用包括直接从事研发活动人员的工资薪金、基本养老保险费、基本医疗保险费、失业保险费、工伤保险费、生育保险费和住房公积金，以及外聘研发人员的劳务费用

B. 研究开发费中其他相关费用，总额不得超过可加计扣除研发费用总额的 20%

C. 企业委托境外进行研发活动所发生的费用，按照费用实际发生额的 80% 计入，且不超过境内符合条件的研发费用 1/3 的部分，可以按规定在企业所得税前加计扣除

D. 企业在商品化后为顾客提供的技术支持活动不适用研究开发费用的加计扣除政策

E. 对享受加计扣除的研发费用按研发项目设置专账，准确归集核算当年可加计扣除的各项研发费用实际发生额

[参考答案] AD

[答案解析] 研究开发费中其他相关费用，其总额不得超过可加计扣除研发费用总额的 10%；委托境外进行研发活动企业委托境外进行研发活动所发生的费用，按照费用实际发生额的 80% 计入委托方的委托境外研发费用。委托境外研发费用不超过境内符合条件的研发费用 2/3 的部分，可以按规定在企业所得税前加计扣除；企业应按照国家财务会计制度要求，对研发支出进行会计处理；同时，对享受加计扣除的研发费用按研发项目设置辅助账，准确归集核算当年可加计扣除的各项研发费用实际发生额。故选项 A、D 符合题意。

11. 企业从事下列项目所得，免征企业所得税的有（　　）。

A. 企业受托从事蔬菜种植

B. 企业委托个人饲养家禽

C. 企业外购蔬菜分包后销售

D. 农机作业和维修

E. 农产品初加工

[参考答案] ABDE

[答案解析] 选项C，企业购买农产品后直接进行贸易销售活动产生的所得，不能享受农、林、牧、渔业项目的税收优惠政策。故选项A、B、D、E符合题意。

12. 下列说法中，符合企业所得税相关规定的有（　　）。

A. 提供社区家政服务取得收入在计算应纳税所得额时减按90%计入收入总额

B. 新冠肺炎疫情防控重点保障物资生产企业新购置的设备允许一次性计入当期成本费用在企业所得税税前扣除

C. 有限合伙制创业投资企业采取股权投资方式直接投资于初创科技型企业满2年的，该合伙创投企业的合伙人是法人合伙人的可以按照对初创科技型企业投资额的70%抵扣法人合伙人从合伙创投企业分得的所得；当年不足抵扣的，可以在以后5个纳税年度结转抵扣

D. 符合条件的从事污染防治的第三方企业减按15%的税率征收企业所得税

E. 企业委托境外机构或个人进行研发活动所发生的费用，按照费用实际发生额的80%计入委托方的委托境外研发费用。委托境外研发费用不超过境内符合条件的研发费用2/3的部分，可以按规定在企业所得税前加计扣除

[参考答案] AD

[答案解析] 对新冠肺炎疫情防控重点保障物资生产企业为扩大产能新购置的相关设备，允许一次性计入当期成本费用在企业所得税税前扣除。有限合伙制创业投资企业（以下简称"合伙创投企业"）采取股权投资方式直接投资于种子期、初创期科技型企业（以下简称"初创科技型企业"）满2年的，该合伙创投企业的合伙人是法人合伙人的可以按照对初创科技型企业投资额的70%抵扣法人合伙人从合伙创投企业分得的所得；当年不足抵扣的，可以在以后纳税年度结转抵扣。企业委托境外个人进行研发活动所发生的费用不得加计扣除。故选项A、D符合题意。

13. 企业从事下列项目的所得，免征企业所得税的有（　　）。

A. 农技推广

B. 农产品初加工

C. 远洋捕捞

D. 海水养殖

E. 购买农产品后直接销售

［参考答案］ABC

［答案解析］依照相关规定，海水养殖减半征收企业所得税。企业购买农产品后直接进行销售的贸易活动产生的所得，不能享受农、林、牧、渔业项目的税收优惠政策。故选项 A、B、C 符合题意。

14. 根据企业所得税的规定，下列选项中，说法不正确的有（　　）。

A. 企业从事国家重点扶持的公共基础设施项目投资经营的所得，自项目取得第一笔生产经营收入所属纳税年度起，实行“三免三减半”政策

B. 企业承包经营、承包建设国家重点扶持的公共基础设施项目的所得，自项目取得第一笔生产经营收入所属纳税年度起，实行“三免三减半”政策

C. 环境保护、节能节水项目的所得，自项目取得第一笔生产经营收入所属纳税年度起，实行“三免三减半”政策

D. 对经济特区和上海浦东新区内在 2012 年完成登记注册的国家重点扶持的高新技术企业，在经济特区和上海浦东新区内取得的所得，自取得第一笔生产经营收入所属纳税年度起，实行“三免三减半”政策

E. 对饮水工程运营管理单位从事规定的饮水工程新建项目投资经营的所得，自项目取得第一笔生产经营收入所属纳税年度起，实行“三免三减半”政策

［参考答案］BD

［答案解析］企业承包经营、承包建设和内部自建自用国家重点扶持的公共基础设施项目，不得享受“三免三减半”政策；对经济特区和上海浦东新区内在 2008 年 1 月 1 日（含）之后完成登记注册的国家重点扶持的高新技术企业，在经济特区和上海浦东新区内取得的所得，自取得第一笔生产经营收入所属纳税年度起，实行“两免三减半”政策。故选项 B、D 符合题意。

15. 下列关于深港股票市场交易互联互通机制试点有关税收政策的理解，

正确的有（　　）。

A. 对内地企业投资者通过深港通投资香港联交所上市股票取得的转让差价所得，暂免征收企业所得税

B. 对内地企业投资者通过深港通投资香港联交所上市股票取得的连续持有H股满12个月的股息红利所得，依法免征企业所得税

C. 内地企业投资者自行申报缴纳企业所得税时，对香港联交所非H股上市公司已代扣代缴的股息红利所得税，可依法申请税收抵免

D. 对内地企业投资者通过深港通投资香港联交所上市股票取得的非H股股息红利所得，计入其收入总额，依法计征企业所得税

E. 香港联交所上市H股公司应向中国结算提出申请，由中国结算向H股公司提供内地企业投资者名册，H股公司对内地企业投资者应代扣股息红利所得税款

［参考答案］ BCD

［答案解析］ 对内地企业投资者通过深港通投资香港联交所上市股票取得的转让差价所得，计入其收入总额，依法征收企业所得税。香港联交所上市H股公司应向中国结算提出申请，由中国结算向H股公司提供内地企业投资者名册，H股公司对内地企业投资者不代扣股息红利所得税款，应纳税款由企业自行申报缴纳。故选项B、C、D符合题意。

16. 根据企业所得税的规定，下列说法不正确的有（　　）。

A. 创业投资企业采取股权投资方式投资于未上市的中小高新技术企业2年以上，符合规定的，可以按照其投资额的70%在股权持有满2年的当年抵扣该创业投资企业的应纳税所得额，当年不足抵扣的不得结转以后年度抵扣

B. 企业以《资源综合利用企业所得税优惠目录》规定的资源作为主要原材料，生产国家非限制和禁止并符合国家和行业相关标准的产品取得的收入，减按90%计入收入总额

C. 企业购置并实际使用符合规定的环境保护、节能节水、安全生产等专用设备，该设备的投资额的10%可以从当年的应纳税所得额中抵免

D. 企业的固定资产采取加速折旧方法的，可以采取双倍余额递减法或者年数总和法

E. 在中国境内未设立机构、场所的非居民企业减按10%的税率征收企业

所得税

[参考答案] AC

[答案解析] 企业购置并实际使用符合规定的环境保护、节能节水、安全生产等专用设备，该设备的投资额的10%可以从当年的应纳税额中抵免。故选项 A、C 符合题意。

17. 某工业企业2018年12月购置一台生产用机器设备并在当月投入使用，支付不含增值税价款380万元（取得增值税专用发票）、除增值税以外的相关税费5万元，以下有关税务处理中正确的有（ ）。

A. 该设备的单位价值为380万元

B. 该企业可以选择在2018年将该设备的单位价值一次性计入成本费用在计算应纳税所得额时扣除

C. 该企业可以选择在2019年将该设备的单位价值一次性计入成本费用在计算应纳税所得额时扣除

D. 该企业如未选择享受一次性税前扣除政策的，以后年度不得再变更

E. 该企业选择享受一次性税前扣除政策，其资产的税务处理可与会计处理不一致

[参考答案] CDE

[答案解析] 以货币形式购进的固定资产，以购买价款和支付的相关税费以及直接归属于使该资产达到预定用途发生的其他支出确定单位价值，所以该设备的单位价值为385万元（380+5）；固定资产在投入使用月份的“次月所属年度”一次性税前扣除。故选项 C、D、E 符合题意。

18. 高新技术企业认定时，近3个会计年度（实际经营期不满3年的按实际经营时间计算）的研究开发费用总额占同期销售收入总额的比例符合如下要求（ ）。

A. 最近一年销售收入小于5 000万元（含）的企业，比例不低于6%

B. 最近一年销售收入小于5 000万元（含）的企业，比例不低于5%

C. 最近一年销售收入在5 000万元至2亿元（含）的企业，比例不低于4%

D. 最近一年销售收入在2亿元以上的企业，比例不低于3%

E. 企业在中国境内发生的研究开发费用总额占全部研究开发费用总额的比

例不低于50%

［参考答案］BCD

［答案解析］企业近3个会计年度（实际经营期不满3年的按实际经营时间计算，下同）的研究开发费用总额占同期销售收入总额的比例符合如下要求：(1) 最近一年销售收入小于5 000万元（含）的企业，比例不低于5%；(2) 最近一年销售收入在5 000万元至2亿元（含）的企业，比例不低于4%；(3) 最近一年销售收入在2亿元以上的企业，比例不低于3%。企业在中国境内发生的研究开发费用总额占全部研究开发费用总额的比例不低于60%。故选项B、C、D符合题意。

19. 已认定的高新技术企业有下列（　　）行为之一的，由认定机构取消其高新技术企业资格。

A. 在申请认定过程中存在严重弄虚作假行为

B. 有偷、骗税等行为

C. 未按期报告与认定条件有关重大变化情况，或累计两年未填报年度发展情况报表

D. 发生重大安全、重大质量事故或有严重环境违法行为

E. 整体搬迁

［参考答案］ACD

［答案解析］已认定的高新技术企业有下列行为之一的，由认定机构取消其高新技术企业资格：(1) 在申请认定过程中存在严重弄虚作假行为的；(2) 发生重大安全、重大质量事故或有严重环境违法行为的；(3) 未按期报告与认定条件有关重大变化情况，或累计两年未填报年度发展情况报表的。跨认定机构管理区域整体迁移的高新技术企业，在其高新技术企业资格有效期内完成迁移的，其资格继续有效；跨认定机构管理区域部分搬迁的，由迁入地认定机构按照《高新技术企业认定管理办法》重新认定。故选项A、C、D符合题意。

20. 不适用税前加计扣除政策的活动包括（　　）。

A. 企业产品（服务）的常规性升级

B. 企业在商品化后为顾客提供的技术支持活动

C. 市场调查研究、效率调查或管理研究

D. 社会科学、艺术或人文学方面的研究

E. 获得创新性、创意性、突破性的产品进行创意设计活动

[参考答案] ABCD

[答案解析] 根据《财政部 国家税务总局 科技部关于完善研究开发费用税前加计扣除政策的通知》(财税〔2015〕119号)规定，下列活动不适用税前加计扣除政策：(1) 企业产品（服务）的常规性升级。(2) 对某项科研成果的直接应用，如直接采用公开的新工艺、材料、装置、产品、服务或知识等。(3) 企业在商品化后为顾客提供的技术支持活动。(4) 对现存产品、服务、技术、材料或工艺流程进行的重复或简单改变。(5) 市场调查研究、效率调查或管理研究。(6) 作为工业（服务）流程环节或常规的质量控制、测试分析、维修维护。(7) 社会科学、艺术或人文学方面的研究。(8) 企业为获得创新性、创意性、突破性的产品进行创意设计活动而发生的相关费用，可按照本通知规定进行税前加计扣除。故选项A、B、C、D符合题意。

21. 甲汽车制造企业2019年12月购入并投入使用一专门用于研发活动的设备，单位价值1 200万元，会计处理按4年折旧，税法上规定的最低折旧年限为10年，不考虑残值。甲企业税收上对该项设备选择缩短折旧年限的加速折旧方式，折旧年限缩短为6年，下列处理正确的有（　　）。

A. 2020年企业会计处理计提折旧300万元

B. 2020年税收上采用加速折旧政策可税前扣除折旧200万元

C. 2021年税收上采用加速折旧政策可税前扣除折旧300万元

D. 2020年研发费用加计扣除额150万元

E. 2021年研发费用加计扣除额200万元

[参考答案] ABDE

[答案解析] 固定资产投入使用次月开始计提折旧。会计上按4年计提折旧，每年折旧额为300万元（1 200/4）。税收上加速折旧按6年计提折旧，每年折旧额为200万元（1 200/6）。企业用于研发活动的仪器、设备，符合税法规定且选择加速折旧优惠政策的，在享受研发费用税前加计扣除政策时，就税前扣除的折旧部分计算加计扣除。2020年研发费用加计扣除比例为75%，2021年起制造业研发费用加计扣除比例为100%。故选项A、B、D、E符合题意。

22. 下列关于集成电路企业所得税优惠表述正确的有（　　）。

A. 国家鼓励的集成电路线宽小于28纳米（含），且经营期在15年以上的

集成电路生产企业，自获利年度起计算，第一年至第十年免征企业所得税

B. 国家鼓励的集成电路线宽小于65纳米（含），且经营期在15年以上的集成电路生产项目，自获利年度起计算，第一年至第五年免征企业所得税，第六年至第十年按照25%的法定税率减半征收企业所得税

C. 国家鼓励的集成电路线宽小于130纳米（含），且经营期在10年以上的集成电路生产企业，自获利年度起计算，第一年至第二年免征企业所得税，第三年至第五年按照25%的法定税率减半征收企业所得税

D. 国家鼓励的集成电路设计，自获利年度起，第一年至第二年免征企业所得税，第三年至第五年按照25%的法定税率减半征收企业所得税

E. 国家鼓励的集成电路装备、材料、封装、测试企业，自获利年度起，第一年至第二年免征企业所得税，第三年至第五年按照25%的法定税率减半征收企业所得税

[参考答案] ACDE

[答案解析] 对于按照集成电路生产企业享受税收优惠政策的，优惠期自获利年度起计算；对于按照集成电路生产项目享受税收优惠政策的，优惠期自项目取得第一笔生产经营收入所属纳税年度起计算，集成电路生产项目需单独进行会计核算、计算所得，并合理分摊期间费用。国家鼓励的集成电路线宽小于28纳米（含），且经营期在15年以上的集成电路生产企业或项目，第一年至第十年免征企业所得税；国家鼓励的集成电路线宽小于65纳米（含），且经营期在15年以上的集成电路生产企业或项目，第一年至第五年免征企业所得税，第六年至第十年按照25%的法定税率减半征收企业所得税；国家鼓励的集成电路线宽小于130纳米（含），且经营期在10年以上的集成电路生产企业或项目，第一年至第二年免征企业所得税，第三年至第五年按照25%的法定税率减半征收企业所得税。国家鼓励的集成电路设计、装备、材料、封装、测试企业和软件企业，自获利年度起，第一年至第二年免征企业所得税，第三年至第五年按照25%的法定税率减半征收企业所得税。故选项A、C、D、E符合题意。

23. 以下关于抵扣应纳税所得额，说法正确的有（　　）。

A. 创业投资企业采取股权投资方式投资于未上市的中小高新技术企业2年以上的，可以按投资额的一定比例抵扣应纳税所得额

B. 创业投资企业采取债权投资方式投资于未上市的中小高新技术企业 2 年以上的，可以按投资额的一定比例抵扣应纳税所得额

C. 公司制创业投资企业采取股权投资方式直接投资于种子期、初创期科技型企业满 2 年的，可以按照投资额的 70% 在股权持有满 2 年的当年抵扣该公司制创业投资企业的应纳税所得额

D. 有限合伙制创业投资企业采取股权投资方式直接投资于初创科技型企业满 2 年的，法人合伙人可以按照对初创科技型企业投资额的 70% 抵扣法人合伙人从合伙创投企业分得的所得

E. 创业投资企业采取债权投资方式直接投资于初创科技型企业满 2 年的，法人合伙人可以按照对初创科技型企业投资额的 70% 抵扣法人合伙人从合伙创投企业分得的所得

[**参考答案**] ACD

[**答案解析**] 创业投资企业采取股权投资方式投资于未上市的中小高新技术企业 2 年以上的，可以按照其投资额的 70% 在股权持有满 2 年的当年抵扣该创业投资企业的应纳税所得额。有限合伙制创业投资企业采取股权投资方式投资于未上市的中小高新技术企业 2 年（24 个月）以上的，该有限合伙制创业投资企业的法人合伙人可按照其对未上市中小高新技术企业投资额的 70% 抵扣该法人合伙人从该有限合伙制创业投资企业分得的应纳税所得额。公司制创业投资企业采取股权投资方式直接投资于种子期、初创期科技型企业（以下简称初创科技型企业）满 2 年（24 个月，下同）的，可以按照投资额的 70% 在股权持有满 2 年的当年抵扣该公司制创业投资企业的应纳税所得额。有限合伙制创业投资企业（以下简称合伙创投企业）采取股权投资方式直接投资于初创科技型企业满 2 年的，该合伙创投企业的法人合伙人可以按照对初创科技型企业投资额的 70% 抵扣法人合伙人从合伙创投企业分得的所得。故选项 A、C、D 符合题意。

24. 创业投资企业投资的中小高新技术企业，应符合（　　）的条件。

A. 职工人数不超过 500 人

B. 年销售（营业）额不超过 2 亿元

C. 资产总额不超过 2 亿元

D. 职工人数不超过 300 人

E. 从事非限制和禁止行业

[参考答案] ABC

[答案解析] 中小高新技术企业是指按照相关文件规定取得高新技术企业资格，且年销售额和资产总额均不超过2亿元、从业人数不超过500人的企业。故选项A、B、C符合题意。

25. (　　) 从事国家需要重点扶持和鼓励的创业投资，可以按投资额的一定比例抵扣应纳税所得额。

A. 公司制创业投资企业

B. 有限合伙制创业投资企业

C. 有限合伙制创业投资企业法人合伙人

D. 无限合伙制创业投资企业

E. 无限合伙制创业投资企业法人合伙人

[参考答案] AC

[答案解析] 根据企业所得税有关规定，公司制创业投资企业和有限合伙制创业投资企业法人合伙人从事国家需要重点扶持和鼓励的创业投资，可以按投资额的一定比例抵扣应纳税所得额。故选项A、C符合题意。

26. 符合规定条件的小型微利企业，包括采取 (　　) 可按照规定享受小型微利企业所得税优惠政策。

A. 核定征收居民企业

B. 个体定额户

C. 查账征收居民企业

D. 合伙企业

E. 定额个体户

[参考答案] AC

[答案解析] 符合规定条件的小型微利企业（包括采取查账征收和核定征收方式的企业），均可按照规定享受小型微利企业所得税优惠政策。故选项A、C符合题意。

27. 符合条件的技术转让所得免征、减征企业所得税，是指一个纳税年度内，居民企业技术转让所得 (　　)。

A. 不超过500万元的部分，免征企业所得税

B. 超过500万元的部分，减半征收企业所得税

C. 超过500万元的，全额减半征收企业所得税

D. 超过500万元的，全额征收企业所得税

E. 超过500万元的部分，按法定税率25%征收企业所得税

［参考答案］AB

［答案解析］符合条件的技术转让所得免征、减征企业所得税，是指一个纳税年度内，居民企业技术转让所得不超过500万元的部分，免征企业所得税；超过500万元的部分，减半征收企业所得税。故选项A、B符合题意。

28. 企业为获得（　　）的产品进行创意设计活动而发生的相关费用，可按照规定进行税前加计扣除。

A. 创新性

B. 创意性

C. 突破性

D. 常规升级

E. 技术革新

［参考答案］ABC

［答案解析］企业为获得创新性、创意性、突破性的产品进行创意设计活动而发生的相关费用，可按照《财政部　国家税务总局　科技部关于完善研究开发费用税前加计扣除政策的通知》（财税〔2015〕119号）规定进行税前加计扣除。故选项A、B、C符合题意。

29.（　　）属于国家禁止、限制加计扣除行业。

A. 烟草制造业

B. 住宿和餐饮业

C. 批发和零售业

D. 房地产业

E. 信息传输、软件和信息技术服务业

［参考答案］ABCD

［答案解析］不适用税前加计扣除政策的行业包括：（1）烟草制造业。（2）住宿和餐饮业。（3）批发和零售业。（4）房地产业。（5）租赁和商务服务业。（6）娱乐业。（7）财政部和国家税务总局规定的其他行业。上述行业以

《国民经济行业分类与代码（GB/4754－2011）》为准，并随之更新。故选项A、B、C、D符合题意。

30. 专用设备投资额，是指购买专用设备发票价税合计价格，但不包括（　　）。

A. 允许抵扣的增值税税款

B. 设备运输费用

C. 设备安装费用

D. 设备调试费用

E. 设备价款

［参考答案］ABCD

［答案解析］专用设备投资额，是指购买专用设备发票价税合计价格，但不包括按有关规定退还的增值税税款以及设备运输、安装和调试等费用。纳税人购进并实际使用《环境保护专用设备企业所得税优惠目录》《节能节水专用设备企业所得税优惠目录》和《安全生产专用设备企业所得税优惠目录》范围内的专用设备并取得增值税专用发票的，在按照规定进行税额抵免时，如增值税进项税额允许抵扣，其专用设备投资额不再包括增值税进项税额。故选项A、B、C、D符合题意。

31. 以下有关固定资产加速折旧，表述正确的是（　　）。

A. 企业的固定资产由于技术进步等原因，确需加速折旧的，可以采取缩短折旧年限方法的，最低折旧年限不得低于税法规定折旧年限的60%

B. 企业的固定资产由于技术进步等原因，确需加速折旧的，可以采取双倍余额递减法

C. 企业的固定资产由于技术进步等原因，确需加速折旧的，可以采取年数总和法

D. 企业在2018年1月1日至2023年12月31日新购进的设备、器具，单位价值不超过500万元的，允许一次性计入当期成本费用在计算应纳税所得额时扣除，不再分年度计算折旧

E. 2020年1月1日至2021年12月31日，对疫情防控重点保障物资生产企业为扩大产能新购置的相关设备，允许一次性计入当期成本费用在企业所得税税前扣除

［参考答案］ABCD

［答案解析］企业的固定资产由于技术进步等原因，确需加速折旧的，可以采取缩短折旧年限方法的，最低折旧年限不得低于税法规定折旧年限的60%；可以采取双倍余额递减法和年数总和法。企业在2018年1月1日至2023年12月31日新购进的设备、器具，单位价值不超过500万元的，允许一次性计入当期成本费用在计算应纳税所得额时扣除，不再分年度计算折旧。2020年1月1日至2021年3月31日，对疫情防控重点保障物资生产企业为扩大产能新购置的相关设备，允许一次性计入当期成本费用在企业所得税税前扣除。故选项A、B、C、D符合题意。

32. 企业享受安置残疾职工工资100%加计扣除应具备（　　）条件。

A. 依法与安置的每位残疾人签订了1年以上（含1年）的劳动合同或服务协议，并且安置的每位残疾人在企业实际上岗工作

B. 为安置的每位残疾人按月足额缴纳了企业所在区县人民政府根据国家政策规定的基本养老保险、基本医疗保险、失业保险和工伤保险等社会保险

C. 定期通过银行等金融机构向安置的每位残疾人实际支付了不低于企业所在区县适用的经省级人民政府批准的最低工资标准的工资。

D. 具备安置残疾人上岗工作的基本设施

E. 企业应在年度终了进行企业所得税年度申报和汇算清缴时，向主管税务机关报送相关资料

［参考答案］ABCD

［答案解析］企业享受安置残疾职工工资100%加计扣除应同时具备如下条件：(1) 依法与安置的每位残疾人签订了1年以上（含1年）的劳动合同或服务协议，并且安置的每位残疾人在企业实际上岗工作。(2) 为安置的每位残疾人按月足额缴纳了企业所在区县人民政府根据国家政策规定的基本养老保险、基本医疗保险、失业保险和工伤保险等社会保险。(3) 定期通过银行等金融机构向安置的每位残疾人实际支付了不低于企业所在区县适用的经省级人民政府批准的最低工资标准的工资。(4) 具备安置残疾人上岗工作的基本设施。故选项A、B、C、D符合题意。

33. 对中国保险保障基金有限责任公司根据《保险保障基金管理办法》取得的（　　）收入，免征企业所得税。

A. 境内外保险公司依法缴纳的保险保障基金

B. 依法从撤销或破产保险公司清算财产中获得的受偿收入和向有关责任方追偿所得，以及依法从保险公司风险处置中获得的财产转让所得

C. 接受捐赠收入

D. 银行存款利息收入

E. 购买政府债券、中央银行、中央企业和中央级金融机构发行债券的利息收入

［参考答案］ BCDE

［答案解析］ 对中国保险保障基金有限责任公司根据《保险保障基金管理办法》取得的下列收入，免征企业所得税：(1) 境内保险公司依法缴纳的保险保障基金；(2) 依法从撤销或破产保险公司清算财产中获得的受偿收入和向有关责任方追偿所得，以及依法从保险公司风险处置中获得的财产转让所得；(3) 接受捐赠收入；(4) 银行存款利息收入；(5) 购买政府债券、中央银行、中央企业和中央级金融机构发行债券的利息收入。故选项 B、C、D、E 符合题意。

34. 关于研发费加计扣除优惠政策，下列说法正确的有（　　）。

A. 企业委托外部机构或个人开展研发活动发生的费用，可按规定税前扣除

B. 委托个人研发的，应凭个人出具的发票等合法有效凭证在税前加计扣除

C. 企业委托研发活动发生的费用，按照研发活动发生费用的 100% 作为加计扣除基数

D. 企业共同合作开发的项目，由合作各方就自身实际承担的研发费用分别计算加计扣除

E. 委托研发的，由受托方申报研发费用加计扣除优惠

［参考答案］ ABD

［答案解析］《财政部　国家税务总局　科技部关于完善研究开发费用税前加计扣除政策的通知》（财税〔2015〕119 号）规定，企业委托外部机构或个人开展研发活动发生的费用，可按规定税前扣除。委托个人研发的，应凭个人出具的发票等合法有效凭证在税前加计扣除。企业委托研发活动发生的费用，按照研发活动发生费用的 80% 作为加计扣除基数。企业共同合作开发的项目，由合作各方就自身实际承担的研发费用分别计算加计扣除。委托研发的，由委

托方申报研发费用加计扣除优惠。故选项 A、B、D 符合题意。

35. 关于固定资产一次性扣除政策，下列表述正确的是（　　）。

A. 以货币形式购进的固定资产，除采取分期付款或赊销方式购进外，按发票开具时间确认

B. 以分期付款或赊销方式购进的固定资产，按固定资产到货时间确认

C. 自行建造的固定资产，按竣工结算时间确认

D. 固定资产在投入使用月份的当月所属年度一次性税前扣除

E. 企业根据自身生产经营核算需要，可自行选择享受一次性税前扣除政策。未选择享受一次性税前扣除政策的，以后年度再选择

［参考答案］ABC

［答案解析］根据《关于设备　器具扣除有关企业所得税政策执行问题的公告》（国家税务总局公告 2018 年第 46 号）规定，以货币形式购进的固定资产，除采取分期付款或赊销方式购进外，按发票开具时间确认；以分期付款或赊销方式购进的固定资产，按固定资产到货时间确认；自行建造的固定资产，按竣工结算时间确认。固定资产在投入使用月份的次月所属年度一次性税前扣除。企业选择享受一次性税前扣除政策的，其资产的税务处理可与会计处理不一致。企业根据自身生产经营核算需要，可自行选择享受一次性税前扣除政策。未选择享受一次性税前扣除政策的，以后年度不得再变更。故选项 A、B、C 符合题意。

36. 企业取得的下列收入，属于企业所得税免税收入的有（　　）。

A. 国债利息收入

B. 企业债券利息收入

C. 符合条件的居民企业之间的红利、股息等权益性投资收益

D. 居民企业从在中国境内设立机构、场所的非居民企业取得的股息等权益性投资收益

E. 在中国境内设立机构、场所的非居民企业连续持有居民企业公开发行并上市流通的股票 1 年以上取得的投资收益

［参考答案］ACE

［答案解析］企业债券的利息属于应税收入；在中国境内设立机构、场所的非居民企业从居民企业取得的与该机构、场所有实际联系的股息、红利等权

益性投资收益为免税收入，该收益不包括连续持有居民企业公开发行并上市流通的股票不足12个月取得的投资收益。故选项A、C、E符合题意。

37. 境内甲公司是一家在上海证券交易所挂牌交易的上市公司，居民企业乙公司、居民企业丙公司均持有甲公司股票，其中乙公司持有甲公司股票24个月，丙公司持有甲公司股票10个月。甲公司于2020年1月向股东分配股息。乙公司分得股息30万元，丙公司分得股息10万元。根据有关规定，下列说法正确的有（　　）。

A. 甲公司向股东分配的股息，准予在计算企业所得税应纳税所得额时扣除

B. 乙公司从甲公司分得的股息收入享受免税收入优惠

C. 丙公司从甲公司分得的股息收入享受免税收入优惠

D. 乙公司从甲公司分得的股息收入30万元计入企业所得税应纳税所得额中征税

E. 丙公司从甲公司分得的股息收入10万元计入企业所得税应纳税所得额中征税

［参考答案］BE

［答案解析］企业向投资者支付的股息、红利等权益性投资收益款项，在计算企业所得税应纳税所得额时不得扣除。丙公司持有上市公司股票未满12个月，其取得的股息红利不得作为免税收入处理。故选项B、E符合题意。

38. 符合条件的技术转让所得可以享受企业所得税所得减免优惠。关于技术转让所得表述正确的有（　　）。

A. 技术转让所得＝技术转让收入－技术转让成本－相关税费

B. 技术转让收入是指当事人履行技术转让合同后获得的价款，不包括销售或转让设备、仪器、零部件、原材料等非技术性收入。不属于与技术转让项目密不可分的技术咨询、技术服务、技术培训等收入，不得计入技术转让收入

C. 技术转让成本是指转让的无形资产的净值，即该无形资产的计税基础减除在资产使用期间按照规定计算的摊销扣除额后的余额

D. 相关税费是指技术转让过程中实际发生的有关税费

E. 相关税费包括企业所得税和允许抵扣的增值税的各项税金及其附加、合同签订费用、律师费等相关费用及其他支出

［参考答案］ABCD

[答案解析] 技术转让所得=技术转让收入-技术转让成本-相关税费。技术转让收入是指当事人履行技术转让合同后获得的价款，不包括销售或转让设备、仪器、零部件、原材料等非技术性收入。不属于与技术转让项目密不可分的技术咨询、技术服务、技术培训等收入，不得计入技术转让收入。技术转让成本是指转让的无形资产的净值，即该无形资产的计税基础减除在资产使用期间按照规定计算的摊销扣除额后的余额。相关税费是指技术转让过程中实际发生的有关税费，包括除企业所得税和允许抵扣的增值税以外的各项税金及其附加、合同签订费用、律师费等相关费用及其他支出。故选项A、B、C、D符合题意。

39. 企业的（　　），可以在计算应纳税所得额时加计扣除。

A. 开发新技术发生的研究开发费用

B. 开发新产品发生的研究开发费用

C. 开发新工艺发生的研究开发费用

D. 安置失业人员所支付的工资

E. 安置残疾人员所支付的工资

[参考答案] ABCE

[答案解析] 企业的下列支出，可以在计算应纳税所得额时加计扣除：(1) 开发新技术、新产品、新工艺发生的研究开发费用；(2) 安置残疾人员及国家鼓励安置的其他就业人员所支付的工资。故选项A、B、C、E符合题意。

40. 对清洁基金取得的（　　），免征企业所得税。

A. CDM项目温室气体减排量转让收入上缴国家的部分

B. 国际金融组织赠款收入

C. 基金资金的存款利息收入

D. 国内外机构、组织和个人的捐赠收入

E. 购买国债的转让收入

[参考答案] ABCD

[答案解析] 根据《财政部　国家税务总局关于中国清洁发展机制基金及清洁发展机制项目实施企业有关企业所得税政策问题的通知》（财税〔2009〕30号）规定，对清洁基金取得的下列收入，免征企业所得税：(1) CDM项目温室气体减排量转让收入上缴国家的部分；(2) 国际金融组织赠款收入；(3) 基

金资金的存款利息收入、购买国债的利息收入；（4）国内外机构、组织和个人的捐赠收入。故选项 A、B、C、D 符合题意。

三、判断题

1. 企业享受优惠事项采取“自行判别、申报享受、相关资料留存备查”的办理方式。企业应当根据经营情况以及相关税收规定自行判断是否符合优惠事项规定的条件，符合条件的可以按照文件规定自行计算减免税额，并通过填报企业所得税纳税申报表享受税收优惠。（　　）

[参考答案] 正确

[答案解析] 根据发布修订后的《企业所得税优惠政策事项办理办法》的公告（国家税务总局公告2018年第23号）规定，企业享受优惠事项采取“自行判别、申报享受、相关资料留存备查”的办理方式。企业应当根据经营情况以及相关税收规定自行判断是否符合优惠事项规定的条件，符合条件的可以按照《企业所得税优惠事项管理目录》（2017年版）列示的时间自行计算减免税额，并通过填报企业所得税纳税申报表享受税收优惠。同时，按照规定归集和留存相关资料备查。

2. 分支机构按照规定可独立享受优惠事项的，由分支机构负责归集并留存备查资料，分支机构不需要在完成年度当年汇算清缴后将留存的备查资料清单送总机构汇总。（　　）

[参考答案] 错误

[答案解析] 有关规定明确，分支机构以及被汇总纳税的非居民企业机构、场所按照规定可独立享受优惠事项的，由分支机构以及被汇总纳税的非居民企业机构、场所负责归集并留存备查资料，同时分支机构以及被汇总纳税的非居民企业机构、场所应在完成年度当年汇算清缴后将留存的备查资料清单送总机构以及汇总纳税的主要机构、场所汇总。

3. 被投资企业将资本公积转为股本的，不作为投资方企业的股息、红利收入，投资方企业也不得增加该项长期投资的计税基础。（　　）

[参考答案] 错误

[答案解析] 被投资企业将股权（票）溢价所形成的资本公积转为股本的，不作为投资方企业的股息、红利收入，投资方企业也不得增加该项长期投资的

计税基础。

4. 对中国保险保障基金有限责任公司根据《保险保障基金管理办法》取得的购买政府债券、中央银行、中央企业和中央级金融机构发行债券的利息收入，免征企业所得税。（　）

[参考答案] 正确

[答案解析] 对中国保险保障基金有限责任公司（以下简称保险保障基金公司）根据《保险保障基金管理办法》取得的下列收入，免征企业所得税：(1) 境内保险公司依法缴纳的保险保障基金；(2) 依法从撤销或破产保险公司清算财产中获得的受偿收入和向有关责任方追偿所得，以及依法从保险公司风险处置中获得的财产转让所得；(3) 接受捐赠收入；(4) 银行存款利息收入；(5) 购买政府债券、中央银行、中央企业和中央级金融机构发行债券的利息收入；(6) 国务院批准的其他资金运用取得的收入。

5. 企业所得税减半优惠的种植、养殖项目，直接进行初加工且符合农产品初加工目录范围的，按农产品初加工政策享受税收优惠。（　）

[参考答案] 错误

[答案解析] 企业所得税减半优惠的种植、养殖项目，并直接进行初加工且符合农产品初加工目录范围的，企业应合理划分不同项目的各项成本、费用支出，分别核算种植、养殖项目和初加工项目的所得，并各按适用的政策享受税收优惠。

6. 企业对外购茶叶进行筛选、分装、包装后进行销售的所得，可享受农产品初加工的优惠政策。（　）

[参考答案] 错误

[答案解析] 企业对外购茶叶进行筛选、分装、包装后进行销售的所得，不享受农产品初加工的优惠政策。

7. 企业从事规定的国家重点扶持的公共基础设施项目的投资经营的所得，自项目获利所属纳税年度起，第一年至第三年免征企业所得税，第四年至第六年减半征收企业所得税。（　）

[参考答案] 错误

[答案解析] 企业从事前款规定的国家重点扶持的公共基础设施项目的投资经营的所得，自项目取得第一笔生产经营收入所属纳税年度起，第一年至第

三年免征企业所得税，第四年至第六年减半征收企业所得税。

8. 享受技术转让企业所得税项目所得减免税的，必须是居民企业转让其拥有符合规定技术的所有权或5年以上（含5年）全球独占许可使用权的行为。（　）

［参考答案］错误

［答案解析］自2015年10月1日起，全国范围内的居民企业转让5年（含，下同）以上非独占许可使用权取得的技术转让所得，纳入享受企业所得税优惠的技术转让所得范围。

9. 高新技术企业亏损的，不需要报送《高新技术企业优惠情况及明细表》(A107041)。（　）

［参考答案］错误

［答案解析］高新技术企业不论亏损或盈利，都要报送《高新技术企业优惠情况及明细表》(A107041)。

10. 企业为获得创新性、创意性、突破性的产品进行创意设计活动而发生的相关费用，可按照规定进行税前加计扣除。（　）

［参考答案］正确

［答案解析］企业为获得创新性、创意性、突破性的产品进行创意设计活动而发生的相关费用，可按照规定进行税前加计扣除。

11. 企业从事研发活动的人员和用于研发活动的仪器、设备、无形资产，同时从事或用于非研发活动的，应对其人员活动及仪器设备、无形资产使用情况做必要记录，并将其实际发生的相关费用按实际工时占比等合理方法在研发费用和生产经营费用间分配，未分配的不得加计扣除。（　）

［参考答案］正确

［答案解析］企业从事研发活动的人员和用于研发活动的仪器、设备、无形资产，同时从事或用于非研发活动的，应对其人员活动及仪器设备、无形资产使用情况做必要记录，并将其实际发生的相关费用按实际工时占比等合理方法在研发费用和生产经营费用间分配，未分配的不得加计扣除。

12. 与研发活动直接相关的其他费用总额不得超过可加计扣除研发费用总额的20%。（　）

［参考答案］错误

［答案解析］与研发活动直接相关的其他费用总额不得超过可加计扣除研发费用总额的10%。

13. 企业在计算加计扣除的研发费用时，不需要扣减在当期取得的研发过程中形成的下脚料、残次品、中间试制品等特殊收入。（ ）

［参考答案］错误

［答案解析］企业在计算加计扣除的研发费用时，须扣减在当期取得的研发过程中形成的下脚料、残次品、中间试制品等特殊收入。

14. 自2021年1月1日起，企业预缴申报当年第三季度（按季预缴）或9月（按月预缴）企业所得税时，可以自行选择就当年前三季度（前9个月）研发费用享受加计扣除优惠政策，采取“自行判别、申报享受、相关资料留存备查”办理方式。（ ）

［参考答案］错误

［答案解析］自2021年1月1日起，企业预缴申报当年第三季度（按季预缴）或9月（按月预缴）企业所得税时，可以自行选择就当年上半年研发费用享受加计扣除优惠政策，采取“自行判别、申报享受、相关资料留存备查”办理方式。

15. 企业办理第三季度或9月预缴申报时，未选择享受研发费用加计扣除优惠政策的，不得在次年办理汇算清缴时统一享受。（ ）

［参考答案］错误

［答案解析］企业办理第三季度或9月预缴申报时，未选择享受研发费用加计扣除优惠政策的，可在次年办理汇算清缴时统一享受。

16. 企业开展研发活动中实际发生的研发费用，未形成无形资产计入当期损益的，在按规定据实扣除的基础上，自2021年1月1日起，再按照实际发生额的100%在税前加计扣除；形成无形资产的，自2021年1月1日起，按照无形资产成本的200%在税前摊销。（ ）

［参考答案］错误

［答案解析］制造业企业开展研发活动中实际发生的研发费用，未形成无形资产计入当期损益的，在按规定据实扣除的基础上，自2021年1月1日起，再按照实际发生额的100%在税前加计扣除；形成无形资产的，自2021年1月1日起，按照无形资产成本的200%在税前摊销。其他企业加计扣除比例为75%。

17. 企业取得研发过程中形成的下脚料、残次品、中间试制品等特殊收入，在计算确认收入当年的加计扣除研发费用时，应从已归集研发费用中扣减该特殊收入，不足扣减的，往以后年度结转扣减。（　）

[参考答案] 错误

[答案解析] 企业取得研发过程中形成的下脚料、残次品、中间试制品等特殊收入，在计算确认收入当年的加计扣除研发费用时，应从已归集研发费用中扣减该特殊收入，不足扣减的，加计扣除研发费用按零计算。

18. 企业委托外部机构或个人进行研发活动所发生的费用，按照费用实际发生额的80%计入委托方研发费用并计算加计扣除，受托方不得再进行加计扣除。（　）

[参考答案] 正确

[答案解析] 有关规定明确，委托研发由委托方加计扣除，受托方不得加计扣除。

19. 企业应对研发费用和生产经营费用分别核算，准确、合理归集各项费用支出，对划分不清的，由税务机关核定加计扣除。（　）

[参考答案] 错误

[答案解析] 对划分不清的，不得加计扣除。

20. 税务机关对企业享受加计扣除优惠的研发项目有异议的，可以转请县级（含）以上科技行政主管部门出具鉴定意见。（　）

[参考答案] 错误

[答案解析] 税务机关对企业享受加计扣除优惠的研发项目有异议的，可以转请市级（含）以上科技行政主管部门出具鉴定意见。

21. 企业符合规定的研发费用加计扣除条件而在2016年1月1日以后未及时享受该项税收优惠的，可以追溯享受并履行备案手续，追溯期限最长为5年。（　）

[参考答案] 错误

[答案解析] 企业符合规定的研发费用加计扣除条件在2016年1月1日以后未及时享受的，可以追溯享受并履行备案手续，追溯期限最长为3年。

22. 关于促进集成电路产业高质量发展的企业所得税优惠，对于按照集成电路生产企业和项目享受税收优惠政策的，优惠期自获利年度起计算。（　）

[参考答案] 错误

[答案解析] 对于按照集成电路生产企业享受税收优惠政策的，优惠期自获利年度起计算；对于按照集成电路生产项目享受税收优惠政策的，优惠期自项目取得第一笔生产经营收入所属纳税年度起计算。

23. 对电影行业企业，包括通过互联网、电信网、广播电视网等信息网络传播电影的企业，2020 年度发生的亏损，最长结转年限由 5 年延长至 8 年。 （ ）

[参考答案] 错误

[答案解析] 对电影行业企业 2020 年度发生的亏损，最长结转年限由 5 年延长至 8 年。电影行业企业限于电影制作、发行和放映等企业，不包括通过互联网、电信网、广播电视网等信息网络传播电影的企业。

24. 2020 年 5 月 1 日至 2020 年 12 月 31 日，小型微利企业在 2020 年剩余申报期按规定办理预缴申报后，可以暂缓缴纳当期的企业所得税，延迟至 2021 年首个申报期内一并缴纳。 （ ）

[参考答案] 正确

[答案解析] 2020 年 5 月 1 日至 2020 年 12 月 31 日，小型微利企业在 2020 年剩余申报期按规定办理预缴申报后，可以暂缓缴纳当期的企业所得税，延迟至 2021 年首个申报期内一并缴纳。

25. 税务机关如发现高新技术企业不符合认定条件的，应提请认定机构复核。复核后确认不符合认定条件的，由认定机构取消其高新技术企业资格后，通知税务机关追缴税款。 （ ）

[参考答案] 正确

[答案解析] 税务机关如发现高新技术企业不符合认定条件的，应提请认定机构复核。复核后确认不符合认定条件的，由认定机构取消其高新技术企业资格后，通知税务机关追缴税款。

26. 企业通过公益性社会组织或者县级以上人民政府及其部门等国家机关，捐赠用于应对新型冠状病毒感染的肺炎疫情的现金和物品，允许在计算应纳税所得额时全额扣除。 （ ）

[参考答案] 正确

[答案解析] 企业和个人通过公益性社会组织或者县级以上人民政府及其

部门等国家机关，捐赠用于应对新型冠状病毒感染的肺炎疫情的现金和物品，允许在计算应纳税所得额时全额扣除。

27. 企业直接向承担疫情防治任务的医院捐赠用于应对新型冠状病毒感染的肺炎疫情的物品，不允许在计算应纳税所得额时扣除。（ ）

［参考答案］错误

［答案解析］企业和个人直接向承担疫情防治任务的医院捐赠用于应对新型冠状病毒感染的肺炎疫情的物品，允许在计算应纳税所得额时全额扣除。

28. 经认定的技术先进型服务企业发生的职工教育经费支出，不超过工资薪金总额10%的部分，准予在计算应纳税所得额时扣除；超过部分，准予在以后纳税年度结转扣除。（ ）

［参考答案］错误

［答案解析］经认定的技术先进型服务企业发生的职工教育经费支出，不超过工资薪金总额8%的部分，准予在计算应纳税所得额时扣除；超过部分，准予在以后纳税年度结转扣除。

29. 企业招用建档立卡贫困人口，以及在人力资源社会保障部门公共就业服务机构登记失业半年以上且持《就业创业证》或《就业失业登记证》的人员，按标准计算的税收扣减额应在企业当年实际应缴纳的增值税、城市维护建设税、教育费附加、地方教育附加和企业所得税税额中扣减，当年扣减不完的，结转下年使用。（ ）

［参考答案］错误

［答案解析］按上述标准计算的税收扣减额应在企业当年实际应缴纳的增值税、城市维护建设税、教育费附加、地方教育附加和企业所得税税额中扣减，当年扣减不完的，不得结转下年使用。

30. 企业实际购置并自身实际投入使用享受税额抵免企业所得税优惠的专用设备，在5年内转让、出租的，应当停止享受企业所得税优惠，并补缴已经抵免的企业所得税税款。（ ）

［参考答案］正确

［答案解析］企业购置上述专用设备在5年内转让、出租的，应当停止享受企业所得税优惠，并补缴已经抵免的企业所得税税款。

四、综合分析题

1. 某高新技术企业，主要生产和销售电脑。2020 年 1—11 月实现销售收入 7 000 万元，与收入相配比的销售成本 4 200 万元，缴纳增值税 450 万元、城市维护建设税和教育费附加 45 万元，发生销售费用 800 万元，管理费用 950 万元（其中含业务招待费 80 万元），财务费用 300 万元（无调整事项），1—11 月实现会计利润 705 万元。

2020 年 12 月发生相关业务如下：

（1）12 月 8 日销售一批电脑给某大型商场，不含税价款 700 万元，与收入相配比的销售成本 420 万元；合同约定，如果商场在 12 月 22 日前付清全部款项，企业将给予商场不含税价款 3% 的销售折扣；12 月 20 日商场付清了全部款项。

（2）12 月 15 日，因电脑质量原因，某电器商城将上月购进的空调退货，企业开具红字增值税专用发票注明价款 -200 万元，增值税 -26 万元。

（3）12 月 18 日购进符合规定的安全生产专用设备，取得普通发票注明价款 24 万元，当月投入使用。

（4）12 月购进原材料共计 300 万元，取得增值税专用发票注明增值税税额 39 万元；接受运输服务，取得增值税专用发票注明运输费用 10 万元。

（5）12 月 25 日通过公益性社会组织向某山区小学捐款 60 万元，取得公益性社会组织开具的合法票据。

（6）12 月 30 日转让 2 年前投资的股权取得收入 150 万元，该股权的投资成本账面价值和计税基础都为 100 万元。

（7）12 月 31 日归还关联企业一年期借款本金 1 200 万元，另支付利息费用 90 万元（注：关联企业对该居民企业的权益性投资额为 480 万元，且实际税负低于该居民企业，银行同期同类贷款年利率为 5.8%）。

（8）12 月共计发生销售费用 90 万元、管理费用 300 万元（其中含业务招待费 10 万元）。

要求：根据上述资料，回答下列问题（不考虑地方教育费附加）。

（1）（多选题）计算该企业 2020 年应纳税所得额时，可直接在企业所得税税前扣除的有（　　）。

A. 安全生产专用设备价款

B. 教育费附加

C. 城市维护建设税

D. 利息费用

E. 公益性捐赠支出

(2) 该企业2020年度实现的会计利润总额是（ ）万元。

A. 391.02

B. 391.49

C. 390.8

D. 387.7

(3) 计算该企业2020年企业所得税应纳税所得额时，允许扣除的业务招待费是（ ）万元。

A. 37.5

B. 52.5

C. 54

D. 90

(4) 计算该企业2020年企业所得税应纳税所得额时，公益性捐赠调整金额是（ ）万元。

A. 13.02

B. 46.98

C. 50

D. 60

(5) 计算该企业2020年企业所得税应纳税所得额时，关联企业利息费用调整金额是（ ）万元。

A. 20.4

B. 34.32

C. 26.42

D. 45.65

(6) 该企业2020年度应缴纳企业所得税（ ）万元。

A. 491.33

B. 120.43

C. 73.7

D. 71.3

（1）［参考答案］BC

［答案解析］选项A，企业在2018年1月1日至2020年12月31日新购进的设备、器具，单位价值不超过500万元的，允许一次性计入当期成本费用在计算应纳税所得额时扣除，不再分年度计算折旧；企业选择享受一次性税前扣除政策的，固定资产在投入使用月份的“次月所属年度”一次性税前扣除。选项D，关联企业利息费用不能直接据实扣除，超过同期同类金融企业贷款利率的需要调整。选项E，公益性捐赠支出不能直接据实扣除，对于不超过年度利润总额12%的部分，准予扣除；超过部分，结转以后3年内扣除。

（2）［参考答案］B

［答案解析］12月增值税销项税额=700×13%－26=65（万元）

12月可以抵扣的进项税额=39+10×9%=39.9（万元）

12月应缴纳的增值税=65－39.9=25.1（万元）

12月该企业应缴纳城建税及教育费附加=25.1×（7%+3%）=2.51（万元）

2020年会计利润总额=705+（700－420）（销售电脑）－700×3%（销售折扣）－（200－200×60%）（退货）－60（捐款）+（150－100）（股权转让）－90（利息费用）－90（销售费用）－300（管理费用）－2.51（城建税及教育费附加）=391.49（万元）

（3）［参考答案］A

［答案解析］销售（营业）收入=7 000+700－200=7 500（万元）

业务招待费扣除限额=7 500×5‰=37.5（万元）

当期发生额的60%=（80+10）×60%=54（万元）>37.5万元

所以准予税前扣除的业务招待费为37.5万元。

（4）［参考答案］A

［答案解析］销售（营业）收入=7 000+700－200=7 500（万元）

公益性捐赠扣除限额=391.49×12%=46.98（万元）<实际发生额60万元

所以准予税前扣除的捐赠支出为 46.98 万元。

公益性捐赠调整金额 =60 -46.98 =13.02（万元）

（5）［参考答案］B

［答案解析］关联企业利息费用调整金额 =90 -480 ×2 ×5.8% =34.32（万元）

（6）［参考答案］D

［答案解析］应纳税所得额 =391.49 +52.5 +13.02 +34.32 =491.33（万元）

应缴纳企业所得税 =491.33 ×15% -24 ×10% =71.3（万元）

企业购置并实际使用规定的环境保护、节能节水、安全生产等专用设备的，该专用设备的投资额的 10% 可以从企业当年的应纳税额中抵免，当年不足抵免的，可以在以后 5 个纳税年度结转抵免。

2. 某查账征收企业 2020 年的业务资料如下：

（1）全年取得产品销售收入 11 700 万元，发生的产品销售成本 2 114.25 万元，发生的税金及附加 386.14 万元，发生的销售费用 600 万元、管理费用 500 万元（含业务招待费 106.5 万元）、财务费用 400 万元。取得营业外收入 312 万元、投资收益 457 万元。

（2）全年成本费用中包含实际发生的工资薪金总额为 3 000 万元，含向本企业安置的 3 名残疾人员支付的工资薪金 10.5 万元。

（3）全年成本费用中包含有实际发生的职工福利费 450 万元、职工教育经费 90 万元、拨缴的工会经费 40 万元。

（4）4 月，购置一辆轿车并投入使用，支出 52.8 万元，会计上按 3 年折旧，税收上选择一次性扣除政策。不考虑残值。

（5）9 月，转让其代企业前三大自然人股东持有的因股权分置改革原因形成的限售股，取得收入 240 万元。会计上 240 万元已经计入投资收益。但因历史原因，公司未能提供完整、真实的限售股原值凭证，且不能准确计算该部分限售股的原值。

（6）公司按规定可以利用 2020 年所得弥补以前年度亏损。2013 年以前（含 2013 年）每年均实现盈利，2014—2019 年弥补以前年度亏损前的应纳税所得额如下表所示。

年度	2014	2015	2016	2017	2018	2019
应纳税所得额（万元）	-90	-490	250	-340	170	300

（7）公司设在海外甲国的营业机构，当年取得应纳税所得额折合人民币360万元，该国适用的企业所得税税率为27.5%，按规定已在该国缴纳了企业所得税，该国税法对应纳税所得额的确定与我国税法规定一致。

（8）公司2020年已实际预缴企业所得税1 957.25万元。

要求：根据上述资料，回答下列问题。

（1）该公司发生的业务招待费应调整的应纳税所得额为（　　）万元。

A. 5.4

B. 42.7

C. 48

D. 58.5

（2）（多选题）下列关于该公司发生的工资薪金支出、三项经费支出税前扣除的说法，表述正确的有（　　）。

A. 实际发生的工资薪金3 000万元可以据实扣除

B. 安置残疾人员支付的工资薪金可以加计扣除10.5万元

C. 职工福利费可以税前扣除450万元

D. 职工教育经费可以税前扣除240万元

E. 工会经费可以税前扣除40万元

（3）资料（4）中的车辆购置业务会计处理和税收处理的差异数额为（　　）万元。

A. 11.73

B. 41.07

C. 52.8

D. 10.02

（4）资料（5）中转让代个人持有的限售股应计入应纳税所得额所得为（　　）万元。

A. 0

B. 36

C. 48

D. 204

(5) 资料 (6) 中2020年允许弥补的以前年度亏损数额为 (　　) 万元。

A. 0

B. 110

C. 410

D. 200

(6) 该公司2020年企业所得税汇算清缴时应补 (退) 的企业所得税额为 (　　) 万元。

A. 0

B. 17.51

C. 8.51

D. 16.69

(1) **[参考答案]** C

[答案解析] 实际发生的业务招待费的60% =106.5×60% =63.9 (万元)

当年销售收入的5‰ =11 700×5‰ =58.5 (万元)

所以税前允许扣除的业务招待费为58.5万元，因此，

业务招待费应调增的应纳税所得额 =106.5 -58.5 =48 (万元)

(2) **[参考答案]** ABE

[答案解析] 实际发生职工福利费450万元 > 允许扣除限额 =3 000×14% =420 (万元)

只能按照限额420万元扣除。

需纳税调增 =450 -420 =30 (万元)

实际发生职工教育经费90万元 < 允许扣除限额 =3 000×8% =240 (万元)

可以据实扣除90万元；

实际拨缴的工会经费40万元 < 允许扣除的限额 =3 000×2% =60 (万元)

可以据实扣除40万元。

(3) **[参考答案]** B

[答案解析] 车辆属于固定资产，应于投入使用的下月起计提折旧在税前扣除。

会计折旧 =52.8÷3×(8÷12) =11.73 (万元)

税收折旧52.8万元，两者相差41.07万元。

(4) [参考答案] D

[答案解析] 因历史原因，公司未能提供完整、真实的限售股原值凭证，且不能准确计算该部分限售股的原值的，

转让代个人持有的限售股可扣除的成本 = 240 × 15% = 36（万元）

因而转让代个人持有的限售股应计入应纳税所得额所得为204万元。

(5) [参考答案] D

[答案解析] 可弥补的亏损 = (90 − 250) − 170 + 490 + 340 − 300 = 200（万元）

(6) [参考答案] B

[答案解析] 2020年的会计利润 = 11 700 − 2 114.25 − 386.14 − 600 − 500 − 400 + 312 + 457 − 8.36 = 8 468.61（万元）

2020年该公司境内的应纳税所得额 = 8 468.61 + 48 − 10.5 + 30 − 41.07 − 36 − 200 − 360 = 7 899.04（万元）

对甲国的营业机构已经在甲国缴纳的企业所得税，可以从当期应纳所得税额中抵免。

抵免限额 = (7 899.04 + 360) × 25% × [360 ÷ (7 899.04 + 360)] = 90（万元）

已在甲国缴纳企业所得税 = 360 × 27.5% = 99（万元）

超过抵免限额的9万元可以在以后5个纳税年度内，用每年抵免限额抵免当年应抵税额后的余额进行抵补。

该公司2020年企业所得税汇算清缴时应实际补的企业所得税 = (7 899.04 + 360) × 25% − 90 − 1 957.25 = 17.51（万元）

3. 某设备生产企业为高新技术企业，2020年发生经营业务如下：

（1）全年共销售设备5 000台，取得不含税收入26 000万元，与所销售设备配比的销售成本为5 350万元。

（2）全年发生管理费用1 100万元，其中含业务招待费300万元、该厂为全体职工支付的补充养老保险费130万元、当年发生诉讼费10万元、境内自主研发发生符合条件的研发费用120万元、委托境外企业研发费用110万元。

（3）全年发生销售费用1 300万元，其中含当年发生的广告费500万元、

以现金方式支付给中介服务公司佣金 80 万元（所签订的协议注明相关交易实现收入 1 500 万元）。

（4）全年发生财务费用 700 万元，其中含 2020 年 1 月 1 日向某工业企业（非关联企业）借款 1 000 万元所支付的全年借款利息 100 万元（金融企业同期同类贷款年利率为 7%）。

（5）营业外支出共计 250 万元，包括通过省级人民政府向目标脱贫地区捐款 200 万元、因违规经营被工商管理部门处以罚款 20 万元、订购的一批材料因临时取消而支付给供货方违约金 30 万元。

（6）计入成本、费用中的实发合理工资总额为 2 000 万元，实际发生职工福利费 300 万元、职工教育经费 60 万元，拨缴工会经费 48 万元。

（7）取得投资收益 260 万元，其中包括：当年 3 月购买了境内甲上市公司的流通股股票 30 万股，12 月收到甲上市公司发放的现金股利 80 万元；取得国债利息收入 180 万元。

（8）当年发生实际可以税前扣除的税金及附加合计 16 091. 11 万元。

要求：根据上述资料，回答下列问题。

（1）2020 年该公司实现的会计利润为（　　）万元。

A. 188. 5

B. 1 112. 5

C. 1 104. 86

D. 1 468. 89

（2）下列支出项目在计算企业所得税应纳税所得额时，准予按实际发生额扣除的有（　　）。

A. 为全体职工支付的补充养老保险费 130 万元

B. 支付的诉讼费 10 万元

C. 支付给中介服务公司的佣金 80 万元

D. 支付给供货方的违约金 30 万元

E. 通过省级人民政府向目标脱贫地区捐款 200 万元

（3）计算企业所得税应纳税所得额时，业务（2）应调增的金额是（　　）万元。

A. 200

B. 50

C. 44

D. 27.5

（4）计算企业所得税应纳税所得额时，销售费用应调增的金额是（　　）万元。

A. 80

B. 500

C. 505

D. 580

（5）计算企业所得税应纳税所得额时，业务（7）应调减的金额是（　　）万元。

A. 260

B. 180

C. 80

D. 0

（6）2020 年该厂应缴纳企业所得税（　　）万元。

A. 224.53

B. 374.22

C. 485.66

D. 149.69

（1）**［参考答案］** D

［答案解析］ 会计利润 = 26 000 − 5 350 − 1 100 − 1 300 − 700 − 250 + 260 − 16 091.11 = 1 468.89（万元）

（2）**［参考答案］** BDE

［答案解析］ 选项 BD，企业支付的诉讼费和支付给供货方的违约金，准予在企业所得税前据实扣除。选项 A，企业为在本企业任职或受雇的全体员工支付的补充养老保险费、补充医疗保险费，分别在不超过职工工资总额 5% 标准内的部分，准予扣除；超过部分，不得扣除。实际支付的补充养老保险费 130 万元超过了职工工资总额的 5%（2 000 × 5% = 100 万元），只能在企业所得税前扣除 100 万元，超过的 30 万元不得扣除。选项 C，除委托个人代理外，企业

以现金等非转账方式支付的手续费及佣金不得在税前扣除。

（3）［**参考答案**］B

［**答案解析**］①业务招待费实际发生额的60% =300×60% =180（万元）>销售（营业）收入的5‰ =26 000×5‰ =130（万元）

税前可扣除业务招待费130万元，

应调增应纳税所得额=300－130=170（万元）

②支付的补充养老保险费应调增应纳税所得额=130－100=30（万元）

③诉讼费用可以据实扣除。

④委托境外进行研发活动所发生的费用，按照费用实际发生额的80%计入委托方的委托境外研发费用。委托境外研发费用不超过境内符合条件的研发费用2/3的部分，可以按规定在企业所得税前加计扣除。

委托境外研发费用实际发生额的80% =110×80% =88（万元）>境内符合条件的研发费用2/3=120×2/3=80（万元）

研发费用共加计扣除=(120+80)×75% =150（万元）

⑤业务②应调增的金额=170+30－150=50（万元）

（4）［**参考答案**］A

［**答案解析**］①广告宣传费的税前扣除限额=26 000×15% =3 900（万元）>实际发生额500万元，无须纳税调整。

②以现金方式支付给中介服务公司的佣金不得在税前扣除，佣金支出应调增应纳税所得额80万元。

③销售费用应调增应纳税所得额80万元。

（5）［**参考答案**］B

［**答案解析**］

①连续持有居民企业公开发行并上市流通的股票不足12个月取得的投资收益不得享受免税收入优惠，应计入应纳税所得额。

②国债利息收入免征企业所得税，应调减应纳税所得额180万元。

（6）［**参考答案**］A

［**答案解析**］①利息费用应调增应纳税所得额=100－1 000×7% =30（万元）

②被工商管理部门处以罚款20万元，不得在企业所得税前扣除，应调增应

纳税所得额20万元。

③职工福利费税前扣除限额为280万元（2 000×14%），实际发生300万元，应调增应纳税所得额为20万元（300－280）；职工教育经费税前扣除限额为160万元（2 000×8%），实际发生60万元，无须纳税调整；工会经费税前扣除限额为40万元（2 000×2%），实际发生48万元，应调增应纳税所得额为8万元（48－40）。

④国债利息收入免征企业所得税，应调减应纳税所得额180万元。

⑤该厂的企业所得税应纳税所得额＝1 468.89＋50＋80＋30＋20＋20＋8－180＝1 496.89（万元）

应缴纳企业所得税＝1 496.89×15%＝224.53（万元）

第五章　源泉扣除

一、单项选择题

1. 非居民企业取得应源泉扣缴的所得为股息、红利等权益性投资收益的，相关应纳税款扣缴义务发生之日为（　　）。

A. 做出股息、红利分配决定之日

B. 股息、红利等权益性投资收益入账之日

C. 股东大会召开之日

D. 股息、红利等权益性投资收益实际支付之日

[参考答案] D

[答案解析] 根据《国家税务总局关于非居民企业所得税源泉扣缴有关问题的公告》（国家税务总局公告2017年第37号）第七条规定，非居民企业取得应源泉扣缴的所得为股息、红利等权益性投资收益的，相关应纳税款扣缴义务发生之日为股息、红利等权益性投资收益实际支付之日。

2. 依据我国企业所得税法及实施条例，下列关于居民企业和非居民企业相关税收表述错误的是（　　）。

A. 居民企业指在中国境内成立的企业

B. 设立机构场所的非居民企业适用所得税率为25%

C. 未设立机构场所的非居民企业适用所得税率为20%减按10%执行

D. 非居民企业委托个人在中国境内储存货物视为在中国境内设立机构场所

［参考答案］A

［答案解析］根据《企业所得税法》第二条规定，企业分为居民企业和非居民企业。本法所称居民企业，是指依法在中国境内成立，或者依照外国（地区）法律成立但实际管理机构在中国境内的企业。

根据《企业所得税法》第四条规定，企业所得税的税率为25%。非居民企业取得本法第三条第三款规定的所得，适用税率为20%。《企业所得税法实施条例》第九十一条规定，非居民企业取得企业所得税法第二十七条第（五）项（企业所得税法第三条第三款）规定的所得，减按10%的税率征收企业所得税。

根据《企业所得税法实施条例》第五条规定，非居民企业委托营业代理人在中国境内从事生产经营活动的，包括委托单位或者个人经常代其签订合同，或者储存、交付货物等，该营业代理人视为非居民企业在中国境内设立的机构、场所。

3. 对非居民企业在中国境内未设立机构、场所的，取得来源于中国境内的所得应缴纳的企业所得税，扣缴义务人为（　　）。

A. 负担人

B. 支付人

C. 居民企业

D. 合同签订人

［参考答案］B

［答案解析］根据《企业所得税法》第三十七条规定，对非居民企业取得本法第三条第三款规定的所得应缴纳的所得税，实行源泉扣缴，以支付人为扣缴义务人。税款由扣缴义务人在每次支付或者到期应支付时，从支付或者到期应支付的款项中扣缴。

4. 非居民企业在中国境内承包工程作业或提供劳务的，应向项目所在地主管税务机关办理税务登记手续的时间为（　　）。

A. 自项目合同或协议签订之日起7日内

B. 自项目合同或协议签订之日起10日内

C. 自项目合同或协议签订之日起15日内

D. 自项目合同或协议签订之日起30日内

［参考答案］D

［答案解析］根据《非居民承包工程作业和提供劳务税收管理暂行办法》（国家税务总局令第19号）第五条规定，非居民企业在中国境内承包工程作业或提供劳务的，应当自项目合同或协议签订之日起30日内，向项目所在地主管税务机关办理税务登记手续。

5. 非居民企业出租位于中国境内的房屋、建筑物等不动产，对未在中国境内设立机构、场所进行日常管理的，计算缴纳企业所得税的方式为（ ）。

A. 合同约定金额

B. 租金收入扣除相应成本后的余额

C. 核定金额

D. 其取得的租金收入金额

［参考答案］D

［答案解析］根据《国家税务总局关于非居民企业所得税管理若干问题的公告》（国家税务总局公告2011年第24号）第四条“关于融资租赁和出租不动产的租金所得税务处理问题”第（二）项规定非居民企业出租位于中国境内的房屋、建筑物等不动产，对未在中国境内设立机构、场所进行日常管理的，以其取得的租金收入全额计算缴纳企业所得税，由中国境内的承租人在每次支付或到期应支付时代扣代缴。

6. 非居民企业取得的下列所得中，应当计算缴纳企业所得税的是（ ）。

A. 国际金融组织向中国政府提供优惠贷款取得利息所得

B. 国际金融组织向中国居民企业提供优惠贷款取得利息所得

C. 外国政府向中国政府提供贷款取得利息所得

D. 外国金融机构向中国居民企业提供商业贷款取得利息所得

［参考答案］D

［答案解析］根据《企业所得税法实施条例》第九十一条规定，非居民企业取得下列所得可以免征企业所得税：(1) 外国政府向中国政府提供贷款取得的利息所得；(2) 国际金融组织向中国政府和居民企业提供优惠贷款取得的利息所得；(3) 经国务院批准的其他所得。

7. 某外国公司在境内设立一常驻代表机构从事产品售后服务，2021年3月主管税务机关对其2020年度业务进行检查时，发现该代表机构账簿不健全，不能准确核算收入，成本费用经查实为340万元，决定按照最低利润率（15%）

对其进行核定征收企业所得税。2020 年该常驻代表机构应缴纳的企业所得税为（ ）万元。

A. 6

B. 11.09

C. 12.75

D. 15

［参考答案］D

［答案解析］根据《国家税务总局关于印发〈非居民企业所得税核定征收管理办法〉的通知》（国税发〔2010〕19 号）第四条“非居民企业因会计账簿不健全，资料残缺难以查账，或者其他原因不能准确计算并据实申报其应纳税所得额的，税务机关有权采取以下方法核定其应纳税所得额”第（二）项规定，按成本费用核定应纳税所得额：适用于能够正确核算成本费用，但不能正确核算收入总额的非居民企业。计算公式如下：

应纳税所得额 = 成本费用总额 ÷（1 - 经税务机关核定的利润率）× 经税务机关核定的利润率

应纳税所得额 = 340 ÷（1 - 15%）× 15% = 400 × 15% = 60（万元）

应缴纳企业所得税 = 60 × 25% = 15（万元）

8. 非居民企业取得来自中国境内的下列所得，实行差额征税的是（ ）。

A. 利息所得

B. 股息所得

C. 特许权使用费所得

D. 财产转让所得

［参考答案］D

［答案解析］根据《企业所得税法》第十九条规定，非居民企业取得本法第三条第三款规定的所得，按照下列方法计算其应纳税所得额：（1）股息、红利等权益性投资收益和利息、租金、特许权使用费所得，以收入全额为应纳税所得额；（2）转让财产所得，以收入全额减除财产净值后的余额为应纳税所得额；（3）其他所得，参照前两项规定的方法计算应纳税所得额。

9. 下列各项中，不能视为非居民企业在华有机构、场所的是（ ）。

A. 开采自然资源的场所

B. 提供劳务的场所

C. 从事勘探工程作业的场所

D. 委托个人代其签订一次合同

［参考答案］D

［答案解析］根据《企业所得税法实施条例》第五条规定，企业所得税法第二条第三款所称机构、场所，是指在中国境内从事生产经营活动的机构、场所，包括：(1) 管理机构、营业机构、办事机构；(2) 工厂、农场、开采自然资源的场所；(3) 提供劳务的场所；(4) 从事建筑、安装、装配、修理、勘探等工程作业的场所；(5) 其他从事生产经营活动的机构、场所。非居民企业委托营业代理人在中国境内从事生产经营活动的，包括委托单位或者个人经常代其签订合同，或者储存、交付货物等，该营业代理人视为非居民企业在中国境内设立的机构、场所。

10. 韩国 A 公司 2021 年从中国境内取得演艺收入，经纪公司为韩国 B 公司，合作方为中国 C 公司，中国 D 公司通过中国银行对外付汇，该笔税款已在中国 E 税务局缴纳。对韩国 A 公司取得演艺收入实行源泉扣缴的扣缴义务人是（　　）。

A. 非居民企业

B. 支付人

C. 税务机关

D. 付汇银行

［参考答案］B

［答案解析］对非居民企业取得《企业所得税法》第三条第三款规定的所得应缴纳的所得税，实行源泉扣缴，以支付人为扣缴义务人。税款由扣缴义务人在每次支付或者到期应支付时，从支付或者到期应支付的款项中扣缴。

11. 境外 M 公司在中国境内未设立机构、场所，2020 年向中国境内 A 企业提供借款，取得借款利息收入 30 万元，实际发生成本费用 9 万元；另向中国境内 B 企业转让设备一台，取得收入 100 万元，A 公司该资产账面净值为 30 万元。A 公司上述业务应当在中国缴纳企业所得税为（　　）万元。

A. 2.1

B. 3

C. 9.1

D. 13

［参考答案］B

［答案解析］根据《企业所得税法实施条例》第七条第（三）项规定，转让财产所得，不动产转让所得按照不动产所在地确定，动产转让所得按照转让动产的企业或者机构、场所所在地确定，权益性投资资产转让所得按照被投资企业所在地确定，因此转让机器设备不征税。第（五）项规定，利息所得、租金所得、特许权使用费所得，按照负担、支付所得的企业或者机构、场所所在地确定，或者按照负担、支付所得的个人的住所地确定，因此利息所得按照收入全额征税：100×10%＝10（万元）

12. 在中国境内未设立机构、场所的非居民企业取得来源于中国境内的担保费，应按（　　）所得缴纳企业所得税。

A. 转让财产所得

B. 利息所得

C. 租金所得

D. 特许权使用费

［参考答案］B

［答案解析］在中国境内未设立机构、场所的非居民企业取得来源于中国境内的担保费，按照利息所得规定的税率计算缴纳企业所得。

13. 关于源泉扣缴的政策规定，下列表述不正确的是（　　）。

A. 非居民企业拒绝代扣税款，扣缴义务人暂停支付款项并在1日之内向其主管税务机关报告并报送书面情况说明

B. 扣缴义务人未依法扣缴，非居民企业于到期应支付之日起7日内到所得发生地主管税务机关申报缴纳企业所得税

C. 股权转让交易双方为非居民企业且在境外交易，由被转让股权的境内企业向非居民企业征缴税款

D. 对非居民企业取得来源于中国境内租金应当缴纳的企业所得税实行源泉扣缴

［参考答案］C

［答案解析］股权转让交易双方为非居民企业且在境外交易的，由取得所

得的非居民企业自行或委托代理人向被转让股权的境内企业所在地主管税务机关申报纳税。被转让股权的境内企业应协助税务机关向非居民企业征缴税款。

二、多项选择题

1. 居民企业在境外设立不具有独立纳税地位的分支机构取得的各项境外所得，下列各项中，说法不正确的有（　　）。

A. 作出利润分配决定的当天计入该居民企业应纳税所得额

B. 收到分配利润的当天计入该居民企业应纳税所得额

C. 汇回中国境内的当天计入该居民企业应纳税所得额

D. 均应计入该企业所属纳税年度的境外应纳税所得额

E. 均不应计入该企业所属纳税年度的境外应纳税所得额

[参考答案] ABCE

[答案解析] 根据《财政部　国家税务总局关于企业境外所得税收抵免有关问题的通知》(财税〔2009〕125 号) 第三条“企业应就其按照实施条例第七条规定确定的中国境外所得（境外税前所得），按以下规定计算实施条例第七十八条规定的境外应纳税所得额”中第（一）项规定，居民企业在境外投资设立不具有独立纳税地位的分支机构，其来源于境外的所得，以境外收入总额扣除与取得境外收入有关的各项合理支出后的余额为应纳税所得额。各项收入、支出按企业所得税法及实施条例的有关规定确定。

居民企业在境外设立不具有独立纳税地位的分支机构取得的各项境外所得，无论是否汇回中国境内，均应计入该企业所属纳税年度的境外应纳税所得额。

2. 以下选项中可由税务机关指定支付人作为企业所得税扣缴义务人的情形有（　　）。

A. 香港公司向北京子公司收取的股息

B. 美国公司向上海公司收取商标许可费

C. 韩国公司向广州公司收取贷款担保费

D. 日本公司派员在重庆举办培训班课酬

E. 英国公司为天津公司提供工程作业服务

[参考答案] DE

[答案解析] 根据《企业所得税法》第三十八条规定，对非居民企业在中国境内取得工程作业和劳务所得应缴纳的所得税，税务机关可以指定工程价款或者劳务费的支付人为扣缴义务人。

3. 以下项目中，非居民企业在中国境内未设立机构、场所而来源于中国境内的所得有（　　）。

A. 德国公司到大连公司提供设备维修服务费

B. 韩国公司从其投资的中国企业取得股息

C. 香港公司在内地举办演出取得的收入

D. 美国公司为中国企业在美国提供市场调研收取服务费

E. 发生在泰国但与其长沙分公司有实际联系的所得

[参考答案] ABCE

[答案解析] 根据《企业所得税法》第三条规定，居民企业应当就其来源于中国境内、境外的所得缴纳企业所得税。非居民企业在中国境内设立机构、场所的，应当就其所设机构、场所取得的来源于中国境内的所得，以及发生在中国境外但与其所设机构、场所有实际联系的所得，缴纳企业所得税。非居民企业在中国境内未设立机构、场所的，或者虽设立机构、场所但取得的所得与其所设机构、场所没有实际联系的，应当就其来源于中国境内的所得缴纳企业所得税。

4. 非居民企业依照企业所得税法计算的下列应纳税所得额正确的有（　　）。

A. 利息所得以收入全额为应纳税所得额

B. 租金所得以收入全额为应纳税所得额

C. 其他所得以收入全额为应纳税所得额

D. 转让财产所得以收入全额为应纳税所得额

E. 特许权使用费以收入全额为应纳税所得额

[参考答案] ABE

[答案解析] 根据《国家税务总局关于印发〈非居民企业所得税源泉扣缴管理暂行办法〉的通知》（国税发〔2009〕3号）规定，应纳税所得额是指依照企业所得税法第十九条规定计算的下列应纳税所得额：（1）股息、红利等权益性投资收益和利息、租金、特许权使用费所得，以收入全额为应纳税所得

额，不得扣除税法规定之外的税费支出。(2) 转让财产所得，以收入全额减除财产净值后的余额为应纳税所得额。(3) 其他所得，参照前两项规定的方法计算应纳税所得额。

5. 外国企业常驻代表机构按经费支出换算收入核定应纳税所得额的，其换算收入的经费支出额包括（　　）。

A. 搬迁装修费支出

B. 购置固定资产支出

C. 招待交际应酬费

D. 公益救济性质捐赠

E. 利息收入冲抵经费支出额

[参考答案] ABC

[答案解析] 根据《国家税务总局关于印发〈外国企业常驻代表机构税收管理暂行办法〉的通知》(国税发〔2010〕18 号) 规定，代表机构的经费支出额包括在中国境内、外支付给工作人员的工资薪金、奖金、津贴、福利费、物品采购费（包括汽车、办公设备等固定资产）、通讯费、差旅费、房租、设备租赁费、交通费、交际费、其他费用等。(1) 购置固定资产所发生的支出，以及代表机构设立时或者搬迁等原因所发生的装修费支出，应在发生时一次性作为经费支出额换算收入计税。(2) 利息收入不得冲抵经费支出额；发生的交际应酬费，以实际发生数额计入经费支出额。(3) 以货币形式用于我国境内的公益、救济性质的捐赠、滞纳金、罚款，以及为其总机构垫付的不属于其自身业务活动所发生的费用，不应作为代表机构的经费支出额。(4) 其他费用包括：为总机构从中国境内购买样品所支付的样品费和运输费用；国外样品运往中国发生的中国境内的仓储费用、报关费用；总机构人员来华访问聘用翻译的费用；总机构为中国某个项目投标由代表机构支付的购买标书的费用；等等。

6. 非居民企业在中国境内设立的机构、场所包括（　　）。

A. 勘探工程作业场所

B. 开采自然资源场所

C. 腾讯会议直播间

D. ZOOM MEETING

E. 安装工程作业场所

［参考答案］ABE

［答案解析］根据《企业所得税法实施条例》第五条规定，非居民企业在中国境内设立的机构、场所包括管理机构、营业机构、办事机构；工厂、农场、开采自然资源的场所；提供劳务的场所；从事建筑、安装、装配、修理、勘探等工程作业的场所。

7. 对于确定非居民企业来源于中国境内境外的所得，以下描述正确的有（　　）。

A. 提供劳务所得按照劳务发生地确定

B. 股息所得按照分配所得的企业所在地确定

C. 不动产转让按照转让不动产机构所在地确定

D. 利息所得按照支付所得的企业所在地确定

E. 红利所得按照取得所得的个人住所地确定

［参考答案］ABCD

［答案解析］根据《企业所得税法实施条例》第七条规定，提供劳务所得，按照劳务发生地确定；股息所得按照分配所得的企业所在地确定；不动产转让所得按照转让不动产的企业或者机构所在地确定；利息所得按照负担、支付所得的企业或者机构、场所所在地确定，或者按照负担、支付所得的个人的住所地确定。

8. 某新加坡企业从其投资的中国企业取得股息所得，以下有关股息企业所得税处理正确的有（　　）。

A. 免征企业所得税

B. 按25%税率征收企业所得税

C. 按20%税率征收企业所得税

D. 按10%税率征收企业所得税

E. 按5%税收协定税率征收企业所得税

［参考答案］CDE

［答案解析］根据企业所得税法及中国新加坡税收协定，2008年前的股息免征企业所得税；股息按20%税率征收企业所得税；股息按5%税收协定税率征收企业所得税；股息按10%税率征收企业所得税。

9. 2021年对境外投资者从中国境内居民企业分配的利润用于境内直接投

资非禁止外商投资的项目和领域所得税处理不正确的有（　　）。

A. 暂不征收预提所得税

B. 按25%税率征收预提所得税

C. 按20%税率征收企业所得税

D. 按10%税率征收企业所得税

E. 按5%税收协定税率征收企业所得税

［参考答案］ BCDE

［答案解析］ 根据《财政部　国家发展和改革委员会　国家税务总局　商务部关于扩大境外投资者以分配利润直接投资暂不征收预提所得税政策适用范围的通知》（财税〔2018〕102号）规定，自2018年1月1日起，对境外投资者从中国境内居民企业分配的利润，用于境内直接投资暂不征收预提所得税政策的适用范围，由外商投资鼓励类项目扩大至所有非禁止外商投资的项目和领域。

10. 跨国纳税人来自非居住国的其他所得包括（　　）。

A. 股息所得

B. 利息所得

C. 财产所得

D. 遗产继承所得

E. 不动产出租出售所得

［参考答案］ CDE

［答案解析］ 跨国纳税人来自非居住国的其他所得主要包括财产所得、遗产继承所得、不动产出租出售所得。

三、判断题

1. 因担保合同或法律规定原因由第三方保证人或担保人向境外非居民企业支付相关款项的，仍由被保证人、被担保人承担非居民企业所得税扣缴义务。（　　）

［参考答案］ 正确

［答案解析］ 根据《国家税务总局关于非居民企业所得税源泉扣缴有关问题的公告》（国家税务总局公告2017年第37号）规定，企业所得税法实施条

例第一百零四条规定的支付人自行委托代理人或指定其他第三方代为支付相关款项，或者因担保合同或法律规定等原因由第三方保证人或担保人支付相关款项的，仍由委托人、指定人或被保证人、被担保人承担扣缴义务。

2. 非居民企业出租位于中国境内的房屋、建筑物等不动产，并委托中国境内其他个人对上述不动产进行日常管理的，以其取得的租金收入全额计算缴纳企业所得税，由中国境内的承租人在每次支付或到期应支付时代扣代缴。

( )

[参考答案] 错误

[答案解析] 根据《国家税务总局关于非居民企业所得税管理若干问题的公告》（国家税务总局公告2011年第24号）第四条第二款规定，非居民企业出租位于中国境内的房屋、建筑物等不动产，对未在中国境内设立机构、场所进行日常管理的，以其取得的租金收入全额计算缴纳企业所得税，由中国境内的承租人在每次支付或到期应支付时代扣代缴。如果非居民企业委派人员在中国境内或者委托中国境内其他单位或个人对上述不动产进行日常管理的，应视为其在中国境内设立机构、场所，非居民企业应在税法规定的期限内自行申报缴纳企业所得税。

3. 不具有法人资格的中外合作办学机构，以及中外合作办学项目中开展教育教学活动的场所，在任何12个月中连续或累计超过6个月的劳务活动构成常设机构。 ( )

[参考答案] 错误

[答案解析] 根据《国家税务总局关于税收协定执行若干问题的公告》（国家税务总局公告2018年第11号）规定，不具有法人资格的中外合作办学机构，以及中外合作办学项目中开展教育教学活动的场所构成税收协定缔约对方居民在中国的常设机构。常设机构条款中关于劳务活动构成常设机构的表述为“在任何十二个月中连续或累计超过六个月”的，按照“在任何十二个月中连续或累计超过183天”的表述执行。

4. 扣缴义务人在每次向非居民企业支付或者到期应支付来源于中国境内的股息、红利等权益性投资收益和利息、租金、特许权使用费所得、转让财产所得以及其他所得时，应从支付或者到期应支付的款项中扣缴企业所得税。

( )

[参考答案] 正确

[答案解析] 根据《国家税务总局关于印发〈非居民企业所得税源泉扣缴管理暂行办法〉的通知》(国税发〔2009〕3号)规定，扣缴义务人在每次向非居民企业支付或者到期应支付本办法第三条规定的所得时，应从支付或者到期应支付的款项中扣缴企业所得税。第三条规定，对非居民企业取得来源于中国境内的股息、红利等权益性投资收益和利息、租金、特许权使用费所得、转让财产所得以及其他所得应当缴纳的企业所得税，实行源泉扣缴，以依照有关法律规定或者合同约定对非居民企业直接负有支付相关款项义务的单位或者个人为扣缴义务人。

5. 非居民企业在中国境内设立的机构场所，取得发生在中国境外但与该机构场所有实际联系的应税所得，其在境外缴纳的所得税额，可在其计算当期应纳税额时抵免。 ( )

[参考答案] 正确

[答案解析] 根据《企业所得税法》第二十三条规定，企业取得的下列所得已在境外缴纳的所得税税额，可以从其当期应纳税额中抵免，抵免限额为该项所得依照本法规定计算的应纳税额；超过抵免限额的部分，可以在以后五个年度内，用每年度抵免限额抵免当年应抵税额后的余额进行抵补：(1) 居民企业来源于中国境外的应税所得；(2) 非居民企业在中国境内设立机构、场所，取得发生在中国境外但与该机构、场所有实际联系的应税所得。

6. 非居民企业取得股息、红利等权益性投资收益的，相关应纳税款扣缴义务发生之日为股息、红利等权益性投资收益实际支付之日。 ( )

[参考答案] 正确

[答案解析] 根据《国家税务总局关于非居民企业所得税源泉扣缴有关问题的公告》(国家税务总局公告2017年第37号)规定，非居民企业取得应源泉扣缴的所得为股息、红利等权益性投资收益的，相关应纳税款扣缴义务发生之日为股息、红利等权益性投资收益实际支付之日。

第六章　特别纳税调整

一、单项选择题

1. 以下可以适用于所有类型关联交易的是（　　）。

A. 交易净利润法

B. 再销售价格法

C. 成本加成法

D. 可比非受控价格法

[参考答案] D

[答案解析] 根据国家税务总局关于发布《特别纳税调查调整及相互协商程序管理办法》的公告（国家税务总局公告2017年第6号）的规定，可比非受控价格法以非关联方之间进行的与关联交易相同或者类似业务活动所收取的价格作为关联交易的公平成交价格。可比非受控价格法可以适用于所有类型的关联交易。

2. 税务机关对企业发生特别纳税调整发生交易补征的企业所得税按日加收利息，企业在《特别纳税调查调整通知书》送达前缴纳或送达后补缴税款的，应当计算加收利息的起止时间为自税款所属纳税年度的次年（　　）。

A. 3月1日起至缴纳或补缴税款之日止

B. 4月1日起至缴纳或补缴税款之日止

C. 5月1日起至缴纳或补缴税款之日止

D. 6月1日起至缴纳或补缴税款之日止

［参考答案］ D

［答案解析］ 根据国家税务总局关于发布《特别纳税调查调整及相互协商程序管理办法》的公告（国家税务总局公告2017年第6号）规定，企业在《特别纳税调查调整通知书》送达前缴纳或者送达后补缴税款的，应当自税款所属纳税年度的次年6月1日起至缴纳或者补缴税款之日止计算加收利息。企业超过《特别纳税调查调整通知书》补缴税款期限仍未缴纳税款的，应当自补缴税款期限届满次日起按照税收征管法及其实施细则的有关规定加收滞纳金，在加收滞纳金期间不再加收利息。

3. A公司对B公司持有40%的股份，B公司对C公司持有60%的股份，则A公司对C公司的持股比例为（　　）。

A. 0

B. 21%

C. 40%

D. 60%

［参考答案］ D

［答案解析］ 根据《国家税务总局关于完善关联申报和同期资料管理有关事项的公告》（国家税务总局公告2016年第42号）规定，如果一方通过中间方对另一方间接持有股份，只要其对中间方持股比例达到25%以上，则其对另一方的持股比例按照中间方对另一方的持股比例计算。

4. 中国企业A在新加坡设立关联企业B，新加坡的企业所得税税率为20%，A企业向新加坡关联企业B销售货物时故意压低价格达到避税目的，则该种避税方法为（　　）。

A. 通过资金货物流动避税

B. 利用避税地避税

C. 利用转让定价避税

D. 不合理保留利润避税

［参考答案］ C

［答案解析］ 根据国家税务总局关于发布《特别纳税调查调整及相互协商程序管理办法》的公告（国家税务总局公告2017年第6号）规定，转让定价是指企业与其关联方之间的业务往来（简称关联交易）是否符合独立交易

原则。

5. 某外商投资企业自行申报以100万元从境外甲公司（关联企业）购入一批产品，又将这批产品以50万元转售给乙公司（非关联企业）。假定该公司的销售毛利率为20%，按再销售价格法计算，此次销售业务应缴纳的企业所得税为（　　）元。

A. 10 000

B. 12 500

C. 15 000

D. 25 000

[**参考答案**] D

[**答案解析**] 公平成交价格 = 再销售给非关联方的价格 ×（1 - 可比非关联交易毛利率）= 50 ×（1 - 20%）= 40（万元）

（50 - 40）× 25% = 25 000（元）

6. 企业从其关联方接受的债权性投资与权益性投资的比例超过规定标准而发生的，不得在计算应纳税所得额时扣除的是（　　）。

A. 损失

B. 利息

C. 成本

D. 费用

[**参考答案**] B

[**答案解析**] 根据《企业所得税法》第四十六条规定，企业从其关联方接受的债权性投资与权益性投资的比例超过规定标准而发生的利息支出，不得在计算应纳税所得额时扣除。

7. 主管税务机关实施一般反避税调查时，应当向被调查企业送达的文书是（　　）。

A. 税务检查证

B. 税务检查通知书

C. 一般反避税调查公告

D. 一般反避税调查告知书

[**参考答案**] B

[答案解析] 根据《一般反避税管理办法（试行）》（国家税务总局令第32号）的规定，主管税务机关实施一般反避税调查时，应当向被调查企业送达《税务检查通知书》。

8. 香港地区居民无论是企业还是个人从内地取得的利息收入，在内地缴纳利息所得税的税率是（　　）。

A. 5%

B. 7%

C. 10%

D. 15%

[参考答案] B

[答案解析] 根据《内地和香港特别行政区关于对所得避免双重征税和防止偷漏税的安排》规定，香港特区居民无论是企业还是个人从内地取得的利息收入，按7%在内地缴纳利息所得税。

9. 如果两国在判定法人居民身份时发生冲突，则认定其最终居民身份的依据为（　　）。

A. 注册地标准

B. 常设机构标准

C. 选举权控制标准

D. 实际管理机构所在地标准

[参考答案] D

[答案解析] 根据《经合组织范本》和《联合国协定范本》两大范本精神，如果两国在判定法人居民身份时发生冲突，以实际管理机构所在地标准认定其最终居民身份。

10. 税收抵免方法中的间接抵免适用于（　　）。

A. 母子公司之间

B. 总分机构之间

C. 民营公司之间

D. 独立公司之间

[参考答案] A

[答案解析] 根据《关于企业境外所得税收抵免有关问题的通知》（财税

〔2009〕125 号)，税收抵免方法中的间接抵免适用于母子公司。

11. 税务机关实施特别纳税调查，应当重点关注的风险企业特征为(　　)。

A. 同行业利润水平

B. 短期跳跃性盈利

C. 关联交易类型多

D. 对利润不作分配

[参考答案] C

[答案解析] 根据国家税务总局关于发布《特别纳税调查调整及相互协商程序管理办法》的公告（国家税务总局公告 2017 年第 6 号）第四条规定，“税务机关实施特别纳税调查，应当重点关注具有以下风险特征的企业：（一）关联交易金额较大或者类型较多；（二）存在长期亏损、微利或者跳跃性盈利；（三）低于同行业利润水平；（四）利润水平与其所承担的功能风险不相匹配，或者分享的收益与分摊的成本不相配比；（五）与低税国家（地区）关联方发生关联交易；（六）未按照规定进行关联申报或者准备同期资料；（七）从其关联方接受的债权性投资与权益性投资的比例超过规定标准；（八）由居民企业，或者由居民企业和中国居民控制的设立在实际税负低于 12.5% 的国家（地区）的企业，并非由于合理的经营需要而对利润不作分配或者减少分配。”

12. 税务机关实施特别纳税调查，应当重点关注的风险特征企业为(　　)。

A. 非居民

B. 税收难民

C. 临时移民

D. 税收流亡

[参考答案] D

[答案解析] 根据税制理论研究等参考资料，税收流亡指跨国纳税人纯粹为了躲避高税而将自己的财政住所真正迁移，或者跨国纳税人将自己的财政住所虚假迁移的一种居所转移现象。其目的是跨国纳税人最大限度地减轻自己的纳税义务，但又不会导致违反各国税法规定遭受处罚。

13. 主管税务机关实施一般反避税调查时，被调查企业认为其安排不属于避税安排的，应当自收到《税务检查通知书》之日起提供资料的时间为（　　）。

A. 30 日

B. 60 日

C. 90 日

D. 180 日

［参考答案］B

［答案解析］根据《一般反避税管理办法（试行）》（国家税务总局令第 32 号）规定，主管税务机关实施一般反避税调查时，应当向被调查企业送达《税务检查通知书》。被调查企业认为其安排不属于本办法所称避税安排的，应当自收到《税务检查通知书》之日起 60 日内提供资料。

14. 税收协定的受益人为（　　）。

A. 缔约国政府

B. 缔约国居民

C. 缔约国非居民

D. 缔约国税务局

［参考答案］B

［答案解析］根据税收协定的相关规定，税收协定的受益人为缔约国居民。

15. 税收饶让抵免实际上抵免的是（　　）。

A. 国际双重征税部分

B. 跨国纳税人的部分

C. 来源国的其他税负

D. 跨国纳税人实际已交部分

［参考答案］C

［答案解析］根据税制理论研究等参考资料，税收饶让指居住国政府对其居民在国外得到减免税优惠的那一部分，视同已经缴纳，同样给予税收抵免待遇不再按居住国税法规定的税率予以补征。税收饶让抵免实际上抵免的是来源国的其他税负。

16. 目前，税收国际协调与合作最主要也是最基本的方式为（　　）。

A. 协定模式

B. 一体化模式

C. 双边模式

D. 多边模式

[**参考答案**] C

[**答案解析**] 根据税制理论研究等参考资料，目前税收国际协调与合作最主要也是最基本的方式是双边模式。

17. 免除国际双重征税的最佳方法为（ ）。

A. 减免法

B. 扣除法

C. 免税法

D. 抵免法

[**参考答案**] D

[**答案解析**] 根据税制理论研究等参考资料，免除国际双重征税的最佳方法为抵免法。

18. 企业向境外关联方支付费用不符合独立交易原则的，税务机关可以在该业务发生的纳税年度起的一定年限内实施特别纳税调整，该规定的年限为（ ）。

A. 3 年

B. 5 年

C. 10 年

D. 20 年

[**参考答案**] C

[**答案解析**] 根据企业所得税法及相关规定，企业向境外关联方支付费用不符合独立交易原则的，税务机关可以在该业务发生的纳税年度起 10 年内，实施特别纳税调整。

19. 外国企业常驻代表机构的核定利润率为（ ）。

A. 不应低于 10%

B. 不应低于 15%

C. 不应低于 20%

D. 不应低于 25%

［参考答案］B

［答案解析］根据国家税务总局关于印发《外国企业常驻代表机构税收管理暂行办法》（国税发〔2010〕18号）的规定，代表机构的核定利润率不应低于15%。

20. 对发展中国家较为有利的税收协定范本为（　　）。

A.《经合组织范本》

B.《关税与关贸总协定》

C.《联合国范本》

D.《维也纳外交关系公约》

［参考答案］C

［答案解析］《联合国范本》是对发展中国家较为有利的税收协定范本。

21. 跨国自然人转移或避免其高税国税负以及摆脱公司管辖权制约的唯一途径为（　　）。

A. 逃往国外

B. 宣告死亡

C. 争取双重国籍

D. 放弃原国际获得别国国籍

［参考答案］D

［答案解析］根据税制理论研究等参考资料，放弃原国籍获得别国国籍是跨国自然人想转移或避免其高税国税负，摆脱公司管辖权制约的唯一途径。

22. 当居住国税率高于来源国税率时，采用免税法的结果是（　　）。

A. 实际免除税额小于应免除的国内应纳税额

B. 实际免除税额等于应免除的国内应纳税额

C. 实际免除税额大于应免除的国内应纳税额

D. 应当根据居住国和来源国具体情况判断

［参考答案］B

［答案解析］根据税制理论研究等参考资料，当居住国税率高于来源国税率的情况下，采用免税法的结果是实际免除的税额等于应免除的国内应纳税额。

23. 在双边或多边的诸多反避税措施中，最为突出的反避税措施为（　　）。

A. 防止滥用税收协定

B. 强调反运用避税港

C. 同步调查与同步审计

D. 反避税港及避税天堂

[参考答案] A

[答案解析] 根据税制理论研究等参考资料，防止滥用税收协定是在双边或多边的反避税措施中最突出的。

24. 我国采用的企业所得税抵免限额为（　　）。

A. 综合分项限额

B. 不分国分项限额

C. 分国不分项限额

D. 既分国也分项限额

[参考答案] C

[答案解析] 根据我国《企业所得税法》规定，在企业所得税抵免上采用分国不分项限额。

25. 对于同时具有两个国家居民身份的跨国自然人的判断，税收协定中所规定的顺序标准，首位标准是（　　）。

A. 自然人国籍

B. 习惯性居所

C. 永久性居所

D. 重要利益中心

[参考答案] C

[答案解析] 永久性居所是对于同时具有两个国家居民身份的跨国自然人在税收协定中所规定的顺序标准中的首位标准的判断。

26. 下列选项中属于纯国际避税地的是（　　）。

A. 中国香港特区

B. 瑞士

C. 百慕大

D. 巴拿马

[参考答案] C

［答案解析］百慕大属于纯国际避税地。不征收任何所得税的国家和地区，如巴哈马共和国、百慕大群岛、开曼群岛以及瑙鲁；征收所得税但是税率较低的国家和地区，如瑞士、列支敦士登、海峡群岛；所得税课征仅实行地域管辖权的国家和地区，如中国香港特区、巴拿马、塞浦路斯等；对国内一般公司征收正常的所得税，如卢森堡、荷属安第列斯等；与其他国家签订有大量税收协定的国家，根据国际税收协定，缔约国双方要分别向对方国家的居民提供一定的税收优惠，主要是预提所得方面的税收优惠，如荷兰。

27. 在国际税收实践中，处于优先地位的税收管辖权为（　　）。

A. 居民税收管辖权

B. 来源地税收管辖权

C. 公民税收管辖权

D. 居民和公民税收管辖权

［参考答案］B

［答案解析］在国际税收实践中，处于优先地位的税收管辖权为来源地税收管辖权。

28. 一个国家以地域的概念作为其行使征税权利所遵循的指导思想原则被称为（　　）。

A. 国籍原则

B. 领土原则

C. 属地原则

D. 属人原则

［参考答案］C

［答案解析］国家以地域的概念作为其行使征税权利所遵循的指导思想原则被称为属地原则。

29. 我国对外签谈国际税收协定时居首位的原则是（　　）。

A. 税收饶让原则

B. 维护所得来源地征税权的原则

C. 平等待遇的原则

D. 所得来源地和居住地共享征税权的原则

［参考答案］B

［答案解析］我国是发展中国家，我国对外签谈国际税收协定时居首位的原则是坚持维护所得来源地征税权的原则，维护我国税收的主权。

30. 在进行特别纳税调整时，税务机关采用按照纳税人从关联方购进商品再销售给没有关联关系的交易方的价格，减除相同或者类似业务的销售毛利进行定价的方法。这一方法被称为（　　）。

A. 可比非受控价格法

B. 成本加成法

C. 再销售价格法

D. 交易净利润法

［参考答案］C

［答案解析］根据《企业所得税法实施条例》规定，再销售价格法是指按照从关联方购进商品再销售给没有关联关系的交易方的价格，减除相同或者类似业务的销售毛利进行定价的方法。

31. 应当准备本地文档的企业，年度关联交易金额为（　　）。

A. 有形资产所有权转让金额超过 2 亿元

B. 金融资产转让金额超过 2 亿元

C. 无形资产所有权转让金额超过 2 亿元

D. 其他关联交易金额合计超过 2 亿元

［参考答案］A

［答案解析］根据《国家税务总局关于完善关联申报和同期资料管理有关事项的公告》（国家税务总局公告 2016 年第 42 号）规定，有形资产所有权转让金额超过 2 亿元的企业，应当准备本地文档。

32. 企业因接受下列劳务而向境外关联方支付的费用，在计算企业应纳税所得额时可以扣除的是（　　）。

A. 与企业承担功能风险无关的劳务活动

B. 关联方提供企业已经自行实施的劳务活动

C. 已经在其他关联交易中获得补偿的劳务活动

D. 能够使企业获得直接或间接经济利益的劳务

［参考答案］D

［答案解析］根据《国家税务总局关于企业向境外关联方支付费用有关企

业所得税问题的公告》（国家税务总局公告 2015 年第 16 号）规定，企业因接受境外关联方提供劳务而支付费用，该劳务应当能够使企业获得直接或者间接经济利益。

33. 下列国家中，同时采用注册地标准、管理机构所在地标准和选举权控制标准来判定法人居民身份的国家是（　　）。

A. 新加坡

B. 澳大利亚

C. 墨西哥

D. 爱尔兰

[参考答案] B

[答案解析] 根据税制理论研究等参考资料，澳大利亚是同时采用注册地标准、管理机构所在地标准和选举权控制标准来判定法人居民身份的国家。

34. 甲国的母公司把一批产品以 50 万美元的转让价格销售给乙国子公司，乙国子公司再以 60 万美元的市场价格在当地销售出去。乙国当地无关联企业同类产品的销售毛利率是 10%，甲国当地无关联企业同类产品的销售毛利率是 15%，按照再销售价格法，甲国税务部门应把母公司的销售价格调整为（　　）万美元。

A. 42.5

B. 45

C. 51

D. 54

[参考答案] D

[答案解析] 公平成交价格 = 再销售给非关联方的价格 ×（1 - 可比非关联交易毛利率）= 60 ×（1 - 10%）= 54（万美元）

35. 目前，世界上唯一一个通过制定国内法规来防止税收协定被滥用的国家是（　　）。

A. 德国

B. 英国

C. 瑞士

D. 法国

[参考答案] C

[答案解析] 根据税制理论研究等参考资料，瑞士是目前世界上唯一一个通过制定国内法规来防止税收协定被滥用的国家。

36. 李氏家族成员共同持股A企业。其中李E与王F为夫妻，各持股5%；李G、李H和李I为亲兄弟姐妹，各持股5%；李L、李M为李E与王F之子女，分别持股1%。在判定关联关系时李氏家族持有A企业股权比例为（　　）。

A. 10%

B. 20%

C. 25%

D. 27%

[参考答案] D

[答案解析] 根据《国家税务总局关于完善关联申报和同期资料管理有关事项的公告》（国家税务总局公告2016年第42号）规定："企业与其他企业、组织或者个人具有下列关系之一的，构成本公告所称关联关系：（一）两个以上具有夫妻、直系血亲、兄弟姐妹以及其他抚养、赡养关系的自然人共同持股同一企业，在判定关联关系时持股比例合并计算。"

37. 一国与他国签订的国际税收协定一般只适用于缔约国一方或缔约国双方的是（　　）。

A. 国民

B. 公民

C. 人民

D. 税收居民

[参考答案] D

[答案解析] 一国与他国签订的国际税收协定一般只适用于缔约国一方或缔约国双方的税收居民。

38. 需要报送国别报告的跨国企业集团，其最终控股企业上一会计年度合并财务报表中的各类收入金额合计为（　　）亿元。

A. 超过7.5

B. 超过40

C. 超过55

D. 超过75

[参考答案] C

[答案解析] 根据国家税务总局《关于完善关联申报和同期资料管理有关事项的公告》(国家税务总局公告2016年第42号)的规定，存在下列情形之一的居民企业，应当在报送年度关联业务往来报告表时，填报国别报告：该居民企业为跨国企业集团的最终控股企业，且其上一会计年度合并财务报表中的各类收入金额合计超过55亿元。

39. 应当准备主体文档的企业条件为(　　)。

A. 年度关联交易总额超过2亿元

B. 年度关联交易总额超过7.5亿元

C. 年度关联交易总额超过10亿元

D. 年度关联交易总额超过15亿元

[参考答案] C

[答案解析] 根据国家税务总局《关于完善关联申报和同期资料管理有关事项的公告》(国家税务总局公告2016年第42号)的规定，年度关联交易总额超过10亿元的企业，应当准备主体文档。

40. 企业关联申报和同期资料本地文档和特殊事项文档应当在关联交易发生年度次年准备完毕的时间为(　　)。

A. 1月1日前

B. 5月31日前

C. 6月30日前

D. 12月31日前

[参考答案] C

[答案解析] 根据国家税务总局《关于完善关联申报和同期资料管理有关事项的公告》(国家税务总局公告2016年第42号)的规定，本地文档和特殊事项文档应当在关联交易发生年度次年6月30日之前准备完毕。

41. 由经济合作与发展组织起草的一个国际税收协定范本是(　　)。

A.《关税及贸易总协定》

B.《关于避免双重征税的协定范本》

C.《关于对所得和资本避免双重征税的协定范本》

D.《关于发达国家与发展中国家间避免双重征税的协定范本》

［参考答案］C

［答案解析］《关于对所得和资本避免双重征税的协定范本》是1963年由经济合作与发展组织起草的一个国际税收协定范本。

42. 由联合国税收协定专家小组起草的一个国际税收协定范本是（　　）。

A.《关税及贸易总协定》

B.《维也纳外交关系公约》

C.《关于对所得和资本避免双重征税的协定范本》

D.《关于发达国家与发展中国家间避免双重征税的协定范本》

［参考答案］D

［答案解析］《关于发达国家与发展中国家间避免双重征税的协定范本》是1968年由联合国税收协定专家小组起草的一个国际税收协定范本。

43. 预约定价安排执行期间，企业发生影响预约定价安排的实质性变化，应当书面报告主管税务机关，详细说明该变化对执行预约定价安排的影响，并附送相关资料。由于非主观原因而无法按期报告的，可以延期报告。书面报告主管税务机关及延长报告期限分别为（　　）。

A. 10日内，不超过30

B. 20日内，不超过20

C. 30日内，不超过20

D. 30日内，不超过30

［参考答案］D

［答案解析］根据《国家税务总局关于完善预约定价安排管理有关事项的公告》（国家税务总局公告2016年第64号）的规定，税务机关应当监控预约定价安排的执行情况。预约定价安排执行期间，企业发生影响预约定价安排的实质性变化，应当在发生变化之日起30日内书面报告主管税务机关，详细说明该变化对执行预约定价安排的影响，并附送相关资料。由于非主观原因而无法按期报告的，可以延期报告，但延长期限不得超过30日。

44. 适用于企业及其关联方均对利润创造具有独特贡献，业务高度整合且难以单独评估各方交易结果的关联交易转让定价方法是（　　）。

A. 再销售价格法

B. 成本加成法

C. 交易净利润法

D. 利润分割法

[参考答案] D

[答案解析] 根据《特别纳税调查调整及相互协商程序管理办法》(国家税务总局公告2017年第6号)的规定，利润分割法根据企业与其关联方对关联交易合并利润(实际或者预计)的贡献计算各自应当分配的利润额。利润分割法主要包括一般利润分割法和剩余利润分割法。一般利润分割法通常根据关联交易各方所执行的功能、承担的风险和使用的资产，采用符合独立交易原则的利润分割方式，确定各方应当取得的合理利润。

45. 适用于未对商品进行改变外形、性能、结构或者更换商标等实质性增值加工的简单加工或者单纯购销业务的转让定价方法是(　　)。

A. 成本加成法

B. 利润分割法

C. 交易净利润法

D. 再销售价格法

[参考答案] D

[答案解析] 根据《特别纳税调查调整及相互协商程序管理办法》(国家税务总局公告2017年第6号)的规定，再销售价格法一般适用于再销售者未对商品进行改变外形、性能、结构或者更换商标等实质性增值加工的简单加工或者单纯购销业务。

46. 转让定价方法中的成本加成法，其公平成交价格的计算公式为(　　)。

A. 关联交易的合理成本×(1+可比非关联交易成本加成率)

B. 关联交易的实际价格×(1+可比非关联交易成本加成率)

C. 关联交易的合理成本÷(1+可比非关联交易成本加成率)

D. 关联交易的实际价格÷(1+可比非关联交易成本加成率)

[参考答案] A

[答案解析] 根据《特别纳税调查调整及相互协商程序管理办法》(国家

税务总局公告2017年第6号）的规定，成本加成法以关联交易发生的合理成本加上可比非关联交易毛利后的金额作为关联交易的公平成交价格。其计算公式如下：公平成交价格 = 关联交易发生的合理成本 ×（1 + 可比非关联交易成本加成率）

47. 假设境内居民企业A公司拥有B公司比例达到50%，而B公司又拥有C公司60%，C公司又拥有D公司70%，D公司又拥有E公司（外国公司）80%，在判断受控外国企业时，我们可以推定A公司持有E公司股份为（　　）。

A. 50%

B. 60%

C. 70%

D. 80%

[参考答案] D

[答案解析] 判断是否受控时，中国居民股东多层间接持有股份的，股东持股比例按各层持股比例相乘计算，中间层持股超过50%的，按照100%计算。我们可以推定A公司持有E公司股份80%，E公司为A公司的受控外国公司，达到受控标准。

48. 下列国家（地区）和我国税收协定（安排）中，企业取得股息所得的优惠税率不正确的是（　　）。

A. 内地和香港地区税收安排5%

B. 中新协定5%

C. 中美协定5%

D. 中韩协定5%

[参考答案] C

[答案解析] 中美协定中，企业取得股息所得的优惠税率是10%。

49. 税务机关对转让定价纳税调整企业实施跟踪管理的期限为（　　）年。

A. 2

B. 3

C. 5

D. 10

［参考答案］C

［答案解析］税务机关对转让定价纳税调整企业实施跟踪管理的期限为5年。

50. 赵先生是中国香港居民，其直接持有上海甲公司100%的股份。按照内地和香港特区的税收安排，赵先生取得股息适用的优惠税率为（　　）。

A. 5%

B. 7%

C. 10%

D. 15%

［参考答案］C

［答案解析］根据《内地和香港特别行政区关于对所得避免双重征税和防止偷漏税的安排》规定，一方居民公司支付给另一方居民的股息，可以在该另一方征税。然而，这些股息也可以在支付股息的公司是其居民的一方，按照该一方法律征税。但是，如果股息受益所有人是另一方的居民，则所征税款不应超过："（一）如果受益所有人是直接拥有支付股息公司至少25%资本的公司，为股息总额的5%；（二）在其他情况下，为股息总额的10%。"

51. 甲企业以单价100元/件的货物销售给关联方乙企业，而同样货物销售给非关联方企业的价格是150元/件，当地税务机关按150元/件价格调整其销售给乙企业的计税价格，这种转让定价的方法是（　　）。

A. 可比非受控价格法

B. 再销售价格法

C. 成本加成法

D. 交易净利润法

［参考答案］A

［答案解析］根据《企业所得税法实施条例》规定，企业所得税法所称合理方法，包括："（一）可比非受控价格法，是指按照没有关联关系的交易各方进行相同或者类似业务往来的价格进行定价的方法；（二）再销售价格法，是指按照从关联方购进商品再销售给没有关联关系的交易方的价格，减除相同或者类似业务的销售毛利进行定价的方法；（三）成本加成法，是指按照成本加合理的费用和利润进行定价的方法；（四）交易净利润法，是指按照没有关联

关系的交易各方进行相同或者类似业务往来取得的净利润水平确定利润的方法；（五）利润分割法，是指将企业与其关联方的合并利润或者亏损在各方之间采用合理标准进行分配的方法；（六）其他符合独立交易原则的方法。”

二、多项选择题

1. 跨国纳税人来自非居住国的其他所得包括（　　）。

A. 股息所得

B. 利息所得

C. 财产所得

D. 遗产继承所得

E. 不动产出租出售所得

［参考答案］CDE

［答案解析］跨国纳税人来自非居住国的其他所得主要包括财产所得、遗产继承所得、不动产出租出售所得。

2. 在使用交易净利润时，可使用的利润率指标包括（　　）。

A. 资产收益率

B. 销售利润率

C. 完全成本加成率

D. 贝里比率

E. 成本利润率

［参考答案］ABCD

［答案解析］交易净利润采用的利润率指标主要包括：资产收益率、销售利润率、完全成本加成率、贝里比率。

3. 预约定价安排一般适用于同时满足以下条件的企业包括（　　）。

A. 年度发生关联交易金额 4 000 万元以上

B. 依法履行关联申报义务

C. 按规定准备保存和提供同期资料

D. 近 10 年内没有发生避税行为

E. 年度发生跨国关联交易行为

［参考答案］ABC

[答案解析] 预约定价安排一般适用于同时满足年度发生的关联交易金额在4 000万元以上、依法履行关联申报义务、按规定准备保存和提供同期资料条件的企业。

4. 受控外国企业需同时具备的要素包括（　　）。

A. 中国居民企业在外国设立并控制的外国企业

B. 设在企业所得税实际税负低于12.5%的国家的外国企业

C. 非出于合理经营需要对利润不作分配的外国企业

D. 设在企业所得税实际税负高于25%的国家的外国企业

E. 非居民企业在中国的代理人或多次替非居民订立合同者

[参考答案] ABC

[答案解析] 受控外国企业构成的三个要素主要是：中国居民企业在外国设立并控制的外国企业；设在企业所得税实际税负低于12.5%的国家的外国企业；非出于合理经营需要对利润不作分配的外国企业。

5. 2020年税务机关反避税适用的法律包括（　　）。

A. 我国政府与有关国家（地区）政府签署的避免双重征税协定（安排）中联属企业等条款规定

B.《中华人民共和国个人所得税法》

C.《中华人民共和国税收征收管理法》

D.《中华人民共和国企业所得税法》

E.《中华人民共和国增值税条例》

[参考答案] ABCD

[答案解析]《中华人民共和国增值税条例》尚未上升到法律，且不属于反避税的主要税种。

6. 关联企业间关联交易中的有形资产的购销、转让和使用业务包括（　　）。

A. 房屋建筑物的购销

B. 机器设备的购销

C. 专利使用权的提供

D. 土地使用权的提供

E. 房屋的租赁业务

［参考答案］ABE

［答案解析］关联交易中的有形资产的购销、转让和使用，包括关联企业间房屋建筑物的购销、机器设备的购销、房屋的租赁业务。关联交易中的无形资产的转让和使用，包括关联企业间的土地使用权的提供、专利使用权的提供、商业秘密的所有权转让等业务。

7. 关联企业间关联交易中的提供劳务包括（　　）。

A. 市场调查

B. 技术服务

C. 维修

D. 会计事务

E. 设备租赁

［参考答案］ABCD

［答案解析］关联交易劳务主要包括关联企业间的市场调查、技术服务、维修、会计事务等。

8. “走出去”企业境外所得已在境外缴纳的所得税额，可以从当期应纳税额中予以抵免，企业应当提供所在国相关证明材料包括（　　）。

A. 完税凭证

B. 已纳税证明

C. 减免税证明

D. 企业法律身份证明

E. 境外税务登记证明

［参考答案］ABC

［答案解析］“走出去”企业境外所得已在境外缴纳的所得税额，可以从当期应纳税额中予以抵免，企业应当提供所在国的完税凭证、已纳税证明、减免税证明等资料。

9. 税收协定可以有效保障我国“走出去”企业的合法税收权益，具体包括（　　）。

A. 提高在国（境）外的纳税起点

B. 享受减免税或不征税待遇

C. 享受税收饶让抵免待遇

D. 享受税收非歧视待遇

E. 享受税收超国民待遇

[参考答案] ABCD

[答案解析] 无税收超国民待遇之说，其他各项均包括在内。

10. 缔约国一方企业在缔约国另一方设立的准备性或辅助性的固定场所，不能被认定为常设机构的有（　　）。

A. 仅由于仓储目的

B. 仅由于展览目的

C. 仅由于采购目的

D. 仅由于销售目的

E. 仅由于信息收集目的

[参考答案] ABCE

[答案解析] 缔约国一方企业在缔约国另一方仅由于仓储、展览、采购、信息收集等目的而设立的准备性或辅助性的固定场所，不能被认定为常设机构。

11. 企业的下列收入属于免税收入的有（　　）。

A. 国债利息收入

B. 符合条件的居民企业之间的股息、红利等权益性投资收益

C. 在中国境内设立机构、场所的居民企业从非居民企业取得与该机构、场所有实际联系的股息、红利等权益性投资收益

D. 符合条件的非营利组织的收入

E. 国债处置收益

[参考答案] ABD

[答案解析] 免税收入主要包括国债利息收入、符合条件的居民企业之间的股息、红利等权益性投资收益、符合条件的非营利组织的收入等。

12. 目前，各国政府签订避免双重征税的国际税收协定的样板是（　　）。

A.《关于对所得和资本避免双重征税的协定范本》

B.《发达国家与发展中国家关于双重征税的协定范本》

C.《维也纳外交关系公约》

D.《关税及贸易总协定》

E.《维也纳领事关系公约》

[参考答案] AB

[答案解析] 目前，各国政府签订避免双重征税的国际税收协定的样板是《关于对所得和资本避免双重征税的协定范本》和《发达国家与发展中国家关于双重征税的协定范本》。

13. 确定跨国自然人居民身份的标准有（　　）。

A. 户籍标准

B. 法律标准

C. 注册地居先标准

D. 总机构所在地居先标准

E. 实际管理机构所在地居先标准

[参考答案] AB

[答案解析] 确定跨国自然人居民身份的标准有法律标准、户籍标准。

14. 对跨国纳税人取得的跨国资本利得处理方法包括（　　）。

A. 对跨国资本利得免税

B. 征收低税负的资本利得税

C. 合并在跨国超额所得内征税

D. 合并在跨国其他所得内征税

E. 合并在跨国一般经常性所得内征税

[参考答案] ABE

[答案解析] 各国税务当局对于跨国纳税人的跨国资本利得的处理方法包括征收低税负的资本利得税、对跨国资本利得免税、把跨国资本利得税合并在跨国纳税人的跨国一般经常性所得内征税。

15. 限制资本流动的法规内容包括（　　）。

A. 外汇管制法规

B. 关税相关法规

C. 流转税相关法规

D. 行为税相关法规

E. 防止自然人与法人进行财政性移动的税收法规

[参考答案] AE

［答案解析］限制资本流动的法规内容包括外汇管制法规和防止自然人与法人进行财政性移动的税收法规。

16. 我国对外税收协定中对法人双重居民身份判定的标准有（　　）。

A. 总机构所在地标准

B. 实际管理机构所在地标准

C. 遵循经合组织范本规定

D. 通过双方国家协商解决

E. 协商不能确定身份不享受协定待遇

［参考答案］ABDE

［答案解析］我国对外税收协定中对法人双重居民身份判定的标准包括总机构所在地标准、实际管理机构所在地标准、通过双方国家协商解决、协商后也不能确定身份时不享受协定待遇。

17. 经济合作与发展组织协调组织的税基侵蚀与利润转移（BEPS）包容性框架针对国际税收体系改革的双支柱方案包括（　　）。

A. 确保数字产业企业缴纳公平的税额

B. 确保大型跨国企业缴纳公平的税额

C. 设立全球最高公司税率管控财税竞争

D. 设立全球最低公司税率管控财税竞争

E. 设立全球平均公司税率管控财税竞争

［参考答案］BD

［答案解析］经济合作与发展组织协调组织的税基侵蚀与利润转移（BEPS）包容性框架方案中，“支柱一”是要确保包括数字产业在内的大型跨国企业在其所有实施商业活动并取得利润的市场缴纳公平的税额；“支柱二”则是通过设立全球最低公司税率来管控各国之间的财税竞争。

18. 企业虽不属于规定填报国别报告的范围，但其所属跨国企业集团按照其他国家有关规定应当准备国别报告，税务机关可以在实施特别纳税调查时要求企业提供国别报告的有（　　）。

A. 跨国企业集团未向任何国家提供国别报告

B. 跨国企业集团已向其他国家提供国别报告

C. 我国与该国尚未建立国别报告信息交换机制

D. 跨国企业集团国别报告实际未成功交换至我国

E. 跨国企业集团按规定不应当填报和提供国别报告

[参考答案] ABCD

[答案解析] 根据《国家税务总局关于完善关联申报和同期资料管理有关事项的公告》(国家税务总局公告2016年第42号)的规定，企业虽不属于本公告第五条规定填报国别报告的范围，但其所属跨国企业集团按照其他国家有关规定应当准备国别报告，且符合下列条件之一的，税务机关可以在实施特别纳税调查时要求企业提供国别报告：(1) 跨国企业集团未向任何国家提供国别报告。(2) 虽然跨国企业集团已向其他国家提供国别报告，但我国与该国尚未建立国别报告信息交换机制。(3) 虽然跨国企业集团已向其他国家提供国别报告，且我国与该国已建立国别报告信息交换机制，但国别报告实际未成功交换至我国。

19. 完善关联申报和同期资料管理有关事项中，跨国集团企业主体文档主要披露最终控股企业所属企业集团的全球业务整体情况，内容包括（　　）。

A. 组织架构

B. 企业集团业务

C. 固定资产

D. 融资活动

E. 财务与税务状况

[参考答案] ABDE

[答案解析] 根据《国家税务总局关于完善关联申报和同期资料管理有关事项的公告》(国家税务总局公告2016年第42号)的规定，主体文档主要披露最终控股企业所属企业集团的全球业务整体情况，包括以下内容：(1) 组织架构；(2) 企业集团业务；(3) 无形资产；(4) 融资活动；(5) 财务与税务状况。

20. 应当准备主体文档的集团企业包括（　　）。

A. 已由最终控股企业所属企业集团合并年度跨境关联交易财务报表

B. 年度境内关联交易总额5亿元

C. 年度境外关联交易总额10亿元

D. 年度境内外关联交易总额11亿元

E. 年度未发生跨境关联交易独立填报财务报表

[参考答案] ACD

[答案解析] 根据《国家税务总局关于完善关联申报和同期资料管理有关事项的公告》（国家税务总局公告2016年第42号）的规定，符合下列条件之一的企业，应当准备主体文档：（1）年度发生跨境关联交易，且合并该企业财务报表的最终控股企业所属企业集团已准备主体文档。（2）年度关联交易总额超过10亿元。

21. 年度关联交易金额符合条件应当准备本地文档的跨国企业有（　　）。

A. 有形资产所有权转让金额3亿元

B. 金融资产转让金额超过1.5亿元

C. 无形资产所有权转让金额2亿元

D. 其他关联交易金额合计3 000万元

E. 其他关联交易金额合计5 000万元

[参考答案] ABCE

[答案解析] 根据《国家税务总局关于完善关联申报和同期资料管理有关事项的公告》（国家税务总局公告2016年第42号）的规定，年度关联交易金额符合下列条件之一的企业，应当准备本地文档：（1）有形资产所有权转让金额（来料加工业务按照年度进出口报关价格计算）超过2亿元；（2）金融资产转让金额超过1亿元；无形资产所有权转让金额超过1亿元；（3）其他关联交易金额合计超过4 000万元。

22. 以下关于预约定价的表述正确的有（　　）。

A. 适用于企业年度关联交易金额4 000万元以上

B. 适用于企业年度关联交易金额3 000万元以下

C. 预约定价应该由企业率先启动程序

D. 预约定价的范围应该指向关联业务往来

E. 预约定价可以由税务机关申请发起启动

[参考答案] ACD

[答案解析] 预约定价是对传统治税理念的一次挑战；预约定价一般适用于年度关联交易金额4 000万元以上的企业；预约定价应该由企业率先启动程序；预约定价的范围应该指向关联业务往来。

23. 国际税收情报交换的内容包括（　　）。

A. 专项情报交换

B. 自动情报交换

C. 自发情报交换

D. 同期税务检查

E. 授权情报交换

［参考答案］ABCD

［答案解析］国际税收情报交换的类型包括：专项情报交换；自动情报交换；自发情报交换；同期税务检查，以及授权代表访问和行业范围情报交换等。

24. A企业占B企业股权比例15%，但仍被认定为关联关系的原因包括（　　）。

A. A企业半数以上高级管理人员由B企业委派

B. B企业生产经营活动必须由A企业提供专利

C. A企业对B企业产品价格具有绝对有控制权

D. 双方主要持股方享受基本相同的经济利益

E. A企业经理的嫂子弟媳在B企业担任董事

［参考答案］ABCD

［答案解析］根据《国家税务总局关于完善关联申报和同期资料管理有关事项的公告》（国家税务总局公告2016年第42号）的规定，“（三）双方存在持股关系或者同为第三方持股，虽持股比例未达到本条第（一）项规定，但一方的生产经营活动必须由另一方提供专利权、非专利技术、商标权、著作权等特许权才能正常进行。（四）双方存在持股关系或者同为第三方持股，虽持股比例未达到本条第（一）项规定，但一方的购买、销售、接受劳务、提供劳务等经营活动由另一方控制。上述控制是指一方有权决定另一方的财务和经营政策，并能据以从另一方的经营活动中获取利益。（五）一方半数以上董事或者半数以上高级管理人员（包括上市公司董事会秘书、经理、副经理、财务负责人和公司章程规定的其他人员）由另一方任命或者委派，或者同时担任另一方的董事或者高级管理人员；或者双方各自半数以上董事或者半数以上高级管理人员同为第三方任命或者委派。（六）具有夫妻、直系血亲、兄弟姐妹以及其

他抚养、赡养关系的两个自然人分别与双方具有本条第（一）至（五）项关系之一。（七）双方在实质上具有其他共同利益。”

25. 以下企业集团应当准备主体文档的有（　　）。

A. 已由最终控股企业所属企业集团合并财务报表

B. 年度境内关联交易总额5亿元

C. 年度境外关联交易总额11亿元

D. 年度境内外关联交易总额13亿元

E. 无境外关联交易独立报送财务报表

［参考答案］ACD

［答案解析］根据《国家税务总局关于完善关联申报和同期资料管理有关事项的公告》（国家税务总局公告2016年第42号）的规定，符合下列条件之一的企业，应当准备主体文档：（1）年度发生跨境关联交易，且合并该企业财务报表的最终控股企业所属企业集团已准备主体文档。（2）年度关联交易总额超过10亿元。

26. 目前世界各国对投资所得来源地的确定，一般采取的标准或原则有（　　）。

A. 权利使用方所在地标准

B. 支付方所在地标准

C. 常设机构所在地标准

D. 劳务提供地标准

E. 金融资产转让地标准

［参考答案］AB

［答案解析］权利使用方所在地标准以及支付方所在地标准是目前世界各国对投资所得来源地的确定一般采取的标准或原则。

27. 以下不属于国际税收协定表现形式的有（　　）。

A. 书面协议

B. 国际惯例

C. 口头约定

D. 意向条约

E. 税收条约

［参考答案］BCD

［答案解析］国际税收协定，是指两个或两个以上的主权国家为了协调相互间在处理跨国纳税人征纳事务方面的税收关系，本着对等原则，通过政府间谈判所签订的确定其在国际税收分配关系的具有法律效力的书面协议或条约，也称为国际税收条约。它是国际税收重要的基本内容，是各国解决国与国之间税收权益分配矛盾和冲突的有效工具。

28. 税务机关实施转让定价调查，应当进行可比性分析的内容有（　　）。

A. 劳务特性

B. 合同条款

C. 经济环境

D. 经营策略

E. 人文环境

［参考答案］ABCD

［答案解析］根据《国家税务总局关于印发〈特别纳税调整实施办法（试行）〉的通知》（国税发〔2009〕2号）的规定，选用合理的转让定价方法应进行可比性分析。可比性分析因素主要包括以下五个方面：（1）交易资产或劳务特性，主要包括：有形资产的物理特性、质量、数量等，劳务的性质和范围，无形资产的类型、交易形式、期限、范围、预期收益等；（2）交易各方功能和风险，功能主要包括：研发、设计，采购，加工、装配、制造，存货管理、分销、售后服务、广告，运输、仓储，融资，财务、会计、法律及人力资源管理等，在比较功能时，应关注企业为发挥功能所使用资产的相似程度；风险主要包括：研发风险，采购风险，生产风险，分销风险，市场推广风险，管理及财务风险等；（3）合同条款，主要包括：交易标的，交易数量、价格，收付款方式和条件，交货条件，售后服务范围和条件，提供附加劳务的约定，变更、修改合同内容的权利，合同有效期，终止或续签合同的权利；（4）经济环境，主要包括：行业概况，地理区域，市场规模，市场层级，市场占有率，市场竞争程度，消费者购买力，商品或劳务可替代性，生产要素价格，运输成本，政府管制等；（5）经营策略，主要包括：创新和开发策略；多元化经营策略；风险规避策略；市场占有策略等。选项ABCD正确。

29. 企业被实施特别纳税调整后，在我国可采取的法律救济途径有

（　　）。

A. 行政复议

B. 行政仲裁

C. 行政诉讼

D. 行政赔偿

E. 协商谈判

［参考答案］ACE

［答案解析］根据《国家税务总局关于发布〈特别纳税调查调整及相互协商程序管理办法〉的公告》（国家税务总局公告2017年第6号）的规定，企业收到《特别纳税调查调整通知书》后有异议的，可以在依照《特别纳税调查调整通知书》缴纳或者解缴税款、利息、滞纳金或者提供相应的担保后，依法申请行政复议。对行政复议决定不服的，可以依法向人民法院提起行政诉讼；第四十七条根据我国对外签署的税收协定的有关规定，国家税务总局可以依据企业申请或者税收协定缔约对方税务主管当局请求启动相互协商程序，与税收协定缔约对方税务主管当局开展协商谈判，避免或者消除由特别纳税调整事项引起的国际重复征税。

30. 本地文档主要披露企业关联交易的详细信息，内容包括（　　）。

A. 企业概况

B. 关联关系

C. 关联交易

D. 可比性分析

E. 转让定价方法选择使用

［参考答案］BCD

［答案解析］根据《国家税务总局关于完善关联申报和同期资料管理有关事项的公告》（国家税务总局公告2016年第42号）的规定，本地文档主要披露企业关联交易的详细信息，包括以下内容：（1）企业概况；（2）关联关系；（3）关联交易；（4）可比性分析；（5）转让定价方法的选择和使用。

三、判断题

1. 利用中介国际控股公司进行税收筹划的主要目的是规避东道国利息预

提税。（　）

［参考答案］错误

［答案解析］因为股息预提税在东道国税前不能扣除，因此利用中介国际控股公司进行税收筹划的主要目的是规避东道国股息预提税。

2. 居民公司设在境外的分支机构，若已经缴纳所在国的所得税，那么在向该居民公司汇回所赚利润时，一般均可获得税收饶让。（　）

［参考答案］错误

［答案解析］按照现行税制，居民公司设在境外的分支机构，若已经缴纳所在国的所得税，那么在向该居民公司汇回所赚利润时，一般均可获得税收抵免或免税待遇。

3. 世界上建立最早的现代避税港是百慕大。（　）

［参考答案］错误

［答案解析］巴拿马是世界上建立最早的现代避税港。

4. 按照《联合国范本》和《经合组织范本》两大范本要求，按照四个标准来判定纳税人最终居民身份的判定过程是按照一定的顺序进行的，分别是永久性住所、习惯性住所、重要利益中心和国籍。（　）

［参考答案］错误

［答案解析］按照《联合国范本》和《经合组织范本》的相关内容，按照四个标准来判定纳税人的最终居民身份的判定过程顺序分别是永久性住所、重要利益中心、习惯性住所和国籍。

5. 在国与国间税收情报交换的方式中，自动交换主要适用于股息、红利等所得的情报。（　）

［参考答案］正确

［答案解析］在国与国间税收情报交换的方式中，自动交换主要适用于股息、红利等收入的情报。

6. 从事远洋渔业的境内机构对外支付在境外发生的修理、油料、港杂等各项费用，无须办理和提交《税务证明》。（　）

［参考答案］正确

［答案解析］根据对外支付相关文件规定，从事远洋渔业的境内机构对外支付在境外发生的修理、油料、港杂等各项费用，无须办理和提交《税务证

明》。

7. 属于税法规定属于填报范围的企业不论有无关联交易，均应在报送年度企业所得税纳税申报表时，应附送企业年度关联业务往来报告表。 ( )

[参考答案] 错误

[答案解析] 根据《国家税务总局关于完善关联申报和同期资料管理有关事项的公告》(国家税务总局公告2016年第42号)的规定，属于税法规定属于填报范围的企业，应当就其与关联方之间的业务往来进行关联申报，无关联交易的企业可以不进行关联企业申报。

8. 资本弱化企业通过加大股份资本而减少借贷款比例的方式增加税前扣除，以降低企业税负的一种行为。 ( )

[参考答案] 错误

[答案解析] 资本弱化企业通过加大借贷款（债权性筹资）而减少股份资本（权益性筹资）比例的方式增加税前扣除，以降低企业税负的一种行为。

9. 交易净利润法通常适用于有形资产的购销、转让和使用，无形资产的转让和使用以及劳务提供等关联交易。 ( )

[参考答案] 正确

[答案解析] 交易净利润法通常适用于有形资产的购销、转让和使用，无形资产的转让和使用以及劳务提供等关联交易。

10. 预约定价安排的谈签会影响税务机关对企业提交预约定价安排正式书面申请当年或以前年度关联交易的转让定价调查调整。 ( )

[参考答案] 错误

[答案解析] 根据《国家税务总局关于完善预约定价安排管理有关事项的公告》规定，预约定价安排的谈签不影响税务机关对企业提交预约定价安排正式书面申请当年或以前年度关联交易的转让定价调查调整。

11. 中国居民企业股东能够提供资料证明其控制的外国企业设立在国家税务总局指定的低税率国家，可免于将外国企业不作分配或减少分配的利润视同股息分配额，计入中国居民企业股东的当期所得。 ( )

[参考答案] 错误

[答案解析] 中国居民企业股东能够提供资料证明其控制的外国企业设立在国家税务总局指定的非低税率国家，可免于将外国企业不作分配或减少分配

的利润视同股息分配额，计入中国居民企业股东的当期所得。

12. 企业利用资本弱化手段进行避税，直接或间接实际支付给境外关联方的利息应视同分配的股息，按照利息和股息分别适用的所得税税率差补征企业所得税。（　　）

[参考答案] 正确

[答案解析] 企业利用资本弱化手段进行避税，直接或间接实际支付给境外关联方的利息应视同分配的股息，按照股息和利息分别适用的所得税税率差补征企业所得税。

13. 2021 年，某非居民企业第二季度累计应纳税所得额 90 万元，可按 5% 计算缴纳企业所得税。（　　）

[参考答案] 错误

[答案解析]《中华人民共和国企业所得税法》规定的小型微利企业是指企业的全部生产经营活动产生的所得均负有我国企业所得税纳税义务的企业。仅就来源于我国所得负有我国纳税义务的非居民企业，不适用该条规定的对符合条件的小型微利企业减税政策。

14. 被调查企业在税务机关实施特别纳税调查调整结案前，原则上不予办理税务变更、注销手续。（　　）

[参考答案] 正确

[答案解析] 根据特别纳税调整相关文件要求，被调查企业在税务机关实施特别纳税调查调整结案前，原则上不予办理税务变更、注销手续。

15. 企业与其关联方之间隐匿关联交易直接或者间接导致国家总体税收收入减少的，税务机关可以通过还原抵消交易实施特别纳税调整。（　　）

[参考答案] 错误

[答案解析] 企业与其关联方之间隐匿关联交易直接或者间接导致国家总体税收收入减少的，税务机关可以通过还原隐匿交易实施特别纳税调整。

16. 企业发生关联业务经特别纳税调整后应补缴税款的，企业收到《特别纳税调查调整通知书》后，应按规定期限缴纳税款及滞纳金。（　　）

[参考答案] 错误

[答案解析] 税务机关对企业实施特别纳税调整的，应当根据企业所得税法及其实施条例的有关规定对 2008 年 1 月 1 日以后发生的交易补征的企业所得

税按日加收利息。

17. 税务机关对企业实施转让定价调整，涉及企业向境外关联方支付利息、租金、特许权使用费等已扣缴的税款，除另有规定外，不再做相应调整。（ ）

［参考答案］正确

［答案解析］根据国家税务总局关于发布《特别纳税调查调整及相互协商程序管理办法》（国家税务总局2017年6号公告）规定，税务机关对企业实施转让定价调整，涉及企业向境外关联方支付利息、租金、特许权使用费等已扣缴的税款，除另有规定外，不再做相应调整。

18. 主管税务机关实施一般反避税调查时，应当向被调查企业送达《一般反避税调查通知书》。（ ）

［参考答案］错误

［答案解析］根据《一般反避税管理办法（试行）》规定，主管税务机关实施一般反避税调查时，应当向被调查企业送达《税务检查通知书》。

19. 预约定价安排可以由企业提出申请，也可以由税务机关提出申请。预约定价安排期满后，如企业需要续签的，可申请续签。（ ）

［参考答案］错误

［答案解析］企业有谈签预约定价安排意向的，应当向税务机关书面提出预备会谈申请。预约定价安排执行期满后自动失效。企业申请续签的，应当在预约定价安排执行期满之日前90日内向税务机关提出续签申请，并报送相关资料。

20. 企业从事合约研发业务，无论是否出现亏损，无论是否达到同期资料标准，均应按年度准备同期资料。（ ）

［参考答案］错误

［答案解析］根据《国家税务总局关于完善关联申报和同期资料管理有关事项的公告》（国家税务总局公告2016年第42号）规定，企业仅与境内关联方发生关联交易的，可以不准备主体文档、本地文档和特殊事项文档。

21. 企业向未执行功能、承担风险，无实质性经营活动的境外关联方支付费用，不符合独立交易原则的，税务机关可按照已税前扣除的金额全额实施特别纳税调整。（ ）

[参考答案] 正确

[答案解析] 根据《国家税务总局关于发布〈特别纳税调查调整及相互协商程序管理办法〉的公告》（国家税务总局公告2017年第6号）规定，企业向未执行功能、承担风险，无实质性经营活动的境外关联方支付费用，不符合独立交易原则的，税务机关可以按照已税前扣除的金额全额实施特别纳税调整。

第七章　征收管理

一、单项选择题

1. 企业应当自月份或季度终了之日起（　　）日内，向税务机关报送预缴企业所得税申报表，预缴税款。

A. 10

B. 15

C. 7

D. 5

[参考答案] B

[答案解析] 根据《企业所得税法》第五十四条规定，企业所得税分月或者分季预缴。企业应当自月份或者季度终了之日起15日内，向税务机关报送预缴企业所得税纳税申报表，预缴税款。

企业应当自年度终了之日起5个月内，向税务机关报送年度企业所得税纳税申报表，并汇算清缴，结清应缴应退税款。企业在报送企业所得税纳税申报表时，应当按照规定附送财务会计报告和其他有关资料。

2. 企业外购商誉的支出，其税前扣除时间和方式是（　　）。

A. 在生产经营过程中摊销扣除

B. 不得扣除

C. 在生产经营开始时一次性扣除

D. 在企业整体转让或者清算时一次性扣除

［参考答案］D

［答案解析］根据《企业所得税法实施条例》第六十七条规定，无形资产按照直线法计算的摊销费用，准予扣除。

无形资产的摊销年限不得低于10年。

为投资或者受让的无形资产，有关法律规定或者合同约定了使用年限的，可以按照规定或者约定的使用年限分期摊销。

外购商誉的支出，在企业整体转让或者清算时，准予扣除。

3. 关于企业取得的财政性资金作为企业所得税不征税收入的条件，下列表述错误的是（　　）。

A. 须经国务院、财政部或省、自治区、直辖市人民政府批准设立

B. 企业能够提供规定资金专项用途的资金拨付文件

C. 拨付资金的政府部门对该资金有专门的资金管理办法

D. 企业对该资金以及以该资金发生的支出单独进行核算

［参考答案］A

［答案解析］企业从县级以上各级人民政府财政部门及其他部门取得的应计入收入总额的财政性资金，凡同时符合以下条件的，可以作为不征税收入，在计算应纳税所得额时从收入总额中减除：

①企业能够提供规定资金专项用途的资金拨付文件；

②财政部门或其他拨付资金的政府部门对该资金有专门的资金管理办法或具体管理要求；

③企业对该资金以及以该资金发生的支出单独进行核算。

4. 企业销售商品同时满足税法规定的条件，应确认收入的实现。下列各项不属于税法规定的确认销售商品收入条件的是（　　）。

A. 商品销售合同已签订，企业已将商品所有权相关的主要风险和报酬转移给购货方

B. 企业对已售出的商品既没有保留通常与所有权相联系的继续管理权，也没有实施有效控制

C. 经济利益能够流入企业

D. 收入的金额能够可靠地计量，已发生或将发生的销售方的成本能够可靠地核算

[参考答案] C

[答案解析] 企业销售商品同时满足下列条件的，应确认收入的实现：(1) 商品销售合同已经签订，企业已将商品所有权相关的主要风险和报酬转移给购货方；(2) 企业对已售出的商品既没有保留通常与所有权相联系的继续管理权，也没有实施有效控制；(3) 收入的金额能够可靠地计量；(4) 已发生或将发生的销售方的成本能够可靠地核算。

5. 对销售商品涉及折扣、折让、退回的处理，下列表述正确的是（　　）。

A. 应当按扣除现金折扣后的金额确定销售商品收入金额

B. 应当按照扣除商业折扣后的金额确定销售商品收入金额

C. 销售折让不得冲减销售商品收入

D. 销售退回应当在发生当期冲减当期销售商品收入（资产负债表日后事项除外）

[参考答案] B

[答案解析] 企业应按商业折扣后的金额确认收入，并且确认收入时不受现金折扣影响，销售折让发生在确认收入之前，可以按扣除后的金额直接确认收入；企业销售折让发生在确认收入之后的，且不属于资产负债表日后事项，则应在发生当期冲减当期收入，不冲减成本。销售折让是指企业因售出商品质量不符合要求等原因而在售价上给予的减让，并没有把商品给退回来，所以其发生的成本没有变化，不需要转结成本。

6. 房地产开发企业采取视同买断方式委托销售开发产品的，如企业与购买方签订销售合同或协议，且销售合同或协议中约定的价格高于买断价格，则应按（　　）确认收入的实现。

A. 买断价格

B. 销售合同或协议中约定的价格

C. 买断价格和销售合同或协议中约定的价格平均

D. 企业和税务机关协商确定的价格

[参考答案] B

[答案解析] 根据《国家税务总局关于印发〈房地产开发经营业务企业所得税处理办法〉的通知》（国税发〔2009〕31 号）规定，房地产开发企业采取视同买断方式委托销售开发产品的，属于企业与购买方签订销售合同或协议，

或企业、受托方、购买方三方共同签订销售合同或协议的，如果销售合同或协议中约定的价格高于买断价格，则应按销售合同或协议中约定的价格计算的价款于收到受托方已销开发产品清单之日确认收入的实现；如果属于前两种情况中销售合同或协议中约定的价格低于买断价格，以及属于受托方与购买方签订销售合同或协议的，则应按买断价格计算的价款于收到受托方已销开发产品清单之日确认收入的实现。

7. 按照税法规定，企业使用或者销售的存货成本计算方法不得采用（ ）。

A. 先进先出法

B. 后进先出法

C. 加权平均法

D. 个别计价法

［参考答案］B

［答案解析］根据《企业会计准则第1号——存货》第十四条明确规定："企业应当采用先进先出法、加权平均法或者个别计价法确定发出存货的实际成本。"即准则中存货发出成本的确定方法包括先进先出法、加权平均法（包括移动加权平均法）和个别计价法，取消了后进先出法。

8. 下列企业可以核定征收企业所得税的是（ ）。

A. 享受小型微利企业税收优惠的企业

B. 房地产开发企业

C. 融资租赁公司

D. 股权投资企业

［参考答案］A

［答案解析］参见《国家税务总局关于企业所得税核定征收若干问题的通知》（国税函〔2009〕377号）的相关规定。

9. 在进行特别纳税调整时，税务机关采用按照纳税人从关联方购进商品再销售给没有关联关系的交易方的价格，减除相同或者类似业务的销售毛利进行定价的方法。这一方法称为（ ）。

A. 可比非受控价格法

B. 成本加成法

C. 再销售价格法

D. 交易净利润法

［参考答案］C

［答案解析］根据《国家税务总局关于发布〈特别纳税调查调整及相互协商程序管理办法〉的公告》（国家税务总局公告 2017 年第 6 号）第十八条规定："再销售价格法以关联方购进商品再销售给非关联方的价格减去可比非关联交易毛利后的金额作为关联方购进商品的公平成交价格。"

10. 关于核定征收企业所得税的应税所得率，下列表述正确的是（　　）。

A. 制造业的核定利润率不低于 3%

B. 批发、零售业的核定利润率不低于 5%

C. 交通运输业核定利润率不低于 10%

D. 娱乐业核定利润率不高于 30%

［参考答案］D

［答案解析］《国家税务总局关于印发〈企业所得税核定征收办法〉（试行）的通知》（国税发〔2008〕30 号）第八条规定，应税所得率按下表规定的幅度标准确定：

行业	应税所得率（%）
农、林、牧、渔业	3—10
制造业	5—15
批发和零售贸易业	4—15
交通运输业	7—15
建筑业	8—20
饮食业	8—25
娱乐业	15—30
其他行业	10—30

11. 关于企业境外所得税收抵免，下列表述正确的是（　　）。

A. 当期可实际抵免境外所得税额 = 来源于某国（地区）的应纳税所得额 × 法定税率

B. 居民企业在境外设立不具有独立纳税地位的分支机构取得的各项境外所得，无论是否汇回中国境内，均应计入该企业所属纳税年度的境外应纳税所

得额

C. 企业不能按照有关税收法律、法规准确计算实际可抵免的境外分国别（地区）的所得税税额的，由主管税务机关核定税收抵免额

D. 由居民企业直接持有20%以上股份的外国企业，才能适用间接抵免政策

[参考答案] B

[答案解析] 参见《财政部　国家税务总局关于企业境外所得税收抵免有关问题的通知》（财税〔2009〕125号、《国家税务总局关于发布《企业境外所得税收抵免操作指南》的公告》（国家税务总局公告2010年第1号）的相关规定。

12. 关于实际管理机构和非境内注册居民企业，下列表述正确的是（　　）。

A. 企业负责实施日常生产经营管理运作的管理人员及其管理部门履行职责的场所位于中国境内，是判断实际管理机构的条件之一

B. 非境内注册居民企业从中国境内其他居民企业（非上市公司）取得的股息、红利等权益性投资收益，按照税法及其实施条例的规定，作为其免税收入

C. 非境内注册居民企业在中国境内投资设立的企业，不属于外商投资企业

D. 境外中资企业由主管税务机关对其居民企业身份进行确认

[参考答案] B

[答案解析] 根据《国家税务总局关于境外注册中资控股企业依据实际管理机构标准认定为居民企业有关问题的通知》（国税发〔2009〕82号）第四条规定："非境内注册居民企业从中国境内其他居民企业取得的股息、红利等权益性投资收益，按照企业所得税法第二十六条和实施条例第八十三条的规定，作为其免税收入。非境内注册居民企业的投资者从该居民企业分得的股息红利等权益性投资收益，根据实施条例第七条第（四）款的规定，属于来源于中国境内的所得，应当征收企业所得税；该权益性投资收益中符合企业所得税法第二十六条和实施条例第八十三条规定的部分，可作为收益人的免税收入。"

13. 企业采用下列销售方式销售商品的，销售收入确认正确的是（　　）。

A. 采用售后回购方式销售商品的，销售的商品一律按售价确认收入

B. 销售商品以旧换新的，销售商品应当按照销售商品收入确认条件确认收入

C. 商品销售涉及折扣的，应当按照扣除折扣后的金额确定销售商品收入金额

D. 以“买一赠一”方式销售本企业商品的，赠送的商品应按视同销售确认收入

［参考答案］B

［答案解析］参见《国家税务总局关于确认企业所得税收入若干问题的通知》（国税函〔2018〕875 号）的相关规定。

14. 关于公益性捐赠税前扣除政策，下列表述正确的是（　　）。

A. 群众团体不得申请公益性捐赠税前扣除资格

B. 国家机关也应申请公益性捐赠税前扣除资格

C. 通过人民政府（包括乡镇人民政府）捐赠用于公益事业的支出

D. 救济贫困社会群体和个人的支出属于公益事业的捐赠支出

［参考答案］D

［答案解析］参见《财政部　国家税务总局　民政部关于公益性捐赠税前扣除有关问题的通知》（财税〔2008〕160 号）的相关规定。

15. 关于企业关联方利息支出税前扣除，下列表述正确的是（　　）。

A. 债权性投资包括企业从关联方获得的只需要偿还本金不需要支付利息的借入资金

B. 企业实际支付给任何关联方的利息支出，超过规定比例和税法及其实施条例有关规定计算的部分，均不得在发生当期和以后年度扣除

C. 如果所有者权益小于实收资本（股本）与资本公积之和，则权益投资为实收资本（股本）与资本公积之和

D. 不得扣除利息支出 = 实际支付的全部关联方利息 ×（1 - 关联债资比例 ÷ 标准比例）

［参考答案］C

［答案解析］根据《国家税务总局关于印发〈特别纳税调整实施办法（试行）〉的通知》（国税发〔2009〕2 号）的规定，权益投资为企业资产负债表所列示的所有者权益金额。如果所有者权益小于实收资本（股本）与资本公积之

和，则权益投资为实收资本（股本）与资本公积之和；如果实收资本（股本）与资本公积之和小于实收资本（股本）金额，则权益投资为实收资本（股本）金额。

16. 下列股权和债权允许作为资产损失在税前扣除的是（ ）。

A. 企业之间与经营活动有关的往来款项

B. 债务人或者担保人有经济偿还能力，未按期偿还的企业债权

C. 企业未向债务人和担保人追偿的债权

D. 企业发生非经营活动的债权

[参考答案] A

[答案解析]《国家税务总局关于发布〈企业资产损失所得税税前扣除管理办法〉的公告》（国家税务总局公告 2011 年第 25 号）第二条规定，本办法所称资产是指企业拥有或者控制的、用于经营管理活动相关的资产，包括现金、银行存款、应收及预付款项（包括应收票据、各类垫款、企业之间往来款项）等货币性资产，存货、固定资产、无形资产、在建工程、生产性生物资产等非货币性资产，以及债权性投资和股权（权益）性投资。

17. 企业拥有的下列无形资产允许在生产经营期间摊销扣除的是（ ）。

A. 接受投资取得的商标权

B. 自创的商誉

C. 外购的商誉

D. 已作为研究开发费在税前扣除的专利技术

[参考答案] A

[答案解析]《财政部 国家税务总局关于完善研究开发费用税前加计扣除政策的通知》（财税〔2015〕119 号）第一条第（一）款第 4 项规定，无形资产摊销费用是指用于研发活动的软件、专利权、非专利技术（包括许可证、专有技术、设计和计算方法等）的摊销费用。根据《国家税务总局关于企业研究开发费用税前加计扣除政策有关问题的公告》（国家税务总局公告 2015 年第 97 号）第二条第（六）款第 2 项规定，已计入无形资产但不属于财税〔2015〕119 号文件中允许加计扣除研发费用范围的，企业摊销时不得计算加计扣除。

18. 关于亏损弥补，下列表述正确的是（ ）。

A. 同一个国家（或地区）不同营业机构之间的盈亏允许互抵

B. 被合并、分立企业合并、分立前发生的亏损不得由合并、分立企业承继弥补

C. 计算预缴企业所得税的“实际利润额”时不得弥补以前年度亏损

D. 减、免征所得额项目与应税项目的盈亏允许互抵

[参考答案] A

[答案解析] 除另有规定（企业合并、分立适用特殊性税务处理时亏损的继承弥补）外，境内企业之间、境内与境外企业之间、境外企业之间的盈亏不得互抵，但同一国家分支机构之间的盈亏允许互抵。企业在汇总缴纳企业所得税时，境内分支机构之间的盈亏允许互抵，境外同一国家（地区）分支机构之间的盈亏允许互抵，境外不同国家（地区）分支机构之间的盈亏也不得互抵。

19. 下列企业的企业所得税，不得实行核定征收办法的是（　　）。

A. 小型微利企业

B. 软件开发企业

C. 房地产开发企业

D. 税务师事务所

[参考答案] D

[答案解析] 根据《国家税务总局关于企业所得税核定征收若干问题的通知》（国税函〔2009〕377号）第一条关于“国税发〔2008〕30号文件第三条第二款所称‘特定纳税人’包括以下类型的企业”中第（五）项规定为“会计、审计、资产评估、税务、房地产估价、土地估价、工程造价、律师、价格鉴证、公证机构、基层法律服务机构、专利代理、商标代理以及其他经济鉴证类社会中介机构”。

20. 企业关联交易的同期资料不包括（　　）。

A. 组织结构

B. 生产经营情况

C. 关联交易情况

D. 年度企业所得税纳税申报表

[参考答案] D

[答案解析] 企业关联交易的同期资料分为三种文档，分别是主体文档、本地文档和特殊事项文档。每种文档分别设定准备条件，企业结合自身情况，

只要满足其中一种文档的准备条件就要准备相应的同期资料文档，存在企业准备多种文档的可能性。

（1）符合下列条件之一的企业，应当准备主体文档：

①年度发生跨境关联交易，且合并该企业财务报表的最终控股企业所属企业集团已准备主体文档。

②年度关联交易总额超过10亿元。

（2）年度关联交易金额符合下列条件之一的企业，应当准备本地文档：

①有形资产所有权转让金额（来料加工业务按照年度进出口报关价格计算）超过2亿元。

②金融资产转让金额超过1亿元。

③无形资产所有权转让金额超过1亿元。

④其他关联交易金额合计超过4 000万元。

（3）特殊事项文档包括成本分摊协议特殊事项文档和资本弱化特殊事项文档。企业签订或者执行成本分摊协议的，应当准备成本分摊协议特殊事项文档。企业关联债资比例超过标准比例需要说明符合独立交易原则的，应当准备资本弱化特殊事项文档。

21. 依据企业所得税法相关规定，下列表述正确的是（　　）。

A. 境外营业机构的盈利可以弥补境内营业机构的亏损

B. 扣缴义务人每次扣缴的税款，应当自代扣之日起10日内缴入国库

C. 扣缴义务人对非居民企业未依法扣缴税款的，由扣缴义务人缴纳税款

D. 居民企业在中国境内设立不具有法人资格的营业机构，可在设立地缴纳企业所得税

[参考答案] A

[答案解析] 根据《企业所得税法》第十七条规定，企业在汇总计算缴纳企业所得税时，其境外营业机构的亏损不得抵减境内营业机构的盈利。

22. 除税收法律、行政法规另有规定外，居民企业所得税的纳税地点为（　　）。

A. 纳税人的核算所在地

B. 纳税人的实际经营管理所在地

C. 纳税人的货物销售所在地

D. 纳税人的登记注册地

［参考答案］D

［答案解析］居民企业的纳税地点。除税收法律、行政法规另有规定外，居民企业以企业登记注册地为纳税地点；但登记注册地在境外的，以实际管理机构所在地为纳税地点。

23. 企业在年度中间终止经营活动的，应当自实际经营终止之日起（　　）内，向税务机关办理当期企业所得税汇算清缴。

A. 30 日

B. 45 日

C. 60 日

D. 90 日

［参考答案］C

［答案解析］企业在年度中间终止经营活动的，应当自实际经营终止之日起 60 日内，向税务机关办理当期企业所得税汇算清缴。

24. 关于公益性捐赠支出的税务处理，下列表述正确的是（　　）。

A. 企业赞助“保钓”的支出属于公益性捐赠支出

B. 向教育事业的捐赠，允许在税前全额扣除

C. 通过公益性群众团体发生的公益性捐赠支出允许在税前按规定扣除

D. 企业的公益性捐赠支出，必须提供公益性捐赠票据，方可按规定进行税前扣除

［参考答案］C

［答案解析］《财政部　税务总局关于通过公益性群众团体的公益性捐赠税前扣除有关事项的公告》（财政部　税务总局公告 2021 年第 20 号）第一条规定，企业或个人通过公益性群众团体用于符合法律规定的公益慈善事业捐赠支出，准予按税法规定在计算应纳税所得额时扣除。

25. 下列关于总机构和具有主体生产经营职能的二级分支机构，就地预缴所得税的表述，符合税法规定的是（　　）。

A. 二级分支机构及其下属机构均由二级分支机构集中就地预缴企业所得税

B. 三级及以下分支机构也必须就地预缴所得税

C. 具有独立生产经营职能部门与管理职能部门的经营收入、职工工资总额和资产总额无论是否分开核算，都必须就地预缴所得税

D. 不具有主体生产经营职能的二级及以下分支机构，不就地预缴企业所得税

[参考答案] A

[答案解析] 参见《国家税务总局关于印发〈跨地区经营汇总纳税企业所得税征收管理办法〉的公告》（国家税务总局公告 2012 年第 57 号）的相关规定。

26. 关于企业重组的税务处理，下列表述正确的是（　　）。

A. 有限责任公司变更为个人独资企业或合伙企业，对该公司应进行清算处理

B. 以非货币资产清偿债务符合特殊性税务处理条件的，可暂不确认所得或损失

C. 股权属于资产的一种，所以股权收购属于资产收购的一种

D. 在股权收购业务中，被收购企业也就是股权的转让方

[参考答案] A

[答案解析] 根据《财政部　国家税务总局关于企业重组业务企业所得税处理若干问题的通知》（财税〔2009〕59 号）规定，企业由法人转变为个人独资企业、合伙企业等非法人组织，应视同企业进行清算、分配，股东重新投资成立新企业。

27. “以非关联方之间进行的与关联交易相同或类似业务活动所收取的价格作为关联交易的公平成交价格”，这一转让定价方法被称作（　　）。

A. 可比非受控价格法

B. 再销售价格法

C. 成本加成法

D. 交易净利润法

[参考答案] A

[答案解析] 可比非受控价格法是指以非关联方之间进行的与关联交易相同或类似业务活动所收取的价格作为关联交易的公平成交价格。

28. 关于企业所得税应纳税所得额的计算，下列表述正确的是（　　）。

A. 企业因雇用季节工实际发生的费用不得作为工资薪金支出处理

B. 对企业发现的以前年度实际发生的应扣未扣支出，不得补扣

C. 如果企业对筹办费在开始经营之日的当年一次性扣除，则对筹建期间发生的与筹办活动有关的业务招待费支出，按实际发生额的40%调增所得

D. 向个人借款的利息支出不允许在税前扣除

[参考答案] C

[答案解析] 根据《国家税务总局关于企业所得税应纳税所得额若干税务处理问题的公告》（国家税务总局公告2012年第15号）：

第一条规定，关于季节工、临时工等费用税前扣除问题，企业因雇用季节工、临时工、实习生、返聘离退休人员以及接受外部劳务派遣用工所实际发生的费用，应区分为工资薪金支出和职工福利费支出，并按《企业所得税法》规定在企业所得税前扣除。其中属于工资薪金支出的，准予计入企业工资薪金总额的基数，作为计算其他各项相关费用扣除的依据。

第六条规定，关于以前年度发生应扣未扣支出的税务处理问题，根据《中华人民共和国税收征收管理法》的有关规定，对企业发现以前年度实际发生的、按照税收规定应在企业所得税前扣除而未扣除或者少扣除的支出，企业做出专项申报及说明后，准予追补至该项目发生年度计算扣除，但追补确认期限不得超过5年。

企业向个人借款，向其支付利息，若是取得收据不能在企业所得税前扣除，企业可要求个人到税务机关代开发票，取得正规发票，方可按规定在税前扣除。

29. 对非居民企业所得税的源泉扣缴，下列表述正确的是（　　）。

A. 税款由扣缴义务人在每次支付或者到期应支付时，从支付或者到期应支付的款项中扣缴

B. 到期应支付的款项，是指支付人按照配比原则应当计入相关成本、费用的应付款项

C. 对非居民企业在中国境内取得工程作业所得应缴纳的所得税，该企业可以指定工程价款的支付人为扣缴义务人

D. 扣缴义务人每次代扣的税款，应当自代扣之日起15日内缴入国库

[参考答案] A

［答案解析］参见《国家税务总局关于非居民企业所得税源泉扣缴有关问题的公告》（国家税务总局公告2017年第37号）的相关规定。

30. 某法人企业总机构在北京，在天津、上海分设两个分支机构，天津分支机构收入、工资、资产三项分别是80万元、30万元、40万元；上海分支机构收入、工资、资产三项分别是60万元、40万元、60万元；2018年第一季度总机构汇总计算的应纳税额为160万元，则天津分支机构第一季度应预缴税款为（　　）万元。

A. 37.60

B. 67.20

C. 75.20

D. 82.30

［参考答案］A

［答案解析］天津分支机构分摊比例 = 0.35 ×［80 ÷（80 + 60）］+ 0.35 ×［30 ÷（30 + 40）］+ 0.30 ×［40 ÷（40 + 60）］= 47%

天津分支机构应预缴企业所得税 = 160 × 47% × 50% = 37.60（万元）

31. 母子公司间提供服务支付费用有关企业所得税的处理，下列表述中不正确的是（　　）。

A. 母公司为其子公司提供各种服务而发生的费用，应按照公平交易原则确定服务的价格作为企业正常的劳务费用进行税务处理

B. 母公司向其子公司提供各项服务，双方应签订服务合同或协议，明确规定提供服务的内容、收费标准及金额等

C. 母公司以管理费形式向子公司提取费用，子公司因此支付给母公司的管理费，不得在税前扣除

D. 子公司申报税前扣除向母公司支付的服务费用，不能提供相关材料的，支付的服务费用由税务机构核定税前扣除额

［参考答案］D

［答案解析］子公司申报税前扣除向母公司支付的服务费用，不能提供相关材料的，支付的服务费用不得税前扣除。

32. 企业在年度中间终止经营活动，办理企业所得税汇算清缴的时间是（　　）。

A. 自清算完成之日30天内

B. 自注销营业执照之前30日内

C. 自终止实际经营之日60日内

D. 自人民法院宣告破产之日起15日内

[参考答案] C

[答案解析] 企业在年度中间终止经营活动的，应当自实际经营终止之日起60日内，向税务机关办理当期企业所得税汇算清缴。

33. 依据企业所得税的相关规定，下列关于收入确认的时间，正确的是（　　）。

A. 接受捐赠收入，按照合同约定的捐赠日期确认收入的实现

B. 特许权使用费收入，以实际取得收入的日期确认收入的实现

C. 采取产品分成方式取得收入的，按照企业分得产品的日期确认收入的实现

D. 股息、红利等权益性投资收益，以被投资方实际分红的日期确认收入的实现

[参考答案] C

[答案解析] 选项A，接受捐赠收入，按照实际收到捐赠资产的日期确认收入的实现；选项B，特许权使用费收入，按照合同约定的特许权使用人应付特许权使用费的日期确认收入的实现；选项D，股息、红利等权益性投资收益，除另有规定外，按照被投资企业股东会或股东大会作出利润分配或转股决定的日期，确认收入的实现。

34. 关于企业政策性搬迁相关资产计税成本的确定，下列说法正确的是（　　）。

A. 企业搬迁过程中外购的固定资产，以购买价款和支付的相关税费作为计税成本

B. 企业搬迁中被征用的土地，采取土地置换的，以换入土地的评估价值作为计税成本

C. 企业简单安装即可继续使用的搬迁资产，以该项资产净值与安装费用合计数作为计税成本

D. 企业需要大修理才能重新使用的搬迁资产，以该资产净值与大修理支出

合计数作为计税成本

［参考答案］D

［答案解析］选项 A，外购的固定资产，以购买价款和支付的相关税费以及直接归属于使该资产达到预定用途发生的其他支出为计税基础；选项 B，企业搬迁中被征用的土地，采取土地置换的，换入土地的计税成本按被征用土地的净值以及该换入土地投入使用前所发生的各项费用支出，为该换入土地的计税成本；选项 C，企业搬迁的资产，简单安装或不需要安装即可继续使用的，在该资产重新投入使用后，就其净值按企业所得税法及其实施条例规定的该资产尚未折旧或摊销的年限，继续计提折旧或摊销。

35. 依据企业所得税的相关规定，符合条件的非营利性组织取得的下列收入，应缴纳企业所得税的是（　　）。

A. 接受社会捐赠的收入

B. 因政府购买服务取得的收入

C. 按照省级以上民政、财政部门规定收取的会费收入

D. 不征税收入、免税收入孳生的银行存款利息收入

［参考答案］B

［答案解析］非营利组织的下列收入为免税收入：

（1）接受其他单位或者个人捐赠的收入。

（2）除财政拨款以外的其他政府补助收入，但不包括因政府购买服务而取得的收入。

（3）按照省级以上民政、财政部门规定收取的会费。

（4）不征税收入和免税收入孳生的银行存款利息收入。

（5）财政部、国家税务总局规定的其他收入。

36. 某企业 2018 年 7 月 1 日开业，因故在 2019 年 6 月 30 日终止经营，7 月 15 日注销工商登记，有关该企业的企业所得税管理，下列做法符合规定的是（　　）。

A. 该企业的第一个纳税年度是 2018 年 1 月 1 日至 2018 年 12 月 31 日

B. 该企业 2019 年 4 月 31 日前，报送 2018 年度企业所得税纳税申报表，办理汇算清缴

C. 该企业应该在 2019 年 8 月 29 日之前办理 2019 年度的企业所得税汇算

清缴

D. 该企业应该在 7 月 15 日前缴清清算所得税款

［参考答案］ D

［答案解析］ 如果纳税人在一个纳税年度的中间开业，或者由于改组、合并、破产关闭等原因，使该纳税年度的实际经营期限不足 12 个月的，应当以其实际经营期限为一个纳税年度。纳税人清算时，应当以清算期间作为一个纳税年度。

《企业所得税法》第五十四条规定，企业应当自年度终了之日起五个月内，向税务机关报送年度企业所得税纳税申报表，并汇算清缴，结清应缴应退税款。

37. 2019 年 8 月，某房地产公司采取基价并实行超基价分成方式委托销售开发产品，假设截至当年 12 月 31 日，房地产公司、中介公司与购买方三方共签销售合同的成交额为 5 000 万元，其中房地产公司获得基价、超基价分成额分别为 4 200 万元和 500 万元。房地产公司企业所得税的应税收入是（　　）万元。

A. 4 200

B. 4 500

C. 4 700

D. 5 000

［参考答案］ D

［答案解析］ 房地产开发企业采取基价（保底价）并实行超基价双方分成方式委托销售开发产品的，属于由开发企业与购买方签订销售合同或协议，或开发企业、受托方、购买方三方共同签订销售合同或协议的，如果销售合同或协议中约定的价格高于基价，则应按销售合同或协议中约定的价格计算的价款于收到受托方已销开发产品清单之日确认收入的实现。

38. 关于企业政策性搬迁损失的所得税处理，下列说法正确的是（　　）。

A. 自搬迁完成年度起分 2 个纳税年度，均匀在税前扣除

B. 自搬迁完成年度起分 5 个纳税年度，均匀在税前扣除

C. 自搬迁完成年度起分 4 个纳税年度，均匀在税前扣除

D. 自搬迁完成年度起分 3 个纳税年度，均匀在税前扣除

［参考答案］D

［答案解析］企业搬迁收入扣除搬迁支出后为负数的，应为搬迁损失。搬迁损失可在下列方法中选择其一进行税务处理：

（1）在搬迁完成年度，一次性作为损失进行扣除。

（2）自搬迁完成年度起分3个年度，均匀在税前扣除。

39. 下列说法符合企业所得税关于公益性捐赠支出相关规定的是（　　）。

A. 企业通过县级人民政府捐赠住房作为公共租赁住房的，属于税法规定的公益性捐赠支出

B. 被取消公益捐赠税前扣除资格的公益性群众团体，5年内不得重新申请扣除资格

C. 捐赠方无法提供捐赠的非货币性资产公允价值证明的，可按市场价格开具捐赠票据

D. 公益性社会团体前5年接受捐赠总收入用于公益事业比例低于50%的，应取消捐赠税前扣除资格

［参考答案］A

［答案解析］选项B，被取消公益性捐赠税前扣除资格的公益性群众团体，存在特定情形的，3年内不得重新申请公益性捐赠税前扣除资格；选项C，捐赠方在向公益性社会团体和县级以上人民政府及其组成部门和直属机构捐赠时，应当提供注明捐赠非货币性资产公允价值的证明，如果不能提供证明，公益性社会团体和县级以上人民政府及其组成部门和直属机构不得向其开具公益性捐赠票据；选项D，前3年接受捐赠的总额中用于公益事业的支出比例低于70%的，应取消捐赠税前扣除资格。

40. 根据企业所得税法的规定，下列关于企业所得税征收管理的说法中，正确的是（　　）。

A. 按月预缴所得税的，应当自月份终了之日起10日内，向税务机关报送预缴企业所得税纳税申报表，预缴税款

B. 企业应当在办理注销登记后，就其清算所得向税务机关申报并依法缴纳企业所得税

C. 企业纳税年度亏损，可以不向税务机关报送年度企业所得税纳税申报表

D. 依照企业所得税法缴纳的企业所得税，以人民币以外的货币计算的，应

当折合成人民币计算并缴纳税款

［参考答案］D

［答案解析］选项A，按月预缴所得税的，应当自月份终了之日起15日内，向税务机关报送预缴企业所得税纳税申报表，预缴税款；选项B，企业应当在办理注销登记前，就其清算所得向税务机关申报并依法缴纳企业所得税；选项C，企业在纳税年度内无论盈利或者亏损，都应按照企业所得税法规定的期限，向税务机关报送预缴企业所得税纳税申报表、年度企业所得税纳税申报表、财务会计报告和税务机关规定应当报送的其他有关资料。

41. 下列不属于税前扣除凭证在管理中遵循的原则的是（　　）。

A. 真实性原则

B. 合法性原则

C. 关联性原则

D. 合理性原则

［参考答案］D

［答案解析］税前扣除凭证在管理中遵循真实性、合法性、关联性原则。

42. 下列关于企业所得税税收优惠的表述中，错误的是（　　）。

A. 饮水工程运营管理单位从事规定的饮水工程新建项目投资经营所得实行“三免三减半”的税收优惠

B. 对疫情防控重点保障物资生产企业为扩大产能新购置的相关设备，允许一次性计入当期成本费用在企业所得税税前扣除

C. 对内地企业投资者通过深港通投资香港联交所上市股票取得的转让差价所得，免征企业所得税

D. 中国保险保障基金有限责任公司取得的境内保险公司依法缴纳的保险保障基金，免征企业所得税

［参考答案］C

［答案解析］对内地企业投资者通过深港通投资香港联交所上市股票取得的转让差价所得，计入其收入总额，依法征收企业所得税。

43. 企业发生的公益性捐赠支出，在年度利润总额（　　）以内的部分，准予在计算应纳税所得额时扣除。

A. 10%

B. 12%

C. 15%

D. 20%

［参考答案］B

［答案解析］《财政部　国家税务总局关于公益性捐赠支出企业所得税税前结转扣除有关政策的通知》（财税〔2018〕15号）第一条规定：企业通过公益性社会组织或者县级（含县级）以上人民政府及其组成部门和直属机构，用于慈善活动、公益事业的捐赠支出，在年度利润总额12%以内的部分，准予在计算应纳税所得额时扣除；超过年度利润总额12%的部分，准予结转以后三年内在计算应纳税所得额时扣除。

44. 企业纳税年度发生亏损，准予向以后年度结转，用以后年度的所得弥补，但结转年限最长不得超过（　　）。

A. 五年

B. 三年

C. 十年

D. 不能弥补

［参考答案］A

［答案解析］根据《企业所得税法》第十八条规定："企业纳税年度发生的亏损，准予向以后年度结转，用以后年度的所得弥补，但结转年限最长不得超过五年。"根据《国家税务总局关于企业所得税若干税务事项衔接问题的通知》（国税函〔2009〕98号）第八条规定："关于技术开发费的加计扣除形成的亏损的处理企业技术开发费加计扣除部分已形成企业年度亏损，可以用以后年度所得弥补，但结转年限最长不得超过五年。"根据《财政部　税务总局关于支持新型冠状病毒感染的肺炎疫情防控有关税收政策的公告》（财政部　税务总局公告2020年第8号）第四条规定："受疫情影响较大的困难行业企业2020年度发生的亏损，最长结转年限由五年延长至八年。"

45. 除税法另有规定外，有关企业所得税纳税地点，下面说法不正确的是（　　）。

A. 居民企业以企业登记注册地为纳税地点

B. 登记注册地在境外的，以实际管理机构所在地为纳税地点

C. 居民企业在中国境内设立不具有法人资格的营业机构，应当汇总计算并缴纳企业所得税，纳税地点为总机构注册地

D. 在中国境内未设立场所、机构而从中国境内取得所得的非居民企业，以纳税人所在地为纳税地点

[参考答案] D

[答案解析]《企业所得税法》第五十一条规定，非居民企业取得本法第三条第二款规定的所得，以机构、场所所在地为纳税地点。非居民企业在中国境内设立两个或者两个以上机构、场所，符合国务院税务主管部门规定条件的，可以选择由其主要机构、场所汇总缴纳企业所得税。

非居民企业取得本法第三条第三款规定的所得，以扣缴义务人所在地为纳税地点。

46. 在计算应纳税所得额时，企业财务、会计处理办法与税收法律、行政法规的规定不一致时，应当依照（　　）的规定计算。

A. 按企业财务、会计处理办法

B. 按税收法律、法规

C. 按上级机关的指示

D. 按有资质的中介机构

[参考答案] B

[答案解析]《企业所得税法》第二十一条规定，在计算应纳税所得额时，企业财务、会计处理办法与税收法律、行政法规的规定不一致的，应当依照税收法律、行政法规的规定计算。

47. 企业与其关联方共同开发、受让无形资产，或者共同提供、接受劳务发生的成本，在计算应纳税所得额时应当按照（　　）原则进行分摊。

A. 公平交易

B. 独立交易

C. 方便管理

D. 节约成本

[参考答案] B

[答案解析]《企业所得税法》第四十一条规定，企业与其关联方之间的业务往来，不符合独立交易原则而减少企业或者其关联方应纳税收入或者所得额

的，税务机关有权按照合理方法调整。

企业与其关联方共同开发、受让无形资产，或者共同提供、接受劳务发生的成本，在计算应纳税所得额时应当按照独立交易原则进行分摊。

48. 企业从其关联方接受的债权性投资与权益性投资的比例超过规定标准而发生的（　　）支出，不得在计算应纳税所得额时扣除。

A. 管理费用

B. 利息

C. 生产成本

D. 损失

［参考答案］B

［答案解析］根据《财政部　国家税务总局关于企业关联方利息支出税前扣除标准有关税收政策问题的通知》（财税〔2018〕121号）第一条规定，在计算应纳税所得额时，企业实际支付给关联方的利息支出，不超过本条规定比例和税法及其实施条例有关规定计算的部分，准予扣除，超过的部分不得在发生当期和以后年度扣除。

49. 居民企业在中国境内设立不具有法人资格的营业机构的，应当（　　）计算并缴纳企业所得税。

A. 分别

B. 汇总

C. 独立

D. 就地预缴

［参考答案］B

［答案解析］《国家税务总局关于〈跨地区经营汇总纳税企业所得税征收管理办法〉的公告》（国家税务总局公告2012年第57号）第二条规定，居民企业在中国境内跨地区（指跨省、自治区、直辖市和计划单列市，下同）设立不具有法人资格分支机构的，该居民企业为跨地区经营汇总纳税企业（以下简称汇总纳税企业），除另有规定外，其企业所得税征收管理适用本办法。

50. 某企业于2018年5月5日开业，该企业首个纳税年度时间为（　　）。

A. 2018年1月1日至2018年12月31日

B. 2018年5月5日至2009年5月4日

C. 2018 年 5 月 5 日至 2018 年 12 月 31 日

D. 以上三种由纳税人选择

［参考答案］C

［答案解析］如果纳税人在一个纳税年度的中间开业，或者由于改组、合并、破产关闭等原因，使该纳税年度的实际经营期限不足 12 个月的，应当以其实际经营期限为一个纳税年度。

51. 企业应当自月份或季度终了之日起（　　）日内，向税务机关报送预缴企业所得税申报表，预缴税款。

A. 10

B. 15

C. 7

D. 5

［参考答案］B

［答案解析］企业所得税分月或者分季预缴，企业应当自月份或者季度终了之日起 15 日内，向税务机关报送预缴企业所得税纳税申报表，预缴税款。

52. 按照企业所得税法和实施条例规定，下列关于企业所得税的表述不正确的是（　　）。

A. 企业每一纳税年度的收入总额，减除不征税收入、免税收入、各项扣除以及允许弥补的以前年度亏损后余额，为应纳税所得额

B. 企业的应纳税所得额乘以适用税率，减除依照税法关于税收优惠的规定减免和抵免的税额后的余额，为应纳税额

C. 所有的非居民企业都仅就其来源于中国境内的所得缴纳企业所得税

D. 企业收入总额中包括征税收入、不征税收入、免税收入

［参考答案］C

［答案解析］《企业所得税法》第三条规定，居民企业应当就其来源于中国境内、境外的所得缴纳企业所得税。

非居民企业在中国境内设立机构、场所的，应当就其所设机构、场所取得的来源于中国境内的所得，以及发生在中国境外但与其所设机构、场所有实际联系的所得，缴纳企业所得税。

非居民企业在中国境内未设立机构、场所的，或者虽设立机构、场所但取

得的所得与其所设机构、场所没有实际联系的，应当就其来源于中国境内的所得缴纳企业所得税。

53.《企业所得税法实施条例》中规定对企业作出特别纳税调整的，应当对补征的税款，自税款所属纳税年度的次年（　　）起至补缴税款之日止的期间，按日加收利息。

A. 3月1日

B. 4月1日

C. 5月1日

D. 6月1日

［参考答案］D

［答案解析］《企业所得税法实施条例》第一百二十一条规定，税务机关根据税收法律、行政法规的规定，对企业作出特别纳税调整的，应当对补征的税款，自税款所属纳税年度的次年6月1日起至补缴税款之日止的期间，按日加收利息。

54. 按照企业所得税法和实施条例规定，下列表述中不正确的是（　　）。

A. 发生的与生产经营活动有关的业务招待费，不超过当年销售（营业）收入5‰的部分准予扣除

B. 发生的职工福利费支出，不超过工资薪金总额14%的部分准予税前扣除

C. 为投资者或者职工支付的补充养老保险费、补充医疗保险费在规定标准内准予扣除

D. 为投资者或者职工支付的商业保险费，不得扣除

［参考答案］A

［答案解析］《企业所得税法实施条例》第四十三条规定，企业发生的与生产经营活动有关的业务招待费支出，按照发生额的60%扣除，但最高不得超过当年销售（营业）收入的5‰。

55. 某企业于2018年7月5日开业，该企业第一年的纳税年度时间为（　　）。

A. 2018年1月1日至2018年12月31日

B. 2018年7月5日至2009年7月4日

C. 2018年7月5日至2018年12月31日

D. 以上三种由纳税人选择

[参考答案] C

[答案解析] 如果纳税人在一个纳税年度的中间开业，或者由于改组、合并、破产关闭等原因，使该纳税年度的实际经营期限不足12个月的，应当以其实际经营期限为一个纳税年度。纳税人清算时，应当以清算期间作为一个纳税年度。

二、多项选择题

1. 除税法另有规定外，有关企业所得税纳税地点，下面说法正确的有（　　）。

A. 居民企业以企业登记注册地为纳税地点

B. 登记注册地在境外的，以实际管理机构所在地为纳税地点

C. 居民企业在中国境内设立不具有法人资格的营业机构，应当汇总计算并缴纳企业所得税，纳税地点为总机构注册地

D. 在中国境内未设立场所、机构而从中国境内取得所得的非居民企业，以扣缴义务人所在地为纳税地点

E. 企业之间不得合并缴纳企业所得税

[参考答案] ABCD

[答案解析]（1）企业除税收法律、行政法规另有规定外，居民企业以企业登记注册地为纳税地点；但登记注册地在境外的，以实际管理机构所在地为纳税地点。企业注册登记地是指企业依照国家有关规定登记注册的住所地。

（2）居民企业在中国境内设立不具有法人资格的营业机构的，应当汇总计算并缴纳企业所得税。企业汇总计算并缴纳企业所得税时，应当统一核算应纳税所得额，具体办法由国务院财政、税务主管部门另行制定。

（3）非居民企业在中国境内设立机构、场所的，应当就其所设机构、场所取得的来源于中国境内的所得，以及发生在中国境外但与其所设机构、场所有实际联系的所得，以机构、场所所在地为纳税地点。非居民企业在中国境内设立两个或者两个以上机构、场所的，经税务机关审核批准，可以选择由其主要机构、场所汇总缴纳企业所得税。非居民企业经批准汇总缴纳企业所得税后，需要增设、合并、迁移、关闭机构、场所或者停止机构、场所业务的，应当事

先由负责汇总申报缴纳企业所得税的主要机构、场所向其所在地税务机关报告；需要变更汇总缴纳企业所得税的主要机构、场所的，依照前款规定办理。

（4）非居民企业在中国境内未设立机构、场所的，或者虽设立机构、场所，但取得的所得与其所设机构、场所没有实际联系的，以扣缴义务人所在地为纳税地点。

（5）除国务院另有规定外，企业之间不得合并缴纳企业所得税。

2. 某企业 2018 年 7 月 1 日开业，因故在 2019 年 6 月 30 日终止经营，7 月 15 日注销工商登记，有关该企业的企业所得税管理，下列做法符合规定的有（　　）。

A. 该企业的第一个纳税年度是 2018 年 7 月 1 日至 2018 年 12 月 31 日

B. 该企业 2019 年 5 月 31 日前，报送 2018 年度企业所得税纳税申报表，办理汇算清缴

C. 该企业应该在 2019 年 8 月 29 日之前办理 2019 年度的企业所得税汇算清缴

D. 该企业应该在 6 月 30 日前缴清清算所得税款

E. 该企业应该在 7 月 15 日前缴清清算所得税款

［参考答案］ AB

［答案解析］《企业所得税法》第五十四条规定，企业应当自年度终了之日起五个月内，向税务机关报送年度企业所得税纳税申报表，并汇算清缴，结清应缴应退税款。

3. 下列关于企业重组中债务重组的相关表述，正确的有（　　）。

A. 企业债务重组实际上是债权人对于债务人的债务做出让步的事项

B. 企业债务重组根据适用的条件不同，可分为一般性和特殊性税务处理方法

C. 适用特殊性税务处理规定的，企业债务重组需要具有合理的商业目的，且不以减少、免除或者推迟缴纳税款为主要目的

D. 特殊性税务处理条件下，企业债务重组确认的应纳税所得额需占企业当年应纳税所得额 30% 以上

E. 适用特殊性税务处理规定的，企业债务重组后的连续 12 个月内不得改变重组资产原来的实质性经营活动

［参考答案］ABCE

［答案解析］选项D，不符合《财政部　国家税务总局关于企业重组业务企业所得税处理若干问题的通知》（财税〔2009〕59号）第六条中关于“企业债务重组确认的应纳税所得额占该企业当年应纳税所得额50%以上”的规定。

4. 税务机关对工资、薪金进行合理性确认时，应遵循的原则有（　　）。

A. 企业在一定时期工资、薪金的调整是有序进行的

B. 企业所制定的工资、薪金制度符合行业及地区水平

C. 企业在3年内所发放的工资、薪金是相对固定的

D. 有关工资、薪金的安排，不以减少或逃避税款为目的

E. 企业对实际发放的工资、薪金，已依法履行了个人所得税代扣代缴义务

［参考答案］ABDE

［答案解析］根据《国家税务总局关于企业工资薪金及职工福利费扣除问题的通知》（国税函〔2009〕3号）规定，税务机关在对工资、薪金进行合理性确认时，可按以下原则掌握：

（1）企业制定了较为规范的员工工资、薪金制度；

（2）企业所制定的工资、薪金制度符合行业及地区水平；

（3）企业在一定时期所发放的工资、薪金是相对固定的，工资、薪金的调整是有序进行的；

（4）企业对实际发放的工资、薪金，已依法履行了代扣代缴个人所得税义务；

（5）有关工资、薪金的安排，不以减少或逃避税款为目的。

5. 下列各项中，应取消其公益性捐赠税前扣除资格的有（　　）。

A. 未向登记管理机关报送专项信息报告的

B. 非营利组织免税资格到期后六个月内未重新获取免税资格的

C. 接受的捐赠款项用于组织章程规定用途之外的支出情况

D. 受到登记管理机关行政警告的

E. 在申请公益性捐赠税前扣除资格时有弄虚作假行为的

［参考答案］ABCE

［答案解析］根据《财政部　税务总局　民政部关于公益性捐赠税前扣除有关事项的公告》（财政部　税务总局　民政部公告2020年第27号）规定：“七、

公益性社会组织存在以下情形之一的，应当取消其公益性捐赠税前扣除资格：

（一）未按本公告规定时间和要求向登记管理机关报送专项信息报告的；

（二）最近一个年度用于公益慈善事业的支出不符合本公告第四条第三项规定的；

（三）最近一个年度支出的管理费用不符合本公告第四条第四项规定的；

（四）非营利组织免税资格到期后超过六个月未重新获取免税资格的；

（五）受到登记管理机关行政处罚（警告除外）的；

（六）被登记管理机关列入严重违法失信名单的；

（七）社会组织评估等级低于3A或者无评估等级的。

八、公益性社会组织存在以下情形之一的，应当取消其公益性捐赠税前扣除资格，且取消资格的当年及之后三个年度内不得重新确认资格：

（一）违反规定接受捐赠的，包括附加对捐赠人构成利益回报的条件、以捐赠为名从事营利性活动、利用慈善捐赠宣传烟草制品或法律禁止宣传的产品和事项、接受不符合公益目的或违背社会公德的捐赠等情形；

（二）开展违反组织章程的活动，或者接受的捐赠款项用于组织章程规定用途之外的；

（三）在确定捐赠财产的用途和受益人时，指定特定受益人，且该受益人与捐赠人或公益性社会组织管理人员存在明显利益关系的。”

6. 下列关于企业所得税税前扣除的资产损失的表述，正确的有（　　）。

A. 总机构及其分支机构发生的资产损失，除应按专项申报和清单申报的有关规定，各自向当地主管税务机关申报外，各分支机构同时还应上报总机构

B. 企业逾期3年以上的应收款项在会计上已作为损失处理的，可以作为坏账损失，但应说明情况，并出具专项报告

C. 损失金额较大的或者自然灾害等不可抗力原因造成固定资产毁损、报废的，应有专业鉴定意见或者法定资质中介机构出具的专项报告

D. 企业无法准确判别是否属于清单申报扣除的资产损失，可以采取专项申报的形式扣除

E. 金融机构应清算而未清算超过2年的，企业可将该款项确认为损失，但应有法院或者破产清算管理人出具的未完成清算证明

［参考答案］ABCD

［答案解析］选项E不符合《国家税务总局关于发布〈企业资产损失所得税税前扣除管理办法〉的公告》（国家税务总局公告2011年第25号）第二十一条中“金融机构应清算而未清算超过3年的，企业可将该款项确认为损失，但应有法院或者破产清算管理人出具的未完成清算证明。”的规定。

7. 下列关于房地产开发经营业务成本、费用扣除的税务处理中，正确的有（　　）。

A. 企业开发产品转为自用的，其实际使用时间累计未超过24个月又销售的，不得在税前扣除折旧费用

B. 企业委托境外机构销售开发产品的，其支付境外机构的销售费用（含佣金或手续费）不超过委托销售收入10%的部分，准予据实扣除

C. 企业因国家无偿收回土地使用权而形成的损失，可作为财产损失按有关规定在税前扣除

D. 企业开发产品整体报废或毁损，其净损失不得在税前扣除

E. 企业发生的期间费用、已销开发产品计税成本、税金及附加、土地增值税准予当期按规定扣除

［参考答案］BCE

［答案解析］选项A，企业开发产品转为自用的，其实际使用时间累计未超过12个月又销售的，不得在税前扣除折旧费用；选项D，企业开发产品整体报废或毁损，其净损失按有关规定审核确认后准予在税前扣除。

8. 下列居民企业中，不得核定征收企业所得税的有（　　）。

A. 小额贷款公司

B. 上市公司

C. 进出口代理公司

D. 专门从事股权（股票）投资业务的企业

E. 担保公司

［参考答案］ABDE

［答案解析］选项C，可以核定征收，其他均不得核定征收企业所得税。

9. 依据《跨地区经营汇总纳税企业所得税征收管理办法》的规定，计算各分支机构企业所得税分摊比例，需要考虑的因素有（　　）。

A. 职工薪酬

B. 期间费用

C. 营业收入

D. 资产总额

E. 利润总额

［参考答案］ACD

［答案解析］选项 A、C、D 符合《国家税务总局关于印发〈跨地区经营汇总纳税企业所得税征收管理办法〉的公告》（国家税务总局公告 2012 年第 57 号）第十五条规定。

10. 下列捐赠中，属于向公益事业的捐赠支出的有（　　）。

A. 为救济贫困个人的捐赠活动

B. 事业单位的捐赠住房

C. 对社会公共设施建设的捐赠

D. 对教育事业的捐赠

E. 为促进社会发展和进步的其他社会公共和福利事业的捐赠

［参考答案］ACDE

［答案解析］选项 A、C、D、E 符合《财政部　国家税务总局　民政部关于公益性捐赠税前扣除有关问题的通知》（财税〔2008〕160 号）和《财政部　国家税务总局关于通过公益性群众团体的公益性捐赠税前扣除有关问题的通知》（财税〔2009〕124 号）第三条规定。

11. 下列小型微利企业 2018 年 1 月 1 日后购进资产的税务处理，正确的有（　　）。

A. 小型微利企业购进用于生产经营的价值 520 万元的固定资产允许一次性税前扣除

B. 小型微利企业购进用于研发的价值 80 万元的固定资产允许一次性税前扣除

C. 固定资产缩短折旧年限的不能低于规定折旧年限的 60%

D. 购进的固定资产允许采用加速折旧方法

E. 购进的固定资产允许缩短折旧年限

［参考答案］BCDE

［答案解析］企业在 2018 年 1 月 1 日至 2020 年 12 月 31 日新购进的设备、

器具，单位价值不超过501万元的，允许一次性计入当期成本费用在计算应纳税所得额时扣除，不再分年度计算折旧。

12. 下列关于企业接收政府和股东划入资产的企业所得税处理的表述，正确的有（ ）。

A. 县级以上人民政府将国有资产无偿划入企业，凡指定专门用途并按规定进行管理的，企业可作为不征税收入进行企业所得税处理

B. 企业接收政府划入资产，如果政府没有确定接收价值的，应按资产的公允价值计算确定应税收入

C. 企业接收股东划入资产，凡作为收入处理的，应按公允价值计入收入总额

D. 企业接收股东划入资产，凡作为收入处理的，不需要缴纳企业所得税

E. 县级以上人民政府将国有资产明确以股权投资方式投入企业，企业应作为国家资本金（包括资本公积）处理

[参考答案] ABCE

[答案解析] 选项D，企业接收股东划入资产，凡作为收入处理的，应按公允价值计入收入总额，需要计算缴纳企业所得税。

13. 下列各项中，符合房地产开发企业确认销售收入实现规定的有（ ）。

A. 采取支付手续费方式委托销售开发产品的，应按销售合同或协议中约定的价款于收到受托方已销开发产品清单之日，确认收入的实现

B. 采取分期收款方式销售开发产品的，应按销售合同或协议约定的价款和付款日，确认收入的实现

C. 采取银行按揭方式销售开发产品的，应按销售合同或协议约定的价款确定收入额，其首付款应于实际收到日确认收入的实现

D. 采取一次性全额收款方式销售开发产品的，应于实际收讫价款或取得索取价款凭据（权利）之日，确认收入的实现

E. 采取视同买断方式委托销售开发产品的，以受托方取得销售收入之日，确认收入的实现

[参考答案] ABCD

[答案解析] 选项E，采取视同买断方式委托销售开发产品的，应于收到受托方已销开发产品清单之日确认收入的实现。

14. 下列关于被清算企业剩余资产分配问题的表述，正确的有（　　）。

A. 被清算企业的股东分得的剩余资产的金额，其中相当于被清算企业累计未分配利润和累计盈余公积中按该股东所占股份比例计算的部分，应确认为股息所得

B. 剩余资产减除股息所得后的余额，超过股东投资成本的部分，应确认为股东的投资转让所得

C. 剩余资产减除股息所得后的余额，低于股东投资成本的部分，应确认为股东的投资转让损失

D. 被清算企业的股东从被清算企业分得的资产可按可变现价值确定计税基础

E. 被清算企业的股东从被清算企业分得的资产一律按实际交易价格确定计税基础

［参考答案］ABCD

［答案解析］被清算企业的股东从被清算企业分得的资产应按可变现价值或实际交易价格确定计税基础。

15. 下列选项中，保险公司缴纳的保险保障基金准予据实税前扣除的有（　　）。

A. 非投资型财产保险业务，不超过保费收入的8%的部分

B. 投资型财产保险业务，有保证收益的，不超过业务收入的0.08%的部分

C. 有保证收益的人寿保险业务，不超过业务收入的0.15%的部分

D. 短期健康保险业务，不超过保费收入的0.8%的部分

E. 长期健康保险业务，不超过保费收入的0.15%的部分

［参考答案］BCDE

［答案解析］选项A，非投资型财产保险业务，不超过保费收入0.8%的部分准予据实税前扣除。

16. 某居民企业为提升厂房功能和扩大厂房面积对自有厂房进行改建，该厂房购置成本为2 401万元，已经使用4年，已提折旧380万元（符合税法规定）。改建过程中领用自产产品一批，该批产品成本为220万元，不含税销售价格为360万元，增值税税率为13%，改建过程中发生人工费用等201万元，

改建后该厂房使用寿命延长10年。下列表述中，正确的有（ ）。

A. 改建费用应作为长期待摊费用，按照固定资产尚可使用年限分期摊销

B. 改建后固定资产的计税基础为2 440万元

C. 改建中领用自产产品属于企业所得税中的视同销售，应缴纳企业所得税

D. 改建支出应并入固定资产计税基础，并从改建完工投入使用后的次月起，重新按税法规定的该固定资产折旧年限计提折旧

E. 如该改建后的固定资产尚可使用年限低于税法规定的最低年限，可按尚可使用的年限计提折旧

［**参考答案**］DE

［**答案解析**］选项A，已足额提取折旧的固定资产的改建支出，应作为长期待摊费用，按照固定资产尚可使用年限分期摊销；如果尚未足额提取折旧，以改建过程中发生的改建支出增加计税基础；选项B，改建后的固定资产的计税基础为2 442万元（2 401－380＋220＋201）；选项C，改建过程中领用的自产产品，企业所得税中属于企业内部处置资产，不属于企业所得税视同销售，不缴纳企业所得税。

17. 关于跨省市总分机构企业所得税收入的征缴和分配管理，下列说法正确的有（ ）。

A. 跨省市总分机构企业缴纳的企业所得税，实行“统一计算、分级管理、就地预缴、汇总清算、财政调库”的处理办法

B. 总分机构统一计算的当期应纳税额的地方分享部分中，25%由总机构所在地分享，50%由各分支机构所在地分享，25%按一定比例在各地间进行分配

C. 总机构和分支机构适用税率不一致的，应分别按法定税率计算应纳所得税额

D. 总机构和具有主体生产经营职能的二级分支机构就地预缴企业所得税。三级及三级以下分支机构，其营业收入、职工薪酬和资产总额等统一并入二级分支机构计算

E. 某分支机构分摊比例＝（某分支机构营业收入÷各分支机构营业收入之和）×0.35＋（某分支机构职工薪酬÷各分支机构职工薪酬之和）×0.35＋（某分支机构资产总额÷各分支机构资产总额之和）×0.30

［**参考答案**］ABDE

［答案解析］按照税收法律、法规和其他规定，总机构和分支机构处于不同税率地区的，先由总机构统一计算全部应纳税所得额，然后按规定的比例和计算的分摊比例，计算划分不同税率地区机构的应纳税所得额，再分别按各自的适用税率计算应纳税额后加总计算出汇总纳税企业的应纳所得税总额，最后按规定的比例和按规定计算的分摊比例，向总机构和分支机构分摊就地缴纳的企业所得税款。

18. 依照现行企业所得税的规定，下列单位不就地预缴企业所得税的有（　　）。

A. 企业的总机构

B. 具有主体生产经营职能的二级分支机构

C. 上年度认定为小型微利企业的分支机构

D. 建筑企业所属二级或二级以下分支机构直接管理的项目部

E. 汇总纳税企业的二级分支机构

［参考答案］CD

［答案解析］按照企业所得税的相关规定，以下二级分支机构不就地分摊缴纳企业所得税：

（1）不具有主体生产经营职能，且在当地不缴纳增值税、营业税的产品售后服务、内部研发、仓储等汇总纳税企业内部辅助性的二级分支机构，不就地分摊缴纳企业所得税。

（2）上年度认定为小型微利企业的，其二级分支机构不就地分摊缴纳企业所得税。

（3）新设立的二级分支机构，设立当年不就地分摊缴纳企业所得税。

（4）当年撤销的二级分支机构，自办理注销税务登记之日所属企业所得税预缴期间起，不就地分摊缴纳企业所得税。

（5）汇总纳税企业在中国境外设立的不具有法人资格的二级分支机构，不就地分摊缴纳企业所得税。

19. 按照现行企业所得税的规定，企业实际发生的下列存货损失按税务管理方式可自行计算扣除的有（　　）。

A. 销售存货发生的资产损失

B. 存货盘亏损失

C. 存货的正常损耗

D. 存货被盗损失

E. 变卖生产性生物资产发生的资产损失

［参考答案］ACE

［答案解析］根据《企业资产损失税前扣除管理办法》，企业实际发生的资产损失按税务管理方式可分为自行计算扣除的资产损失和须经税务机关审批后才能扣除的资产损失。下列资产损失，属于由企业自行计算扣除的资产损失：

（1）企业在正常经营管理活动中因销售、转让、变卖固定资产、生产性生物资产、存货发生的资产损失；

（2）企业各项存货发生的正常损耗；

（3）企业固定资产达到或超过使用年限而正常报废清理的损失；

（4）企业生产性生物资产达到或超过使用年限而正常死亡发生的资产损失；

（5）企业按照有关规定通过证券交易场所、银行间市场买卖债券、股票、基金以及金融衍生产品等发生的损失；

（6）其他经国家税务总局确认不需经税务机关审批的资产损失。

20. 下列居民企业取得的投资收益免征企业所得税的有（　　）。

A. 企业债券利息收入

B. 国债利息收入

C. 直接投资于非上市公司取得的股息、红利

D. 股权转让净收益

E. 非居民企业之间的股息、红利等权益性投资收益

［参考答案］BC

［答案解析］根据《企业所得税法》第二十六条规定："企业的下列收入为免税收入：

（一）国债利息收入；

（二）符合条件的居民企业之间的股息、红利等权益性投资收益；

（三）在中国境内设立机构、场所的非居民企业从居民企业取得与该机构、场所有实际联系的股息、红利等权益性投资收益；

（四）符合条件的非营利组织的收入。"

21. 企业的下列生产经营业务可以分期确认收入实现的有（　　）。

A. 房地产企业销售开发产品

B. 以分期收款方式销售货物的

C. 企业受托加工制造大型机械设备持续时间超过 12 个月的

D. 企业提供咨询、设计劳务持续时间超过 12 个月的

E. 以分期收款方式销售货物的，按照合同约定的收款日期确认收入的实现

[参考答案] BCDE

[答案解析] 企业的下列生产经营业务可以分期确认收入的实现：

(1) 以分期收款方式销售货物的，按照合同约定的收款日期确认收入的实现；

(2) 企业受托加工制造大型机械设备、船舶、飞机，以及从事建筑、安装、装配工程业务或者提供其他劳务等，持续时间超过 12 个月的，按照纳税年度内完工进度或者完成的工作量确认收入的实现。

(3) 采取产品分成方式取得收入的，按照企业分得产品的日期确认收入的实现，其收入额按照产品的公允价值确定。

22. 下列关于跨地区经营汇总纳税企业所得税就地预缴的相关表述正确的有（　　）。

A. 总机构设立具有独立生产经营职能部门，视同分支机构就地预缴企业所得税

B. 总机构和分支机构处于不同税率地区的，分别按总机构和分支机构所在地的适用税率计算应纳税额

C. 总机构应按照上年度分支机构的经营收入、职工工资和资产总额三个因素计算各分支机构应分摊所得税款的比例

D. 各分支机构的经营收入、职工工资和资产总额的数据均以上年度平均值为准

E. 经营收入、职工工资和资产总额三因素计算各分支机构应分摊所得税款的权重依次为 0. 35、0. 35 和 0. 30

[参考答案] BE

[答案解析] 选项 B、E 符合《国家税务总局关于印发〈跨地区经营汇总纳税企业所得税征收管理办法〉的公告》（国家税务总局公告 2012 年第 57 号）的规定。

23. 根据企业所得税核定征收的有关规定，下列表述正确的有（　　）。

A. 参照当地同类行业中经营规模和收入水平相近的纳税人的税负水平核定税额

B. 按照应税收入额或成本费用支出额测算核定

C. 按照耗用的原材料、燃料、动力等测算核定

D. 采用两种以上方法测算的应纳税额不一致的，应该从高核定

E. 纳税人应纳税所得额增减变化达到30%的，应及时向税务机关申报调整核定税额

［参考答案］ABC

［答案解析］选项A、B、C符合《国家税务总局关于印发〈企业所得税核定征收办法〉（试行）的通知》（国税发〔2008〕30号）的规定。

24. 根据企业所得税法的规定，企业使用或者销售的存货，可以选择的成本计算方法有（　　）。

A. 先进先出法

B. 加权平均法

C. 后进先出法

D. 个别计价法

E. 移动加权平均法

［参考答案］ABD

［答案解析］选项A、B、D符合《中华人民共和国企业所得税法实施条例》（中华人民共和国国务院令第512号）第七十三条规定。

25. 根据企业所得税法的规定，以下关于纳税地点的规定中，符合规定的有（　　）。

A. 居民企业以企业登记注册地为纳税地点

B. 登记注册地在境外的，以实际管理机构所在地为纳税地点

C. 非居民企业在中国境内设立机构、场所的，以机构、场所所在地为纳税地点

D. 非居民企业经批准汇总缴纳企业所得税后，需要增设、合并、迁移、停止、关闭机构、场所的，应当事先由负责汇总申报缴纳企业所得税的主要机构、场所向其所在地税务机关报告

E. 在中国境内未设立场所、机构而从中国境内取得所得的非居民企业，以纳税人所在地为纳税地点

[参考答案] ABCD

[答案解析] (1) 居民企业的纳税地点。除税收法律、行政法规另有规定外，居民企业以企业登记注册地为纳税地点；但登记注册地在境外的，以实际管理机构所在地为纳税地点。

(2) 非居民企业的纳税地点。非居民企业在中国境内设立机构、场所的，以机构、场所所在地为纳税地点。非居民企业在中国境内设立两个或者两个以上机构、场所的，经税务机关审核批准，可以选择由其主要机构、场所汇总缴纳企业所得税。在中国境内未设立机构、场所的，或者虽设立机构、场所但取得的所得与其所设机构、场所没有实际联系的非居民企业，以扣缴义务人所在地为纳税地点。

①主要机构、场所，应当同时符合下列条件：对其他机构、场所的生产经营活动负有监督管理责任；设有完整的账簿、凭证，能够准确反映各机构、场所的收入、成本、费用和盈亏情况。

②经税务机关审核批准，是指经各机构、场所所在地税务机关的共同上级税务机关审核批准。

非居民企业经批准汇总缴纳企业所得税后，需要增设、合并、迁移、关闭机构、场所或者停止机构、场所业务的，应当事先由负责汇总申报缴纳企业所得税的主要机构、场所向其所在地税务机关报告；需要变更汇总缴纳企业所得税的主要机构、场所的，依照前述规定办理。

26. 企业不提供与其关联方之间业务往来资料的，税务机关有权（　　）核定其应纳税所得额。

A. 参照同类或类似企业的利润率水平

B. 按照企业合理的费用加利润的方法

C. 按照关联企业集团整体利润的合理比例

D. 按照企业成本加合理的费用和利润的方法

[参考答案] ACD

[答案解析] 根据《企业所得税法》第四十四条的规定，企业不提供与其关联方之间业务往来资料，或者提供虚假、不完整资料，未能真实反映其关联

业务往来情况的，税务机关有权依法核定其应纳税所得额。根据《企业所得税法实施条例》第一百一十五条的规定，税务机关核定企业的应纳税所得额时，可以采用下列方法：(1) 参照同类或者类似企业的利润率水平核定；(2) 按照企业成本加合理的费用和利润的方法核定；(3) 按照关联企业集团整体利润的合理比例核定；(4) 按照其他合理方法核定。

27. 关于金融企业贷款利息收入的所得税处理，下列表述正确的有（　　）。

A. 未逾期贷款，应于债务人应付利息的日期确认利息收入的实现

B. 贷款逾期后发生的应收利息，必须于实际收到的日期确认利息收入的实现

C. 贷款逾期后发生的应收利息，虽未实际收到，但会计上确认为利息收入的，税法上也应确认收入的实现

D. 金融企业已确认为利息收入的应收利息，逾期 90 天仍未收回，无论会计上是否已冲减当期利息收入，均准予抵扣当期应纳税所得额

E. 金融企业已冲减了利息收入的应收未收利息，以后年度收回时，应计入当期应纳税所得额

[**参考答案**] ACE

[**答案解析**] 选项 A、C、E 符合《国家税务总局关于金融企业贷款利息收入确认问题的公告》(国家税务总局公告 2010 年第 23 号) 的规定。

28. 根据企业所得税法，国务院规定的专项用途财政性资金可以作为不征税收入。这类财政性资金必须符合的条件有（　　）。

A. 企业财政性资金应从省级以上人民政府的财政部门或其他部门取得

B. 企业能够提供规定资金专项用途的资金拨付文件

C. 财政部门或其他拨付资金的政府部门对该资金有专门的资金管理办法或具体管理要求

D. 企业对该资金单独进行核算

E. 企业对该资金发生的支出单独进行核算

[**参考答案**] BCDE

[**答案解析**] 根据《企业所得税法》及《企业所得税法实施条例》的有关规定，“经国务院批准，现就企业取得的专项用途财政性资金企业所得税处理

问题通知如下：一、企业从县级以上各级人民政府财政部门及其他部门取得的应计入收入总额的财政性资金，凡同时符合以下条件的，可以作为不征税收入，在计算应纳税所得额时从收入总额中减除：（一）企业能够提供规定资金专项用途的资金拨付条件；（二）财政部门或其他拨付资金的政府部门对该资金有专门的资金管理办法或具体管理要求；（三）企业对该资金以及以该资金发生的支出单独进行核算。”

29. 企业下列用途的借款费用，应当作为资本性支出计入有关资产成本的有（　　）。

A. 存货建造、生产期间发生的合理的借款费用

B. 固定资产购置、建造期间发生的合理的借款费用

C. 无形资产购置、开发期间发生的合理的借款费用

D. 企业为对外投资而发生的合理的借款费用

E. 投资者投资未到位期间发生的合理的借款费用

[参考答案] BC

[答案解析] 根据《企业所得税法实施条例》第三十七条规定：“企业在生产经营活动中发生的合理的不需要资本化的借款费用，准予扣除。

企业为购置、建造固定资产、无形资产和经过12个月以上的建造才能达到预定可销售状态的存货发生借款的，在有关资产购置、建造期间发生的合理的借款费用，应当作为资本性支出计入有关资产的成本，并依照本条例的规定扣除。”

30. 关于固定资产的计税基础，下列表述正确的有（　　）。

A. 自行建造的固定资产，计税基础为该资产达到预定用途前发生的支出

B. 融资租入的固定资产，租赁合同约定付款总额的，计税基础为租赁合同约定的付款总额与承租人在签订租赁合同过程中发生的相关费用之和

C. 融资性售后回租的固定资产，计税基础为承租人出售前该资产的原计税基础

D. 企业对房屋、建筑物固定资产在未足额提取折旧前进行改扩建的，如属于推倒重置的，重置后的固定资产计税基础为该资产原值减除提取折旧后的净值与重置支出之和

E. 盘盈的固定资产，计税基础为同类固定资产的重置完全价值

［参考答案］BCDE

［答案解析］固定资产按照以下方法确定计税基础：

（1）外购的固定资产，以购买价款和支付的相关税费为计税基础。

（2）自行建造的固定资产，以竣工结算前发生的支出为计税基础。

（3）融资租入的固定资产，以租赁合同约定的付款总额和承租人在签订租赁合同过程中发生的相关费用为计税基础，租赁合同未约定付款总额的，以该资产的公允价值和承租人在签订租赁合同过程中发生的相关费用为计税基础。

（4）盘盈的固定资产，以同类固定资产的重置完全价值为计税基础；通过捐赠、投资、非货币性资产交换、债务重组等方式取得的固定资产，以该资产的公允价值和支付的相关税费为计税基础。

（5）改建的固定资产，除《企业所得税法》第十三条第（一）项和第（二）项规定的企业已足额提取折旧的固定资产的改建支出、租入固定资产的改建支出作为长期待摊费用外，以改建过程中发生的改建支出增加计税基础。

三、判断题

1. 专门从事股权（股票）投资业务的企业，不得核定征收企业所得税。（　　）

［参考答案］正确

［答案解析］《国家税务总局关于企业所得税核定征收有关问题的公告》（国家税务总局公告2012年第27号）规定，专门从事股权（股票）投资业务的企业，不得核定征收企业所得税。

2. 企业同时从事适用不同企业所得税待遇的项目的，其优惠项目应当单独计算所得，并合理分摊企业的期间费用；没有单独计算的，不得享受企业所得税优惠。（　　）

［参考答案］正确

［答案解析］根据《中华人民共和国企业所得税法实施条例》（中华人民共和国国务院令第512号）第一百零二条的规定：企业同时从事适用不同企业所得税待遇的项目的，其优惠项目应当单独计算所得，并合理分摊企业的期间费用；没有单独计算的，不得享受企业所得税优惠。

3. 在进行企业所得税年度申报时，企业所得税年度纳税申报表主表中纳税调整后所得计算应减去弥补以前年度亏损。　　(　　)

[参考答案] 错误

[答案解析] 《中华人民共和国企业所得税年度纳税申报表（类）》（A100000）第19行纳税调整后所得计算与第21行弥补以前年度亏损无关。

4. 企业预缴所得税的方法一经确定，不得变更。　　(　　)

[参考答案] 错误

[答案解析] 根据《企业所得税法实施条例》第一百二十七条规定，企业所得税分月或者分季预缴，由税务机关具体核定。企业根据企业所得税法第五十四条规定分月或者分季预缴企业所得税时，应当按照月度或者季度的实际利润额预缴；按照月度或者季度的实际利润额预缴有困难的，可以按照上一纳税年度应纳税所得额的月度或者季度平均额预缴，或者按照经税务机关认可的其他方法预缴。预缴方法一经确定，该纳税年度内不得随意变更。

5. 非居民企业在中国境内设立两个或者两个以上机构、场所的，经税务机关审核批准，可以选择由其主要机构、场所汇总缴纳企业所得税。　　(　　)

[参考答案] 正确

[答案解析] 根据《中华人民共和国企业所得税法》第五十一条规定，非居民企业取得本法第三条第二款规定的所得，以机构、场所所在地为纳税地点。非居民企业在中国境内设立两个或者两个以上机构、场所，符合国务院税务主管部门规定条件的，可以选择由其主要机构、场所汇总缴纳企业所得税。

6. 房地产开发企业建造、开发的开发产品，无论工程质量是否通过验收合格，或是否办理完工（竣工）备案手续以及会计决算手续，当企业开始办理开发产品交付手续（包括入住手续）、或已开始实际投入使用时，为开发产品开始投入使用，应视为开发产品已经完工。　　(　　)

[参考答案] 正确

[答案解析] 根据《国家税务总局关于房地产开发企业开发产品完工条件确认问题的通知》（国税函〔2010〕201号）规定，对房地产开发企业开发产品完工条件的确认问题进行了明确。通知指出，房地产开发企业建造、开发的开发产品，无论工程质量是否通过验收合格，或是否办理完工（竣工）备案手

续及会计决算手续，当企业开始办理开发产品交付手续（包括入住手续）、或已开始实际投入使用时，为开发产品开始投入使用，应视为开发产品已经完工。

7. 企业当年度实际发生的相关成本、费用，由于各种原因未能及时取得该成本、费用的有效凭证，企业在预缴季度所得税时，可暂按账面发生金额进行核算；但在汇算清缴时，应补充提供该成本、费用的有效凭证。（ ）

[参考答案] 正确

[答案解析] 根据《国家税务总局关于企业所得税若干问题的公告》（国家税务总局公告2011年第34号）第六条规定，企业当年度实际发生的相关成本、费用，由于各种原因未能及时取得该成本、费用的有效凭证，企业在预缴季度所得税时，可暂按账面发生金额进行核算；但在汇算清缴时，应补充提供该成本、费用的有效凭证。

8. 税务机关对企业以前年度纳税情况进行检查时调增的应纳税所得额，凡企业以前年度发生亏损、且该亏损属于《企业所得税法》规定允许弥补的，应允许调增的应纳税所得额弥补该亏损。（ ）

[参考答案] 正确

[答案解析] 根据《企业所得税法》第五条的规定，税务机关对企业以前年度纳税情况进行检查时调增的应纳税所得额，凡企业以前年度发生亏损且该亏损属于《企业所得税法》规定允许弥补的，应允许调增的应纳税所得额弥补该亏损。

9. 在年度纳税申报表中，当纳税调整后所得大于零时，就是企业的应纳税所得额。（ ）

[参考答案] 错误

[答案解析] 应纳税所得额 = 纳税调整后所得 - 所得减免 - 弥补以前年度亏损 - 抵扣应纳税所得额

10. 建筑企业总机构直接管理的跨地区设立的项目部，应参与建筑企业所得税的“统一计算、就地预缴”。（ ）

[参考答案] 错误

[答案解析]《国家税务总局关于印发〈跨地区经营汇总纳税企业所得税征收管理办法〉的公告》（国家税务总局公告2012年第57号）中，“跨地区经营

汇总纳税企业所得税征收管理办法”第一章第三条规定：汇总纳税企业实行“统一计算、分级管理、就地预缴、汇总清算、财政调库”的企业所得税征收管理办法。

11. 上市公司对其员工实施股权激励计划的，除对股权激励计划实行后立即可以行权的以外，在股权激励计划可行权后，方可依照税法规定计算确定作为当年上市公司工资薪金支出，进行税前扣除。（　）

[参考答案] 正确

[答案解析] 根据《国家税务总局关于我国居民企业实行股权激励计划有关企业所得税处理问题的公告》（国家税务总局公告2012年第18号）的规定。

12. 国家规定可以从事贷款业务以外的企业因资金直接拆借而发生的损失，不得作为损失在税前扣除。（　）

[参考答案] 错误

[答案解析] 根据《企业资产损失所得税税前扣除管理办法》（国家税务总局公告2011年第25号）的规定。

13. 被投资企业注销解散、其股东收回投资的过程，可视为同一控制下不需要支付对价的企业合并。（　）

[参考答案] 错误

[答案解析] 根据《国家税务总局关于发布〈企业重组业务企业所得税管理办法〉的公告》（国家税务总局公告2010年第4号）的规定。

14. 关联交易包括房屋建筑物、机器设备的转让和租赁。（　）

[参考答案] 正确

[答案解析] 根据《国家税务总局关于印发〈特别纳税调整实施办法（试行）〉的通知》（国税发〔2009〕2号）第十条规定，“关联交易主要包括以下类型：（一）有形资产的购销、转让和使用，包括房屋建筑物、交通工具、机器设备、工具、商品、产品等有形资产的购销、转让和租赁业务；（二）无形资产的转让和使用，包括土地使用权、版权（著作权）、专利、商标、客户名单、营销渠道、牌号、商业秘密和专有技术等特许权，以及工业品外观设计或实用新型等工业产权的所有权转让和使用权的提供业务；（三）融通资金，包括各类长短期资金拆借和担保以及各类计息预付款和延期付款等业务；（四）提供劳务，包括市场调查、行销、管理、行政事务、技术服务、维修、设计、咨

询、代理、科研、法律、会计事务等服务的提供。”

15. 依法按核定应税所得率方式核定征收企业所得税的企业，取得的转让股权（股票）收入等转让财产收入，减去其相关的成本费用后计入应税收入额，按照主营项目（业务）确定适用的应税所得率计算征税。 （ ）

[参考答案] 错误

[答案解析] 根据《国家税务总局关于企业所得税核定征收有关问题的公告》（国家税务总局公告2012年第27号）第二条的规定，自2012年1月1日起，依法按核定应税所得率方式核定征收企业所得税的企业，取得的转让股权（股票）收入等转让财产收入，应全额计入应税收入额，按照主营项目（业务）确定适用的应税所得率计算征税；若主营项目（业务）发生变化，应在当年汇算清缴时，按照变化后的主营项目（业务）重新确定适用的应税所得率计算征税。

16. 企业通过公益性社会组织捐赠用于应对新型冠状病毒感染的肺炎疫情的现金和物品，允许在计算应纳税所得额时全额扣除。 （ ）

[参考答案] 正确

[答案解析]《财政部 税务总局关于支持新型冠状病毒感染的肺炎疫情防控有关捐赠税收政策的公告》（财政部 税务总局公告2020年第9号）第一条规定，企业和个人通过公益性社会组织或者县级以上人民政府及其部门等国家机关，捐赠用于应对新型冠状病毒感染的肺炎疫情的现金和物品，允许在计算应纳税所得额时全额扣除。

17. 企业取得财产（包括各类资产、股权、债权等）转让收入、债务重组收入、接受捐赠收入、无法偿付的应付款收入等不论是以货币形式、还是非货币形式体现，除另有规定外，均应一次性计入确认收入的年度计算缴纳企业所得税。 （ ）

[参考答案] 正确

[答案解析]《国家税务总局关于企业取得财产转让等所得企业所得税处理问题的公告》（国家税务总局公告2010年第19号）规定，企业取得财产（包括各类资产、股权、债权等）转让收入、债务重组收入、接受捐赠收入、无法偿付的应付款收入等，不论是以货币形式，还是非货币形式体现，除另有规定外，均应一次性计入确认收入的年度计算缴纳企业所得税。

18. 根据《税收征收管理法》的有关规定，对企业发现以前年度实际发生的、按照税收规定应在企业所得税前扣除而未扣除或者少扣除的支出，企业做出专项申报及说明后，准予追补至该项目发生年度计算扣除，但追补确认期限不得超过3年。（ ）

[参考答案] 错误

[参考答案] 根据《国家税务总局关于企业所得税应纳税所得额若干税务处理问题的公告》（国家税务总局公告2012年第15号）第六条的规定，关于以前年度发生应扣未扣支出的税务处理问题：根据《中华人民共和国税收征收管理法》的有关规定，对企业发现以前年度实际发生的、按照税收规定应在企业所得税前扣除而未扣除或者少扣除的支出，企业做出专项申报及说明后，准予追补至该项目发生年度计算扣除，但追补确认期限不得超过5年。

19. 企业固定资产投入使用后，由于工程款项尚未结清未取得全额发票的，可暂按合同规定的金额计入固定资产计税基础计提折旧，待发票取得后进行调整，但该项调整应在当年度企业所得税汇算清缴期内进行。（ ）

[参考答案] 错误

[答案解析] 根据《国家税务总局关于贯彻落实企业所得税法若干税收问题的通知》（国税函〔2010〕79号）第五条规定，企业固定资产投入使用后，由于工程款项尚未结清未取得全额发票的，可暂按合同规定的金额计入固定资产计税基础计提折旧，待发票取得后进行调整。但该项调整应在固定资产投入使用后12个月内进行。

20. 企业所得税法规中的"同期同类贷款利率"，是指在贷款期限、贷款金额、贷款担保以及企业信誉等条件基本相同下，金融企业提供贷款的利率。既可以是金融企业公布的同期同类平均利率，也可以是金融企业对个别企业提供的实际贷款利率。（ ）

[参考答案] 正确

[答案解析]《国家税务总局关于企业所得税若干问题的公告》（国家税务总局公告2011年第34号）第一条规定，根据《企业所得税法实施条例》第三十八条规定，非金融企业向非金融企业借款的利息支出，不超过按照金融企业同期同类贷款利率计算的数额的部分，准予税前扣除。鉴于目前我国对金融企业利率要求的具体情况，企业在按照合同要求首次支付利息并进行税前扣除

时，应提供“金融企业的同期同类贷款利率情况说明”，以证明其利息支出的合理性。“金融企业的同期同类贷款利率情况说明”中，应包括在签订该借款合同当时，本省任何一家金融企业提供同期同类贷款利率情况。该金融企业应为经政府有关部门批准成立的可以从事贷款业务的企业，包括银行、财务公司、信托公司等金融机构。“同期同类贷款利率”是指在贷款期限、贷款金额、贷款担保以及企业信誉等条件基本相同下，金融企业提供贷款的利率。既可以是金融企业公布的同期同类平均利率，也可以是金融企业对某些企业提供的实际贷款利率。

四、综合分析题

1. 请列举不得实行企业所得税核定征收的行业类型有哪些，并简述核定征收对企业所得税的负面影响。

[参考答案]《国家税务总局关于企业所得税核定征收若干问题的通知》（国税函〔2009〕377号）规定，以下纳税人不得实行核定征收：

（1）汇总纳税企业；

（2）上市公司；

（3）银行、信用社、小额贷款公司、保险公司、证券公司、期货公司、信托投资公司、金融资产管理公司、融资租赁公司、担保公司、财务公司、典当公司等金融企业；

（4）会计、审计、资产评估、税务、房地产估价、土地估价、工程造价、律师、价格鉴证、公证机构、基层法律服务机构、专利代理、商标代理以及其他经济鉴证类社会中介机构。

核定征收带来的负面影响有：

（1）不利于引导企业建账健制；

（2）不利于企业所得税的规范管理；

（3）不利于规范发票管理；

（4）不利于纳税人享受税收优惠；

（5）不利于企业所得税政策的贯彻落实；

（6）会引起（下游）企业所得税流失；

（7）不利于衡量企业真实盈利水平和公平税负。

2. 近几年来，为鼓励企业科技创新，加大研发投入，国家加大了税收支持力度，提高了享受研发费加计扣除的比例，有力地支持了企业发展。为全面掌握了解税收政策执行情况，请你结合本地实际情况，就近几年本辖区研发费加计扣除优惠政策的执行情况，进行税收经济和效应分析。请就以下事项进行阐述：

（1）你准备打算从哪几个方面开展研发费加计扣除税收经济和分析？

（2）列出分析写作提纲。

（3）结合此次专题分析，你认为企业所得税部门加强税收经济分析时，最大的制约因素有哪些？

[参考答案]（1）开展研发费加计扣除税收经济和分析应从如下几方面入手：

①列出分析提纲，确立分析框架；

②加强与局内相关部门的联系，提出数据需求，取得数据支持；

③选取部分企业开展政策执行情况调研；

④加强与工信发改科技等主管部门的联系的沟通，获取与分析有关的素材；

⑤加强与经济分析部门的沟通，就分析的角度及指标口径进行研究。

（2）写作提纲可以关注以下要点：

①享受加计扣除企业的规模情况，进行总量分析，结构分析和过程分析；

②税收优惠政策的减税效应及税收负担；

③分区域、分行业、分企业规模，进行系统全面分析；

④拓宽第三方数据来源渠道，从外部相关单位获得数据来源，同时从增值税发票数据、个人所得税工资数据等获取信息，通过从税收看经济、从经济看税收，拓宽分析视角，支撑分析结论；

⑤对政策执行中存在的问题进行分析，提出征管政策建议。

（3）影响税收经济分析最大的制约因素有：

①理念落后，认识有待提高；

②数据来源不够、质量不高；

③人才短缺；

④缺少好的分析框架、分析的深度和广度不够，往往就税收论税收；

⑤结合经济热点的优秀分析题目少，质量不高。

3. 随着“放、管、服”改革的不断深入，企业所得税管理理念、模式、方法和手段都发生了深刻变化，请结合“以数治税”，阐述在推进税收治理现代化的进程中，如何改进和优化企业所得税征管理工作？

[参考答案] 近年来企业所得税大力推进“放、管、服”改革，取消全部行政审批、优惠事项备案，基本上实行“自行判断、申报享受”。“放”得很到位，但在“管”方面还存在很多薄弱环节，特别体现在政策的精准执行方面，管理方面风险较大。为此，为适应新形势下企业所得税管理的需要，要增强“以数治税”功能，构建智能一体的“以数治税”新格局来提升企业所得税管理水平和质量，具体来说，可从以下几个维度考虑：

（1）强化信息管税，随着普通发票和电子化专用发票的推行，在大数据运用方面着力提升企业所得税的征管能力。

（2）注重数据质量，拓宽数据来源渠道，主动融入信息化建设大格局，结合“金税四期”建设，大力提升企业所得税的信息化支撑和保障能力。

（3）以风险管理为导向，深化数据利用，优化数据风险指标模型，加强数据分析，强化分行业、分地区、分重点企业风险指标的建立，创新企业税收治理方式。

（4）加强税种联动、票税联动管理，以发票电子化改革为契机，加强与个人所得税、增值税、土地增值税等各税种联动，拓宽思维方式与方法，实现企业所得税与其他税费种的税收共治大格局。

（5）建立企业所得税专业团队管理队伍。人才是第一要素，对重点事项和高风险事项实行由专业人才团队管理，加强团队培养，有利于集中团队智慧和力量，攻坚克难，解决征管难题。

（6）加强协同管理，实行税收共治。充分利用第三方力量，包括科技部门、房管部门、中介机构等，一起加强和促进企业所得税管理工作。

第八章　特殊行业和特殊事项

一、单项选择题

1. 下列关于房地产企业所得税涉税处理的陈述，错误的是（　　）。

A. 经济适用房开发项目，计税毛利率不得低于5%

B. 房地产开发企业采取一次性全额收款方式销售开发产品，应于实际收讫价款或取得所取价款凭据之日，确定收入的实现

C. 企业发生的期间费用、已销售开发产品计税成本、营业税金及附加、土地增值税准予当期按规定扣除

D. 企业委托境外机构销售开发产品的，其支付境外机构的销售费用（含佣金或手续费）不超过委托销售收入10%的部分，准予据实扣除

[参考答案] A

[答案解析] 《房地产开发经营业务企业所得税处理办法》（国税发〔2009〕31号）规定，企业销售未完工开发产品的计税毛利率由各省、自治区、直辖市国家税务局、地方税务局按下列规定进行确定：属于经济适用房、限价房和危改房的，不得低于3%。

2. 下列关于房地产开发经营业务企业所得税处理的说法中，不正确的是（　　）。

A. 已销售开发产品的计税成本，按当期已实现销售的可售面积和可售面积单位工程成本确认

B. 房地产开发企业对尚未出售的已完工开发产品和按照有关法律、法规或

合同规定对已销售开发产品（包括共用部位、共用设施设备）进行日常维护、保养、修理等实际发生的维修费用，准予在当期据实扣除

C. 房地产开发企业代有关部门、单位和企业收取的各种基金、费用和附加等，未纳入开发产品价格内并由房地产开发企业之外的其他收取部门、单位开具发票的，可作为代收代缴款项进行管理，不计入应税收入中

D. 房地产开发企业将开发产品转为自用的，其实际使用时间累计未超过12个月又销售的，其自用期间计提的折旧费用可以在税前扣除

[参考答案] D

[答案解析]《房地产开发经营业务企业所得税处理办法》规定，房地产开发企业开发产品转为自用的，其实际使用时间累计未超过12个月又销售的，不得在税前扣除折旧费用。

3. 根据《企业所得税法》的相关规定，下列关于房地产开发企业销售开发产品收入确认时间的表述，不正确的是（　　）。

A. 采取一次性全额收款方式销售开发产品的，应于实际收讫价款或取得索取价款凭据（权利）之日，确认收入的实现

B. 采取分期收款方式销售开发产品且付款方提前付款的，在实际付款日确认收入的实现

C. 采取银行按揭方式销售开发产品的，应于实际收到首付款之日按销售合同或协议中约定的价款确认收入额

D. 采取支付手续费方式委托销售开发产品的，应于收到受托方已销售开发产品清单之日确认收入的实现

[参考答案] C

[答案解析]《房地产开发经营业务企业所得税处理办法》规定，采取银行按揭方式销售开发产品的，应按销售合同或协议约定的价款确定收入额，其首付款应于实际收到日确认收入的实现，余款在银行按揭贷款办理转账之日确认收入的实现。

4. 根据《企业所得税法》的相关规定，下列原则中，不可用于确定房地产开发企业计税成本对象的有（　　）。

A. 可否销售原则

B. 权益区分原则

C. 功能区分原则

D. 收入配比原则

[参考答案] D

[答案解析]《房地产开发经营业务企业所得税处理办法》规定，成本对象是指为归集和分配开发产品开发、建造过程中的各项耗费而确定的费用承担项目。计税成本对象的确定原则如下："（一）可否销售原则。（二）分类归集原则。（三）功能区分原则。（四）定价差异原则。（五）成本差异原则。（六）权益区分原则。"

5. 企业开发、建造的开发产品应按制造成本法进行计量与核算，具体分配方法不包括（　　）。

A. 占地面积法

B. 建筑面积法

C. 间接成本法

D. 预算造价法

[参考答案] C

[答案解析]《房地产开发经营业务企业所得税处理办法》规定，企业开发、建造的开发产品应按制造成本法进行计量与核算。其中，应计入开发产品成本中的费用属于直接成本和能够分清成本对象的间接成本，直接计入成本对象；共同成本和不能分清负担对象的间接成本，应按受益的原则和配比的原则分配至各成本对象，具体分配方法可按以下规定选择其一："（一）占地面积法。（二）建筑面积法。（三）直接成本法。（四）预算造价法。"

6. 出包工程未最终办理结算而未取得全额发票的，在证明资料充分的前提下，其发票不足金额可以预提，但最高不得超过合同总金额的（　　）。

A. 10%

B. 15%

C. 5%

D. 20%

[参考答案] A

[答案解析]《房地产开发经营业务企业所得税处理办法》规定，出包工程未最终办理结算而未取得全额发票的，在证明资料充分的前提下，其发票不足

金额可以预提，但最高不得超过合同总金额的10%。

7. 房地产企业在境内发生的处置资产的下列情形中，应视同销售确认企业所得税应税收入的是（　　）。

A. 将资产用于职工奖励或福利

B. 将资产用于加工另一种产品

C. 将资产结构或性能改变

D. 将资产在总分支机构之间转移

[参考答案] A

[答案解析]《房地产开发经营业务企业所得税处理办法》规定，企业将开发产品用于捐赠、赞助、职工福利、奖励、对外投资、分配给股东或投资人、抵偿债务、换取其他企事业单位和个人的非货币性资产等行为，应视同销售，于开发产品所有权或使用权转移，或于实际取得利益权利时确认收入（或利润）的实现。

8. 根据企业所得税的相关规定，企业接受县政府以股权投资方式投入的国有非货币资产，应确定的计税基础是（　　）。

A. 该资产的公允价值

B. 该资产的账面净值

C. 政府确认的接收价值

D. 该资产的账面价值

[参考答案] C

[答案解析]《国家税务总局关于企业所得税应纳税所得额若干问题的公告》（国家税务总局公告2012年第15号）第一条规定："（一）县级以上人民政府（包括政府有关部门，下同）将国有资产明确以股权投资方式投入企业，企业应作为国家资本金（包括资本公积）处理。该项资产如为非货币性资产，应按政府确定的接收价值确定计税基础。（二）县级以上人民政府将国有资产无偿划入企业，凡指定专门用途并按《财政部　国家税务总局关于专项用途财政性资金企业所得税处理问题的通知》规定进行管理的，企业可作为不征税收入进行企业所得税处理。其中，该项资产属于非货币性资产的，应按政府确定的接收价值计算不征税收入。县级以上人民政府将国有资产无偿划入企业，属于上述（一）、（二）项以外情形的，应按政府确定的接收价值计入当期收入总

额计算缴纳企业所得税。政府没有确定接收价值的，按资产的公允价值计算确定应税收入。”

9. A房地产开发公司购入政府发行的年利率为4.5%的一年期国债1 000万元，持有300天时以1 040万元的价格转让。该企业该笔交易的应纳税所得额是（　　）万元。

A. 0

B. 3.01

C. 40

D. 1 003.01

[参考答案] B

[答案解析] 国债利息收入 = 1 000 ×（4.5% ÷365）×300 = 36.99（万元）

国债利息收入免税，国债转让收入计入应纳税所得额。

该笔交易的应纳税所得额 = 1 040 - 1 000 - 36.99 = 3.01（万元）

10. 房地产开发公司的各项开发产品的计税成本支出中，不包括（　　）。

A. 前期工程费

B. 公共配套设施费

C. 开发间接费

D. 制造费用

[参考答案] D

[答案解析]《房地产开发经营业务企业所得税处理办法》规定，开发产品计税成本支出的内容如下：“（一）土地征用费及拆迁补偿费。（二）前期工程费。（三）建筑安装工程费。（四）基础设施建设费。（五）公共配套设施费。（六）开发间接费。”

11. 建筑企业总机构直接管理的跨地区设立的项目部，应按项目实际经营收入的（　　）按月或按季由总机构向项目所在地预分企业所得税，并由项目部向所在地主管税务机关预缴。

A. 1%

B. 0.1%

C. 0.2%

D. 0.3%

[参考答案] C

[答案解析]《国家税务总局关于跨地区经营建筑企业所得税征收管理问题的通知》规定，建筑企业总机构直接管理的跨地区设立的项目部，应按项目实际经营收入的0.2%按月或按季由总机构向项目所在地预分企业所得税，并由项目部向所在地主管税务机关预缴。

12. 居民企业在中国境内设立不具有法人资格的营业机构的，（　　）汇总计算并缴纳企业所得税。

A. 不需要

B. 可选择

C. 应当

D. 以上答案都不对

[参考答案] C

[答案解析]《企业所得税法实施条例》规定，企业汇总计算并缴纳企业所得税时，应当统一核算应纳税所得额，具体办法由国务院财政、税务主管部门制定。

13. 汇总纳税企业应当自年度终了之日起（　　）内，由总机构汇总计算企业年度应纳所得税额，扣除总机构和各分支机构已预缴的税款，计算出应缴应退税款，按照规定的税款分摊方法计算总机构和分支机构的企业所得税应缴应退税款，分别由总机构和分支机构就地办理税款缴库或退库。

A. 15日

B. 1个月

C. 5个月

D. 1年

[参考答案] C

[答案解析]《国家税务总局关于印发〈跨地区经营汇总纳税企业所得税征收管理办法〉的公告》（国家税务总局公告2012年第57号）规定，汇总纳税企业应当自年度终了之日起5个月内，由总机构汇总计算企业年度应纳所得税额，扣除总机构和各分支机构已预缴的税款，计算出应缴应退税款，按照规定的税款分摊方法计算总机构和分支机构的企业所得税应缴应退税款，分别由总机构和分支机构就地办理税款缴库或退库。

14. 汇总纳税企业在纳税年度内预缴企业所得税税款少于全年应缴企业所得税税款的，应在汇算清缴期内由总、分机构分别结清应缴的企业所得税税款；预缴税款超过应缴税款的，主管税务机关应及时按有关规定分别办理退税，或者经总、分机构同意后分别抵缴其（　　）应缴企业所得税税款。

A. 下一月度

B. 下一季度

C. 下一年度

D. 5 年内

[参考答案] C

[答案解析]《国家税务总局关于印发〈跨地区经营汇总纳税企业所得税征收管理办法〉的公告》规定，汇总纳税企业在纳税年度内预缴企业所得税税款少于全年应缴企业所得税税款的，应在汇算清缴期内由总、分机构分别结清应缴的企业所得税税款；预缴税款超过应缴税款的，主管税务机关应及时按有关规定分别办理退税，或者经总、分机构同意后分别抵缴其下一年度应缴企业所得税税款。

15. 汇总纳税企业按规定汇总计算的企业所得税，包括预缴税款和汇算清缴应缴应退税款，50% 在各分支机构间分摊，各分支机构根据分摊税款就地办理缴库或退库；50% 由总机构分摊缴纳，其中 25% 就地办理缴库或退库，（　　）就地全额缴入中央国库或退库。

A. 25%

B. 50%

C. 75%

D. 100%

[参考答案] A

[答案解析] 汇总纳税企业按照《企业所得税法》及《国家税务总局关于印发〈跨地区经营汇总纳税企业所得税征收管理办法〉的公告》的规定，汇总计算企业所得税时，包括预缴税款和汇算清缴应缴应退税款，50% 在各分支机构间分摊，各分支机构根据分摊税款就地办理缴库或退库；50% 由总机构分摊缴纳，其中 25% 就地办理缴库或退库，25% 就地全额缴入中央国库或退库。

16. 汇总纳税总机构应按照上年度分支机构的（　　）、职工薪酬和资产总额三个因素计算各分支机构分摊所得税款的比例；三级及以下分支机构，其三个因素统一计入二级分支机构。

A. 主营业务收入

B. 营业外收入

C. 销售收入

D. 营业收入

[参考答案] D

[答案解析] 总机构应按照上年度分支机构的营业收入、职工薪酬和资产总额三个因素计算各分支机构分摊所得税款的比例；三级及以下分支机构，其营业收入、职工薪酬和资产总额统一计入二级分支机构。

上年度分支机构的营业收入、职工薪酬和资产总额，是指分支机构上年度全年的营业收入、职工薪酬数据和上年度 12 月 31 日的资产总额数据，是依照国家统一会计制度的规定核算的数据。一个纳税年度内，总机构首次计算分摊税款时采用的分支机构营业收入、职工薪酬和资产总额数据，与此后经过中国注册会计师审计确认的数据不一致的，不作调整。

17. 汇总纳税总机构应按照上年度分支机构的营业收入、职工薪酬和资产总额三个因素计算各分支机构分摊所得税款的比例。三因素的权重依次为 0.35、0.35、(　　)。

A. 0.35

B. 0.30

C. 0.70

D. 1

[参考答案] B

[答案解析] 总机构应按照上年度分支机构的营业收入、职工薪酬和资产总额三个因素计算各分支机构分摊所得税款的比例。三因素的权重依次为 0.35、0.35、0.30。

18. 企业重组的税务处理区分不同条件分别适用一般性税务处理规定和(　　)税务处理规定。

A. 小规模性

B. 非一般性

C. 特殊性

D. 以上答案都不对

［参考答案］C

［答案解析］《财政部　国家税务总局关于企业重组业务企业所得税处理若干问题的通知》（财税〔2009〕59号）规定，企业重组的税务处理区分不同条件分别适用一般性税务处理规定和特殊性税务处理规定。

19. 企业由法人转变为个人独资企业、合伙企业等非法人组织，或将登记注册地转移至中华人民共和国境外（包括港澳台地区），应视同企业进行清算、分配，股东重新投资成立新企业。企业的全部资产以及股东投资的计税基础均应以（　　）为基础确定。

A. 市场价值

B. 投资价值

C. 清算价值

D. 公允价值

［参考答案］D

［答案解析］《财政部　国家税务总局关于企业重组业务企业所得税处理若干问题的通知》规定，企业由法人转变为个人独资企业、合伙企业等非法人组织，或将登记注册地转移至中华人民共和国境外（包括港澳台地区），应视同企业进行清算、分配，股东重新投资成立新企业。企业的全部资产以及股东投资的计税基础均应以公允价值为基础确定。

20. 企业重组同时符合下列条件的，适用特殊性税务处理规定：具有合理的商业目的，且不以减少、免除或者推迟缴纳税款为主要目的。被收购、合并或分立部分的资产或股权比例符合规定的比例。企业重组后的连续（　　）内不改变重组资产原来的实质性经营活动。重组交易对价中涉及股权支付金额符合规定比例。企业重组中取得股权支付的原主要股东，在重组后连续（　　）内，不得转让所取得的股权。

A. 1个月，1个月

B. 1个季度，1个季度

C. 12个月，12个月

D. 1年，1年

[参考答案] C

[答案解析]《财政部 国家税务总局关于企业重组业务企业所得税处理若干问题的通知》规定，企业重组同时符合下列条件的，适用特殊性税务处理规定：

“(一) 具有合理的商业目的，且不以减少、免除或者推迟缴纳税款为主要目的。

(二) 被收购、合并或分立部分的资产或股权比例符合本通知规定的比例。

(三) 企业重组后的连续 12 个月内不改变重组资产原来的实质性经营活动。

(四) 重组交易对价中涉及股权支付金额符合本通知规定比例。

(五) 企业重组中取得股权支付的原主要股东，在重组后连续 12 个月内，不得转让所取得的股权。”

21. 特殊性重组政策规定，企业重组中取得股权支付的原主要股东，在重组后连续 12 个月内，不得转让所取得的股权。原主要股东，是指原持有转让企业或被收购企业（　　）以上股权的股东。

A. 10%

B. 20%

C. 50%

D. 100%

[参考答案] B

[答案解析]《企业重组业务企业所得税管理办法》(国家税务总局公告 2010 年第 4 号) 规定，符合特殊性重组，企业重组中取得股权支付的原主要股东，在重组后连续 12 个月内，不得转让所取得的股权。原主要股东，是指原持有转让企业或被收购企业 20% 以上股权的股东。

22. 收购企业购买的股权不低于被收购企业全部股权的 75%，且收购企业在该股权收购发生时的股权支付金额不低于其交易支付总额的（　　），可以选择股权收购特殊性税务处理。

A. 50%

B. 75%

C. 85%

D. 20%

［参考答案］C

［答案解析］《财政部　国家税务总局关于企业重组业务企业所得税处理若干问题的通知》规定，股权收购，收购企业购买的股权不低于被收购企业全部股权的75%，且收购企业在该股权收购发生时的股权支付金额不低于其交易支付总额的85%，可以选择按以下规定处理：

（1）被收购企业的股东取得收购企业股权的计税基础，以被收购股权的原有计税基础确定。

（2）收购企业取得被收购企业股权的计税基础，以被收购股权的原有计税基础确定。

（3）收购企业、被收购企业的原有各项资产和负债的计税基础和其他相关所得税事项保持不变。

23. 企业股东在该企业合并发生时取得的股权支付金额不低于其交易支付总额的（　　），以及同一控制下且不需要支付对价的企业合并，可以选择企业合并特殊性税务处理。

A. 50%

B. 75%

C. 85%

D. 20%

［参考答案］C

［答案解析］《财政部　国家税务总局关于企业重组业务企业所得税处理若干问题的通知》规定，企业合并，企业股东在该企业合并发生时取得的股权支付金额不低于其交易支付总额的85%，以及同一控制下且不需要支付对价的企业合并，可以选择按以下规定处理：

（1）合并企业接受被合并企业资产和负债的计税基础，以被合并企业的原有计税基础确定。

（2）被合并企业合并前的相关所得税事项由合并企业承继。

（3）可由合并企业弥补的被合并企业亏损的限额＝被合并企业净资产公允价值×截至合并业务发生当年年末国家发行的最长期限的国债利率

（4）被合并企业股东取得合并企业股权的计税基础，以其原持有的被合并企业股权的计税基础确定。

24. 当事方的其中一方在规定时间内发生生产经营业务、公司性质、资产或股权结构等情况变化，致使重组业务不再符合特殊性税务处理条件的，发生变化的当事方应在情况发生变化的30天内书面通知其他所有当事方。主导方在接到通知后30日内将有关变化通知其主管税务机关。上款所述情况发生变化后（　　）内，应按照《企业重组业务企业所得税管理办法》（国家税务总局公告2010年第4号）第四条的规定调整重组业务的税务处理。

A. 15日

B. 30日

C. 60日

D. 90日

[参考答案] C

[答案解析]《企业重组业务企业所得税管理办法》规定，当事方的其中一方在规定时间内发生生产经营业务、公司性质、资产或股权结构等情况变化，致使重组业务不再符合特殊性税务处理条件的，发生变化的当事方应在情况发生变化的30天内书面通知其他所有当事方。主导方在接到通知后30日内将有关变化通知其主管税务机关。

上款所述情况发生变化后60日内，应按照《企业重组业务所得税管理办法》第四条的规定调整重组业务的税务处理。原交易各方应各自按原交易完成时资产和负债的公允价值计算重组业务的收益或损失，调整交易完成纳税年度的应纳税所得额及相应的资产和负债的计税基础，并向各自主管税务机关申请调整交易完成纳税年度的企业所得税年度申报表。逾期不调整申报的，按照《税收征收管理法》的相关规定处理。

25. 企业发生涉及中国境内与境外之间（包括港澳台地区）的股权和资产收购交易，除应符合特殊性税务处理的条件外，还应同时符合下列条件，才可选择适用特殊性税务处理规定：

（1）非居民企业向其100%直接控股的另一非居民企业转让其拥有的居民企业股权，没有因此造成以后该项股权转让所得预提税负担变化，且转让方非居民企业向主管税务机关书面承诺在（　　）年（含）内不转让其拥有受让方非居民企业的股权；

（2）非居民企业向与其具有 100% 直接控股关系的居民企业转让其拥有的另一居民企业股权；

（3）居民企业以其拥有的资产或股权向其 100% 直接控股的非居民企业进行投资；

（4）财政部、国家税务总局核准的其他情形。

A. 1

B. 3

C. 5

D. 10

[参考答案] B

[答案解析]《财政部　国家税务总局关于企业重组业务企业所得税处理若干问题的通知》规定，企业发生涉及中国境内与境外之间（包括港澳台地区）的股权和资产收购交易，除应符合特殊性税务处理的条件外，还应同时符合下列条件，才可选择适用特殊性税务处理规定：

（1）非居民企业向其 100% 直接控股的另一非居民企业转让其拥有的居民企业股权，没有因此造成以后该项股权转让所得预提税负担变化，且转让方非居民企业向主管税务机关书面承诺在 3 年（含）内不转让其拥有受让方非居民企业的股权；

（2）非居民企业向与其具有 100% 直接控股关系的居民企业转让其拥有的另一居民企业股权；

（3）居民企业以其拥有的资产或股权向其 100% 直接控股的非居民企业进行投资；

（4）财政部、国家税务总局核准的其他情形。

26. 非居民企业股权转让选择特殊性税务处理的，应于股权转让合同或协议生效且完成工商变更登记手续（　　）内进行备案。

A. 15 日

B. 30 日

C. 60 日

D. 90 日

[参考答案] B

[**答案解析**]《国家税务总局关于非居民企业股权转让适用特殊性税务处理有关问题的公告》规定，非居民企业股权转让选择特殊性税务处理的，应于股权转让合同或协议生效且完成工商变更登记手续30日内进行备案。属于非居民企业向其100%直接控股的另一非居民企业转让其拥有的居民企业股权，没有因此造成以后该项股权转让所得预提税负担变化，且转让方非居民企业向主管税务机关书面承诺在3年（含3年）内不转让其拥有受让方非居民企业的股权情形的，由转让方向被转让企业所在地所得税主管税务机关备案；属于非居民企业向与其具有100%直接控股关系的居民企业转让其拥有的另一居民企业股权情形的，由受让方向其所在地所得税主管税务机关备案。

27. 企业发生涉及中国境内与境外之间（包括港澳台地区）的股权和资产收购交易，符合条件的可选择适用特殊性税务处理规定。凡适用特殊性税务处理规定的，应按照境内企业重组特殊性税务处理管理规定执行。

符合特殊性税务处理的条件下，居民企业以其拥有的资产或股权向其100%直接控股的非居民企业进行投资，其资产或股权转让收益如选择特殊性税务处理，可以在（　　）个纳税年度内均匀计入各年度应纳税所得额。

A. 3

B. 5

C. 10

D. 20

[**参考答案**] C

[**答案解析**]《企业重组业务企业所得税管理办法》规定，企业发生涉及中国境内与境外之间（包括港澳台地区）的股权和资产收购交易，符合条件的可选择适用特殊性税务处理规定。凡适用特殊性税务处理规定的，应按照境内企业重组特殊性税务处理管理规定执行。

符合特殊性税务处理的条件下，居民企业以其拥有的资产或股权向其100%直接控股的非居民企业进行投资，其资产或股权转让收益如选择特殊性税务处理，可以在10个纳税年度内均匀计入各年度应纳税所得额。

28. 县级以上人民政府（包括政府有关部门，下同）将国有资产明确以股权投资方式投入企业，企业应作为国家资本金（包括资本公积）处理。该项资产如为非货币性资产，应按政府确定的（　　）确定计税基础。

A. 市场价值

B. 初始价值

C. 接收价值

D. 公允价值

［参考答案］C

［答案解析］根据《国家税务总局关于企业所得税应纳税所得额若干问题的公告》（国家税务总局公告2014年第29号）规定，企业接收政府划入资产的处理：

“（一）县级以上人民政府（包括政府有关部门，下同）将国有资产明确以股权投资方式投入企业，企业应作为国家资本金（包括资本公积）处理。该项资产如为非货币性资产，应按政府确定的接收价值确定计税基础。

（二）县级以上人民政府将国有资产无偿划入企业，凡指定专门用途并按《财政部　国家税务总局关于专项用途财政性资金企业所得税处理问题的通知》（财税〔2011〕70号）规定进行管理的，企业可作为不征税收入进行企业所得税处理。其中，该项资产属于非货币性资产的，应按政府确定的接收价值计算不征税收入。

（三）企业接收政府无偿划入资产的企业所得税处理。企业无偿接受县级以上人民政府及其有关部门无偿划入资产，属于上述（一）、（二）项情形以外的（税法另有规定除外），企业应按政府确定的该项资产的实际接收价值，并入当期应税收入，计算缴纳企业所得税。如果政府没有确定接收价值的，应按资产的公允价值确定应税收入。上述处理的政策依据是：现行企业所得税法将企业收入总额分为免税收入、不征税收入和应税收入三类，显然，该项收入如果不属于免税收入或不征税收入，就应当属于应税收入。”

29. 企业接收股东划入资产（包括股东赠予资产、上市公司在股权分置改革过程中接收原非流通股股东和新非流通股股东赠予的资产、股东放弃本企业的股权，下同），凡合同、协议约定作为资本金（包括资本公积）且在会计上已做实际处理的，不计入企业的收入总额，企业应按（　　）确定该项资产的计税基础。

A. 市场价值

B. 原始价值

C. 接受价值

D. 公允价值

[参考答案] D

[答案解析]《国家税务总局关于企业所得税应纳税所得额若干问题的公告》规定：

(1) 企业接收股东划入资产（包括股东赠予资产、上市公司在股权分置改革过程中接收原非流通股股东和新非流通股股东赠予的资产、股东放弃本企业的股权，下同），凡合同、协议约定作为资本金（包括资本公积）且在会计上已做实际处理的，不计入企业的收入总额，企业应按公允价值确定该项资产的计税基础。

(2) 企业接收股东划入资产，凡作为收入处理的，应按公允价值计入收入总额，计算缴纳企业所得税，同时按公允价值确定该项资产的计税基础。

30. 居民企业以非货币性资产对外投资确认的非货币性资产转让所得，可在不超过（　　）年期限内，分期均匀计入相应年度的应纳税所得额，按规定计算缴纳企业所得税。

A. 3

B. 5

C. 10

D. 20

[参考答案] B

[答案解析]《财政部　国家税务总局关于非货币性资产投资企业所得税政策问题的通知》（财税〔2014〕116号）规定，居民企业以非货币性资产对外投资确认的非货币性资产转让所得，可在不超过5年期限内，分期均匀计入相应年度的应纳税所得额，按规定计算缴纳企业所得税。

31. 非货币性资产，是指现金、银行存款、（　　）、应收票据以及准备持有至到期的债券投资等货币性资产以外的资产。

A. 应收账款

B. 预收账款

C. 其他应付款

D. 其他应收款

［参考答案］A

［答案解析］《财政部　国家税务总局关于非货币性资产投资企业所得税政策问题的通知》规定，非货币性资产，是指现金、银行存款、应收账款、应收票据以及准备持有至到期的债券投资等货币性资产以外的资产。

32. 企业以非货币性资产对外投资而取得被投资企业的股权，应以非货币性资产的原计税成本为计税基础，加上每年确认的非货币性资产转让所得，逐年进行调整。被投资企业取得非货币性资产的计税基础，应按非货币性资产的（　　）确定。

A. 市场价值

B. 原始价值

C. 接受价值

D. 公允价值

［参考答案］D

［答案解析］《财政部　国家税务总局关于非货币性资产投资企业所得税政策问题的通知》规定，企业以非货币性资产对外投资而取得被投资企业的股权，应以非货币性资产的原计税成本为计税基础，加上每年确认的非货币性资产转让所得，逐年进行调整。被投资企业取得非货币性资产的计税基础，应按非货币性资产的公允价值确定。

33. 企业清算的所得税处理，是指企业在不再持续经营，发生结束自身业务、处置资产、偿还债务以及向所有者分配剩余财产等经济行为时，对清算所得、清算所得税、股息分配等事项的处理。企业的全部资产可变现价值或交易价格，减除资产的计税基础、清算费用、相关税费，加上债务清偿损益等后的余额，为（　　）。

A. 清算所得

B. 清算收入

C. 清算收益

D. 清算所得税

［参考答案］A

［答案解析］《财政部　国家税务总局关于企业清算业务企业所得税处理若干问题的通知》（财税〔2009〕60 号）规定，企业清算的所得税处理，是指企

业在不再持续经营，发生结束自身业务、处置资产、偿还债务以及向所有者分配剩余财产等经济行为时，对清算所得、清算所得税、股息分配等事项的处理。

企业的全部资产可变现价值或交易价格，减除资产的计税基础、清算费用、相关税费，加上债务清偿损益等后的余额，为清算所得。

34. 企业清算时，应当以整个清算期间作为一个纳税年度，依法计算清算所得及其应纳所得税。企业应当自清算结束之日起（　　）日内，向主管税务机关报送企业清算所得税纳税申报表，结清税款。

A. 15

B. 30

C. 60

D. 90

［参考答案］ A

［答案解析］《国家税务总局关于企业清算所得税有关问题的通知》（国税函〔2009〕684号）规定，企业清算时，应当以整个清算期间作为一个纳税年度，依法计算清算所得及其应纳所得税。企业应当自清算结束之日起15日内，向主管税务机关报送企业清算所得税纳税申报表，结清税款。

企业未按照规定的期限办理纳税申报或者未按照规定期限缴纳税款的，应根据《税收征收管理法》的相关规定加收滞纳金。

35. 企业在清算过程中，投资方企业从被清算企业分得的剩余资产，其中相当于从被清算企业累计未分配利润和累计盈余公积中应当分得的部分，应当确认为（　　）。

A. 清算所得

B. 股息所得

C. 清算收益

D. 股息收益

［参考答案］ B

［答案解析］《企业所得税法实施条例》规定，投资方企业从被清算企业分得的剩余资产，其中相当于从被清算企业累计未分配利润和累计盈余公积中应当分得的部分，应当确认为股息所得；剩余资产减除上述股息所得后的余额，

超过或者低于投资成本的部分，应当确认为投资资产转让所得或者损失。

36. 企业政策性搬迁是指由于（　　）利益的需要，在政府主导下企业进行整体搬迁或部分搬迁。企业由于下列需要之一，提供相关文件证明资料的，属于政策性搬迁。

A. 国家安全

B. 社会公共

C. 人民公共

D. 全体公众

［参考答案］B

［答案解析］《国家税务总局关于发布〈企业政策性搬迁所得税管理办法〉的公告》（国家税务总局公告2012年第40号）规定，企业政策性搬迁是指由于社会公共利益的需要，在政府主导下企业进行整体搬迁或部分搬迁。企业由于下列需要之一，提供相关文件证明资料的，属于政策性搬迁：

（1）国防和外交的需要；

（2）由政府组织实施的能源、交通、水利等基础设施的需要；

（3）由政府组织实施的科技、教育、文化、卫生、体育、环境和资源保护、防灾减灾、文物保护、社会福利、市政公用等公共事业的需要；

（4）由政府组织实施的保障性安居工程建设的需要；

（5）由政府依照《中华人民共和国城乡规划法》有关规定组织实施的对危房集中、基础设施落后等地段进行旧城区改建的需要；

（6）法律、行政法规规定的其他公共利益的需要。

37. 从搬迁开始，（　　）内任何一年完成搬迁的或搬迁时间满（　　）的年度，为企业政策性搬迁完成年度，企业应进行搬迁清算，计算搬迁所得。

A. 5年

B. 60个月

C. 5年（60个月）

D. 10年

［参考答案］A

［答案解析］《国家税务总局关于发布〈企业政策性搬迁所得税管理办法〉的公告》规定，下列情形之一的，为搬迁完成年度，企业应进行搬迁清算，计

算搬迁所得：

（1）从搬迁开始，5年内（包括搬迁当年度）任何一年完成搬迁的。

（2）从搬迁开始，搬迁时间满5年（包括搬迁当年度）的年度。

38. 企业属于政策性搬迁，同时符合下列条件的，视为已经完成搬迁：

（1）搬迁规划已基本完成；

（2）当年生产经营收入占规划搬迁前年度生产经营收入（　　）以上。

A. 50%

B. 75%

C. 85%

D. 20%

[参考答案] A

[答案解析]《国家税务总局关于发布〈企业政策性搬迁所得税管理办法〉的公告》规定，企业同时符合下列条件的，为政策性搬迁已经完成：

（1）搬迁规划已基本完成；

（2）当年生产经营收入占规划搬迁前年度生产经营收入50%以上。

39. 企业应当自搬迁开始年度，至次年（　　）前，向主管税务机关（包括迁出地和迁入地）报送政策性搬迁依据、搬迁规划等相关材料。逾期未报的，除特殊原因并经主管税务机关认可外，按非政策性搬迁处理，不得执行《企业政策性搬迁所得税管理办法》的规定。

A. 5月31日

B. 6月30日

C. 12月31日

D. 1月1日

[参考答案] A

[答案解析]《国家税务总局关于发布〈企业政策性搬迁所得税管理办法〉的公告》规定，企业应当自搬迁开始年度，至次年5月31日前，向主管税务机关（包括迁出地和迁入地）报送政策性搬迁依据、搬迁规划等相关材料。逾期未报的，除特殊原因并经主管税务机关认可外，按非政策性搬迁处理，不得执行《企业政策性搬迁所得税管理办法》的规定。

40. 不同时期政策性搬迁的政策适用不同，《国家税务总局关于企业政策性搬迁或处置收入有关企业所得税处理问题的通知》（国税函〔2009〕118 号）与《国家税务总局关于发布〈企业政策性搬迁所得税管理办法〉的公告》（国家税务总局公告 2012 年第 40 号）两个文件执行的分界点为（　　）。

A. 2012 年 1 月 1 日

B. 2012 年 7 月 1 日

C. 2012 年 10 月 1 日

D. 2012 年 12 月 1 日

[参考答案] C

[答案解析]《国家税务总局关于企业政策性搬迁所得税有关问题的公告》（国家税务总局 2012 年第 40 号公告）自 2012 年 10 月 1 日起执行。本公告施行后，《国家税务总局关于企业政策性搬迁或处置收入有关企业所得税处理问题的通知》（国税函〔2009〕118 号）同时废止。

41. 采用应税所得率方式核定征收企业所得税的企业，应纳所得税额计算公式应为（　　）。

A. 应纳所得税额 = 应纳税所得额 × 适用税率

B. 应纳税所得额 = 应税收入额 × 应税所得率

C. 应纳税所得额 = 成本（费用）支出额/(1 - 应税所得率) × 应税所得率

D. 应纳税所得额 = 成本（费用）支出额/(1 + 应税所得率) × 应税所得率

[参考答案] C

[答案解析]《企业所得税核定征收办法（试行）》（国税发〔2008〕30 号）规定，采用应税所得率方式核定征收企业所得税的，应纳所得税额计算公式如下：

应纳所得税额 = 应纳税所得额 × 适用税率

应纳税所得额 = 应税收入额 × 应税所得率

或：应纳税所得额 = 成本（费用）支出额/（1 - 应税所得率）× 应税所得率

42. 采用应税所得率方式核定征收企业所得税的企业，“应税收入额”等于收入总额减去不征税收入和免税收入后的余额。用公式表示为：应税收入额 = 收入总额 - 不征税收入 - 免税收入。其中，收入总额为企业以货币形式和（　　）从各种来源取得的收入。

A. 现金形式

B. 银行存款

C. 非货币形式

D. 银行汇票

[参考答案] C

[答案解析]《国家税务总局关于企业所得税核定征收若干问题的通知》的“应税收入额”等于收入总额减去不征税收入和免税收入后的余额。用公式表示为：应税收入额 = 收入总额 - 不征税收入 - 免税收入。其中，收入总额为企业以货币形式和非货币形式从各种来源取得的收入。

43. 实行应税所得率方式核定征收企业所得税的纳税人，经营多业的，无论其经营项目是否单独核算，均由税务机关根据其主营项目确定适用的应税所得率。主营项目应为纳税人所有经营项目中，收入总额或者成本（费用）支出额或者耗用原材料、燃料、动力数量所占比重（　　）的项目。

A. 最大

B. 最小

C. 中间

D. 以上答案都不对

[参考答案] A

[答案解析]《企业所得税核定征收办法（试行）》规定，采用应税所得率方式核定征收企业所得税的纳税人，经营多业的，无论其经营项目是否单独核算，均由税务机关根据其主营项目确定适用的应税所得率。主营项目应为纳税人所有经营项目中，收入总额或者成本（费用）支出额或者耗用原材料、燃料、动力数量所占比重最大的项目。

44. 实行应税所得率方式核定征收企业所得税的纳税人，建筑业应税所得率的幅度标准为8%到（　　）。

A. 10%

B. 15%

C. 20%

D. 30%

[参考答案] C

[答案解析]《企业所得税核定征收办法（试行）》规定，应税所得率按下

表规定的幅度标准确定：

行　业	应税所得率（%）
农、林、牧、渔业	3—10
制造业	5—15
批发和零售贸易业	4—15
交通运输业	7—15
建筑业	8—20
饮食业	8—25
娱乐业	15—30
其他行业	10—30

45. 实行应税所得率方式核定征收企业所得税的纳税人，其他行业应税所得率的幅度标准为10%到（　　）。

A. 10%

B. 15%

C. 20%

D. 30%

［参考答案］D

［答案解析］《企业所得税核定征收办法（试行）》规定，应税所得率按下表规定的幅度标准确定：

行　业	应税所得率（%）
农、林、牧、渔业	3—10
制造业	5—15
批发和零售贸易业	4—15
交通运输业	7—15
建筑业	8—20
饮食业	8—25
娱乐业	15—30
其他行业	10—30

46. 实行应税所得率方式核定征收企业所得税的纳税人，其生产经营范围、主营业务发生重大变化，或者应纳税所得额或应纳税额增减变化达到（　　）的，应及时向税务机关申报调整已确定的应纳税额或应税所得率。

A. 10%

B. 15%

C. 20%

D. 30%

［参考答案］C

［答案解析］《企业所得税核定征收办法（试行）》规定，纳税人的生产经营范围、主营业务发生重大变化，或者应纳税所得额或应纳税额增减变化达到20%的，应及时向税务机关申报调整已确定的应纳税额或应税所得率。

47. 税务机关应在每年（　　）底前对上年度实行核定征收企业所得税的纳税人进行重新鉴定。重新鉴定工作完成前，纳税人可暂按上年度的核定征收方式预缴企业所得税；重新鉴定工作完成后，按重新鉴定的结果进行调整。

A. 3月

B. 5月

C. 6月

D. 12月

［参考答案］C

［答案解析］《企业所得税核定征收办法（试行）》规定，税务机关应在每年6月底前对上年度实行核定征收企业所得税的纳税人进行重新鉴定。重新鉴定工作完成前，纳税人可暂按上年度的核定征收方式预缴企业所得税；重新鉴定工作完成后，按重新鉴定的结果进行调整。

48. 特殊行业、特殊类型的纳税人和一定规模以上的纳税人不得实行核定方式征收企业所得税，汇总纳税企业（　　）实行企业所得税核定征收。

A. 可以

B. 不得

C. 根据规模大小选择

D. 以上答案都不对

［参考答案］B

［答案解析］特殊行业、特殊类型的纳税人和一定规模以上的纳税人不得实行核定方式征收企业所得税。上述特定纳税人包括汇总纳税企业。

49. 自2020年1月1日至2022年12月31日，对金融机构（　　）小额贷款的利息收入，在计算应纳税所得额时，按90%计入收入总额。

A. 农户

B. 个体工商户

C. 小型企业

D. 微型企业

［参考答案］A

［答案解析］《关于小额贷款公司有关税收政策的通知》（财税〔2017〕48号）规定，对经省级金融管理部门（金融办、局等）批准成立的小额贷款公司取得的农户小额贷款利息收入，在计算应纳税所得额时，按90%计入收入总额。农户，是指长期（一年以上）居住在乡镇（不包括城关镇）行政管理区域内的住户，还包括长期居住在城关镇所辖行政村范围内的住户和户口不在本地而在本地居住一年以上的住户，国有农场的职工和农村个体工商户。小额贷款，是指单笔且该农户贷款余额总额在10万元（含本数）以下的贷款。

50. 自2020年1月1日至2022年12月31日，对金融机构农户小额贷款的利息收入，在计算应纳税所得额时，按（　　）计入收入总额。

A. 50%

B. 90%

C. 10%

D. 75%

［参考答案］B

［答案解析］《关于延续支持农村金融发展有关税收政策的通知》（财税〔2017〕44号）规定，对金融机构农户小额贷款的利息收入，在计算应纳税所得额时，按90%计入收入总额。农户，是指长期（一年以上）居住在乡镇（不包括城关镇）行政管理区域内的住户，还包括长期居住在城关镇所辖行政村范围内的住户和户口不在本地而在本地居住一年以上的住户，国有农场的职工和农村个体工商户。小额贷款，是指单笔且该农户贷款余额总额在10万元（含本数）以下的贷款。金融机构应对符合条件的农户小额贷款利息收入进行单独

核算，不能单独核算的不得适用规定的优惠政策。

51. 自2020年1月1日至2022年12月31日，对保险公司为种植业、养殖业提供保险业务取得的保费收入，在计算应纳税所得额时，按（　　）计入收入总额。

A. 50%

B. 90%

C. 10%

D. 75%

[**参考答案**] B

[**答案解析**]《关于延续支持农村金融发展有关税收政策的通知》规定，对保险公司为种植业、养殖业提供保险业务取得的保费收入，在计算应纳税所得额时，按90%计入收入总额。保费收入，是指原保险保费收入加上分保费收入减去分出保费后的余额。

52. 保险企业发生与其经营活动有关的手续费及佣金支出，不超过当年全部保费收入扣除退保金等后余额的（　　）（含）的部分，在计算应纳税所得额时准予扣除；超过部分，允许结转以后年度扣除。

A. 5%

B. 10%

C. 15%

D. 18%

[**参考答案**] D

[**答案解析**]《关于保险企业手续费及佣金支出税前扣除政策的公告》（财政部　税务总局公告2019年第72号）规定，保险企业发生与其经营活动有关的手续费及佣金支出，不超过当年全部保费收入扣除退保金等后余额的18%（含）的部分，在计算应纳税所得额时准予扣除；超过部分，允许结转以后年度扣除。

二、多项选择题

1. 房地产企业所得税收入确认条件中，满足下列（　　）条件，应视为完工，计算应纳税所得额。

A. 开发产品竣工证明材料已报房地产管理部门备案

B. 开发产品已建设封顶

C. 开发产品已开始投入使用

D. 开发产品已取得了初始产权证明

E. 开发产品已进行实地测绘

[参考答案] ACD

[答案解析] 根据《房地产开发经营业务企业所得税处理办法》第三条规定，“企业房地产开发经营业务包括土地的开发，建造、销售住宅、商业用房以及其他建筑物、附着物、配套设施等开发产品。除土地开发之外，其他开发产品符合下列条件之一的，应视为已经完工：（一）开发产品竣工证明材料已报房地产管理部门备案。（二）开发产品已开始投入使用。（三）开发产品已取得了初始产权证明。”

2. 房地产开发企业计税成本对象的确定原则有（　　）。

A. 可否销售原则

B. 分类归集原则

C. 功能区分原则

D. 定价差异原则

E. 成本差异原则

[参考答案] ABCDE

[答案解析] 根据《房地产开发经营业务企业所得税处理办法》（国税发〔2009〕31号）第二十六条规定，房地产企业成本对象是指为归集和分配开发产品开发、建造过程中的各项耗费而确定的费用承担项目。计税成本对象的确定原则如下：

（一）可否销售原则。

（二）分类归集原则。

（三）功能区分原则。

（四）定价差异原则。

（五）成本差异原则。

（六）权益区分原则。

3. 下列（　　）项目属于房地产企业开发产品计税成本支出内容。

A. 土地征用费及拆迁补偿费

B. 前期工程费

C. 建筑安装工程费

D. 基础设施建设费

E. 公共配套设施费

［参考答案］ABCDE

［答案解析］根据《房地产开发经营业务企业所得税处理办法》第二十七条规定，房地产企业开发产品计税成本支出的内容如下：

（一）土地征用费及拆迁补偿费。

（二）前期工程费。

（三）建筑安装工程费。

（四）基础设施建设费。

（五）公共配套设施费。

（六）开发间接费。

4. 房地产开发企业内销售未完工开发产品的计税毛利率有（ ）。

A. 15%

B. 10%

C. 5%

D. 3%

E. 1%

［参考答案］ABCD

［答案解析］根据《房地产开发经营业务企业所得税处理办法》第八条规定，“企业销售未完工开发产品的计税毛利率由各省、自治、直辖市国家税务局、地方税务局按下列规定进行确定：

（一）开发项目位于省、自治区、直辖市和计划单列市人民政府所在地城市城区和郊区的，不得低于15%。

（二）开发项目位于地及地级市城区及郊区的，不得低于10%。

（三）开发项目位于其他地区的，不得低于5%。

（四）属于经济适用房、限价房和危改房的，不得低于3%。”

5. 房地产企业将开发产品用于捐赠、赞助、职工福利、奖励、对外投资、分配给股东或投资人、抵偿债务、换取其他企事业单位和个人的非货币性资产等行为，应视同销售，于开发产品所有权或使用权转移，或于实际取得利益权利时确认收入（或利润）的实现。确认收入（或利润）的方法和顺序为：（　　）

A. 按本企业近期或本年度最近月份同类开发产品市场销售价格确定

B. 由主管税务机关参照当地同类开发产品市场公允价值确定

C. 按开发产品的成本利润率确定，开发产品的成本利润率不得低于5%

D. 按开发产品的成本利润率确定，开发产品的成本利润率不得低于10%

E. 按开发产品的成本利润率确定，开发产品的成本利润率不得低于15%

[参考答案] ABE

[答案解析] 根据《房地产开发经营业务企业所得税处理办法》第七条规定，“企业将开发产品用于捐赠、赞助、职工福利、奖励、对外投资、分配给股东或投资人、抵偿债务、换取其他企事业单位和个人的非货币性资产等行为，应视同销售，于开发产品所有权或使用权转移，或于实际取得利益权利时确认收入（或利润）的实现。确认收入（或利润）的方法和顺序为：

（一）按本企业近期或本年度最近月份同类开发产品市场销售价格确定；

（二）由主管税务机关参照当地同类开发产品市场公允价值确定；

（三）按开发产品的成本利润率确定。开发产品的成本利润率不得低于15%，具体比例由主管税务机关确定。”

6. 关于房地产企业的下列说法，正确的有（　　）。

A. 采取一次性全额收款方式销售开发商品的，应于实际收讫价款或取得索取价款凭据（权利）之日，确认收入的实现

B. 采取分期收款方式销售开发产品的，应按销售合同或协议约定的价款和付款日确认收入的实现。付款方提前付款的，在实际付款日确认收入的实现

C. 采取银行按揭方式销售开发产品的，应按销售合同或协议约定的价款确定收入额，其首付款应于实际收到日确认收入的实现，余款在银行按揭贷款办理转账之日确认收入的实现

D. 采取委托方式销售开发产品的，应按以下原则确认收入的实现：采取支付手续费方式委托销售开发产品的，应按销售合同或协议中约定的价款于收到受托方已销开发产品清单之日确认收入的实现

E. 采取委托方式销售开发产品的，应按以下原则确认收入的实现：采取支付手续费方式委托销售开发产品的，应按销售合同或协议中约定的价款于收到受托方已销开发产品清单之日起7日内确认收入的实现

［参考答案］ABCE

［答案解析］《房地产开发经营业务企业所得税处理办法》第六条规定，企业通过正式签订《房地产销售合同》或《房地产预售合同》所取得的收入，应确认为销售收入的实现，具体按以下规定确认：

“（一）采取一次性全额收款方式销售开发产品的，应于实际收讫价款或取得索取价款凭据（权利）之日，确认收入的实现。

（二）采取分期收款方式销售开发产品的，应按销售合同或协议约定的价款和付款日确认收入的实现。付款方提前付款的，在实际付款日确认收入的实现。

（三）采取银行按揭方式销售开发产品的，应按销售合同或协议约定的价款确定收入额，其首付款应于实际收到日确认收入的实现，余款在银行按揭贷款办理转账之日确认收入的实现。

（四）采取委托方式销售开发产品的，应按以下原则确认收入的实现：

1. 采取支付手续费方式委托销售开发产品的，应按销售合同或协议中约定的价款于收到受托方已销开发产品清单之日确认收入的实现

2. 采取视同买断方式委托销售开发产品的，属于企业与购买方签订销售合同或协议，或企业、受托方、购买方三方共同签订销售合同或协议的，如果销售合同或协议中约定的价格高于买断价格，则应按销售合同或协议中约定的价格计算的价款于收到受托方已销开发产品清单之日确认收入的实现；如果属于前两种情况中销售合同或协议中约定的价格低于买断价格，以及属于受托方与购买方签订销售合同或协议的，则应按买断价格计算的价款于收到受托方已销开发产品清单之日确认收入的实现

3. 采取基价（保底价）并实行超基价双方分成方式委托销售开发产品的，属于由企业与购买方签订销售合同或协议，或企业、受托方、购买方三方共同签订销售合同或协议的，如果销售合同或协议中约定的价格高于基价，则应按销售合同或协议中约定的价格计算的价款于收到受托方已销开发产品清单之日确认收入的实现，企业按规定支付受托方的分成额，不得直接从销售收入中减

除；如果销售合同或协议约定的价格低于基价的，则应按基价计算的价款于收到受托方已销开发产品清单之日确认收入的实现。属于由受托方与购买方直接签订销售合同的，则应按基价加上按规定取得的分成额于收到受托方已销开发产品清单之日确认收入的实现。

4. 采取包销方式委托销售开发产品的，包销期内可根据包销合同的有关约定，参照上述1至3项规定确认收入的实现；包销期满后尚未出售的开发产品，企业应根据包销合同或协议约定的价款和付款方式确认收入的实现。”

7. 房地产企业将开发产品用于下列（　　）行为的，应做视同销售处理。

A. 捐赠、赞助、职工福利、奖励

B. 对外投资，分配给股东或投资人

C. 抵偿债务

D. 换取其他企事业单位和个人的非货币性资产等行为

E. 转做固定资产

[参考答案] ABCD

[答案解析] 根据《房地产开发经营业务企业所得税处理办法》第七条规定，房地产企业将开发产品用于捐赠、赞助、职工福利、奖励、对外投资、分配给股东或投资人、抵偿债务、换取其他企事业单位和个人的非货币性资产等行为，应视同销售，于开发产品所有权或使用权转移，或于实际取得利益权利时确认收入（或利润）的实现。

8. 下列关于房地产企业销售开发商品收入确认的时间说法正确的是（　　）。

A. 采取一次性全额收款方式销售开发商品的，应于实际收讫价款或取得索取价款凭据之日为纳税义务发生时间

B. 采取分期收款方式销售开发商品的，应按销售合同或协议约定的价款和付款日确认收入的实现

C. 采取银行按揭方式销售开发商品的，首付款于实际收到日确认收入实现，余款在银行按揭办理转账之日确认收入的实现

D. 采取支付手续费方式委托销售开发商品的，应按照支付手续费的当天确认收入的实现

E. 采取支付手续费方式委托销售开发产品的，应按销售合同或协议中约定

的价款于收到受托方已销开发产品清单之日确认收入的实现

[参考答案] ABCE

[答案解析] 根据《房地产开发经营业务企业所得税处理办法》第六条规定，"企业通过正式签订《房地产销售合同》或《房地产预售合同》所取得的收入，应确认为销售收入的实现，具体按以下规定确认：

(一) 采取一次性全额收款方式销售开发产品的，应于实际收讫价款或取得索取价款凭据（权利）之日，确认收入的实现。

(二) 采取分期收款方式销售开发产品的，应按销售合同或协议约定的价款和付款日确认收入的实现。付款方提前付款的，在实际付款日确认收入的实现。

(三) 采取银行按揭方式销售开发产品的，应按销售合同或协议约定的价款确定收入额，其首付款应于实际收到日确认收入的实现，余款在银行按揭贷款办理转账之日确认收入的实现。

(四) 采取委托方式销售开发产品的，应按以下原则确认收入的实现：采取支付手续费方式委托销售开发产品的，应按销售合同或协议中约定的价款于收到受托方已销开发产品清单之日确认收入的实现。"

9. 对于A房地产开发企业，下列各项费用可在企业所得税税前扣除的有（　　）。

A. 土地卖价或出让金

B. 土地闲置费

C. 拆迁补偿支出

D. 回迁房建造支出

E. 周转房摊销以及项目营销设施建造费

[参考答案] ABCDE

[答案解析] 根据《房地产开发经营业务企业所得税处理办法》第二十七条规定，"开发产品计税成本支出的内容如下：

(一) 土地征用费及拆迁补偿费。指为取得土地开发使用权（或开发权）而发生的各项费用，主要包括土地买价或出让金、大市政配套费、契税、耕地占用税、土地使用费、土地闲置费、土地变更用途和超面积补交的地价及相关税费、拆迁补偿支出、安置及动迁支出、回迁房建造支出、农作物补偿费、危房补偿费等。

（二）前期工程费。指项目开发前期发生的水文地质勘察、测绘、规划、设计、可行性研究、筹建、场地通平等前期费用。

（三）建筑安装工程费。指开发项目开发过程中发生的各项建筑安装费用。主要包括开发项目建筑工程费和开发项目安装工程费等。

（四）基础设施建设费。指开发项目在开发过程中所发生的各项基础设施支出，主要包括开发项目内道路、供水、供电、供气、排污、排洪、通讯、照明等社区管网工程费和环境卫生、园林绿化等园林环境工程费。

（五）公共配套设施费：指开发项目内发生的、独立的、非营利性的，且产权属于全体业主的，或无偿赠与地方政府、政府公用事业单位的公共配套设施支出。

（六）开发间接费。指企业为直接组织和管理开发项目所发生的，且不能将其归属于特定成本对象的成本费用性支出。主要包括管理人员工资、职工福利费、折旧费、修理费、办公费、水电费、劳动保护费、工程管理费、周转房摊销以及项目营销设施建造费等。”

10. 房地产开发企业房地产开发成本包括（　　）。

A. 土地征用及拆迁补偿费

B. 建筑安装工程费

C. 基础设施费

D. 前期工程费

E. 开发间接费用

[参考答案] ABCDE

[答案解析] 根据《房地产开发经营业务企业所得税处理办法》第二十七条规定，开发产品计税成本支出的内容如下：

(1) 土地征用费及拆迁补偿费。(2) 前期工程费。(3) 建筑安装工程费。(4) 基础设施建设费。(5) 公共配套设施费。(6) 开发间接费。

11. 汇总纳税企业所得税征收管理办法总体原则是实行企业所得税征收管理的方式办法有（　　）。

A. 统一计算

B. 分级管理

C. 就地预缴

D. 汇总清算

E. 财政调库

[参考答案] ABCDE

[答案解析] 根据《跨地区经营汇总纳税企业所得税征收管理办法》(国家税务总局公告2012年第57号)规定，汇总纳税企业所得税征收管理办法总体原则，实行“统一计算、分级管理、就地预缴、汇总清算、财政调库”的企业所得税征收管理办法。

统一计算，是指总机构统一计算包括汇总纳税企业所属各个不具有法人资格分支机构在内的全部应纳税所得额、应纳税额。

分级管理，是指总机构、分支机构所在地的主管税务机关都有对当地机构进行企业所得税管理的责任，总机构和分支机构应分别接受机构所在地主管税务机关的管理。

就地预缴，是指总机构、分支机构应按规定分月或分季分别向所在地主管税务机关申报预缴企业所得税。

汇总清算，是指在年度终了后，总机构统一计算汇总纳税企业的年度应纳税所得额、应纳所得税额，抵减总机构、分支机构当年已就地分期预缴的企业所得税款后，多退少补。

财政调库，是指财政部定期将缴入中央国库的汇总纳税企业所得税待分配收入，按照核定的系数调整至地方国库。

12. 汇总纳税企业预缴申报应报送资料，总机构应报送（ ）。

A. 企业所得税预缴申报表

B. 企业当期财务报表外

C. 汇总纳税企业分支机构所得税分配表和各分支机构上一年度的年度财务报表

D. 经总机构所在地主管税务机关受理的汇总纳税企业分支机构所得税分配表

E. 在一个纳税年度内，各分支机构上一年度的年度财务报表（或年度财务状况和营业收支情况）原则上只需要报送一次

[参考答案] ABC

[答案解析] 根据《跨地区经营汇总纳税企业所得税征收管理办法》规定，

汇总纳税企业预缴申报时总机构应报送：

（1）企业所得税预缴申报表；

（2）企业当期财务报表外；

（3）汇总纳税企业分支机构所得税分配表和各分支机构上一年度的年度财务报表（或年度财务状况和营业收支情况）。

13. 汇总纳税企业总机构在汇算清缴时报送的材料有（　　）。

A. 企业所得税年度纳税申报表

B. 年度财务报表

C. 汇总纳税企业分支机构所得税分配表

D. 各分支机构的年度财务报表

E. 各分支机构参与企业年度纳税调整情况的说明

[**参考答案**] ABCDE

[**答案解析**] 根据《跨地区经营汇总纳税企业所得税征收管理办法》规定，汇总纳税企业汇算清缴申报时总机构应报送的汇算清缴材料：

（1）企业所得税年度纳税申报表；

（2）年度财务报表；

（3）汇总纳税企业分支机构所得税分配表；

（4）各分支机构的年度财务报表；

（5）各分支机构参与企业年度纳税调整情况的说明。

14. 汇总纳税企业总机构应按照上年度分支机构的营业收入、职工薪酬和资产总额三个因素计算各分支机构分摊所得税款的比例；三因素权重依次为（　　）。

A. 0.35

B. 0.35

C. 0.30

D. 0.50

E. 1

[**参考答案**] ABC

[**答案解析**] 根据《跨地区经营汇总纳税企业所得税征收管理办法》规定，汇总纳税企业总机构应按照上年度分支机构的营业收入、职工薪酬和资产总额

三个因素计算各分支机构分摊所得税款的比例；三因素的权重依次为0.35、0.35和0.30。

15. 汇总纳税企业总机构和具有主体生产经营职能的二级分支机构，就地分摊缴纳企业所得税。二级分支机构，是指汇总纳税企业依法设立并领取非法人营业执照（登记证书），且总机构对其（　　）因素等直接进行统一核算和管理的分支机构。

A. 财务

B. 社保

C. 业务

D. 个人所得税

E. 人员

[参考答案] ACE

[答案解析] 根据《跨地区经营汇总纳税企业所得税征收管理办法》规定，汇总纳税企业总机构和具有主体生产经营职能的二级分支机构，就地分摊缴纳企业所得税。二级分支机构，是指汇总纳税企业依法设立并领取非法人营业执照（登记证书），且总机构对其财务、业务、人员等直接进行统一核算和管理的分支机构。

16. 企业重组，是指企业在日常经营活动以外发生的法律结构或经济结构重大改变的交易，包括（　　）。

A. 企业法律形式改变

B. 股权收购

C. 资产收购

D. 合并

E. 分立

[参考答案] ABCDE

[答案解析] 根据《财政部　国家税务总局关于企业重组业务企业所得税处理若干问题的通知》（财税〔2009〕59号）规定，企业重组是指企业在日常经营活动以外发生的法律结构或经济结构重大改变的交易，包括企业法律形式改变、债务重组、股权收购、资产收购、合并、分立等。

17. 按照重组类型，企业重组的当事各方是指（　　）。

A. 债务重组中当事各方，指债务人、债权人

B. 股权收购中当事各方，指收购方、转让方及被收购企业

C. 资产收购中当事各方，指收购方、转让方

D. 合并中当事各方，指合并企业、被合并企业及被合并企业股东

E. 分立中当事各方，指分立企业、被分立企业及被分立企业股东

［参考答案］ABCDE

［答案解析］根据《国家税务总局关于企业重组业务企业所得税征收管理若干问题的公告》规定（国家税务总局公告2015年第48号），“按照重组类型，企业重组的当事各方是指：

（一）债务重组中当事各方，指债务人、债权人。

（二）股权收购中当事各方，指收购方、转让方及被收购企业。

（三）资产收购中当事各方，指收购方、转让方。

（四）合并中当事各方，指合并企业、被合并企业及被合并企业股东。

（五）分立中当事各方，指分立企业、被分立企业及被分立企业股东。

上述重组交易中，股权收购中转让方、合并中被合并企业股东和分立中被分立企业股东，可以是自然人。”

18. 企业发生由法人转变为个人独资企业、合伙企业等非法人组织，或将登记注册地转移至中华人民共和国境外（包括港澳台地区），应按规定进行清算，在报送《企业清算所得纳税申报表》时，同时应附送以下资料（　　）。

A. 企业改变法律形式的工商部门或其他政府部门的批准文件

B. 企业全部资产的计税基础以及评估机构出具的资产评估报告

C. 企业债权、债务处理或归属情况说明

D. 主管税务机关要求提供的其他资料证明

E. 企业年度财务报表

［参考答案］ABCD

［答案解析］根据《企业重组业务企业所得税管理办法》第十条规定，企业发生上述规定的由法人转变为个人独资企业、合伙企业等非法人组织，或将登记注册地转移至中华人民共和国境外（包括港澳台地区），应按照《财政部 国家税务总局关于企业清算业务企业所得税处理若干问题的通知》的规定进行清算。

“企业在报送《企业清算所得纳税申报表》时，应附送以下资料：

（一）企业改变法律形式的工商部门或其他政府部门的批准文件；

（二）企业全部资产的计税基础以及评估机构出具的资产评估报告；

（三）企业债权、债务处理或归属情况说明；

（四）主管税务机关要求提供的其他资料证明。”

19. 企业分立，当事各方下列涉税处理正确的有（　　）。

A. 被分立企业对分立出去资产应按公允价值确认资产转让所得或损失

B. 分立企业应按公允价值确认接受资产的计税基础

C. 被分立企业继续存在时，其股东取得的对价应视同被分立企业分配进行处理

D. 被分立企业不再继续存在时，被分立企业及其股东都应按清算进行所得税处理

E. 企业分立相关企业的亏损不得相互结转弥补

[参考答案] ABCDE

[答案解析] 根据《财政部　国家税务总局关于企业重组业务企业所得税处理若干问题的通知》规定（财税〔2009〕59号），企业分立一般性税务处理，当事各方应按下列规定处理：

（一）被分立企业对分立出去资产应按公允价值确认资产转让所得或损失。

（二）分立企业应按公允价值确认接受资产的计税基础。

（三）被分立企业继续存在时，其股东取得的对价应视同被分立企业分配进行处理。

（四）被分立企业不再继续存在时，被分立企业及其股东都应按清算进行所得税处理。

（五）企业分立相关企业的亏损不得相互结转弥补。”

20. 企业重组适用特殊性税务处理规定，必须同时符合下列（　　）条件。

A. 具有合理的商业目的，且不以减少、免除或者推迟缴纳税款为主要目的

B. 被收购、合并或分立部分的资产或股权比例符合本通知规定的比例

C. 企业重组后的连续12个月内不改变重组资产原来的实质性经营活动

D. 重组交易对价中涉及股权支付金额符合本通知规定比例

E. 企业重组中取得股权支付的原主要股东，在重组后连续12个月内，不

得转让所取得的股权

[参考答案] ABCDE

[答案解析] 根据《财政部　国家税务总局关于企业重组业务企业所得税处理若干问题的通知》规定（财税〔2009〕59号），企业重组同时符合下列条件的，适用特殊性税务处理规定：

"（一）具有合理的商业目的，且不以减少、免除或者推迟缴纳税款为主要目的。

（二）被收购、合并或分立部分的资产或股权比例符合本通知规定的比例。

（三）企业重组后的连续12个月内不改变重组资产原来的实质性经营活动。

（四）重组交易对价中涉及股权支付金额符合本通知规定比例。

（五）企业重组中取得股权支付的原主要股东，在重组后连续12个月内，不得转让所取得的股权。"

21. 企业重组业务适用特殊性税务处理的，在申报时，能够逐条说明企业重组具有合理的商业目的有（　　）。

A. 重组交易的方式

B. 重组交易的实质结果

C. 重组各方涉及的税务状况变化

D. 重组各方涉及的财务状况变化

E. 非居民企业参与重组活动的情况

[参考答案] ABCDE

[答案解析] 根据《国家税务总局关于企业重组业务企业所得税征收管理若干问题的公告》规定（国家税务总局公告2015年第48号），企业重组业务适用特殊性税务处理的，申报时，应从以下方面逐条说明企业重组具有合理的商业目的：

"（一）重组交易的方式；

（二）重组交易的实质结果；

（三）重组各方涉及的税务状况变化；

（四）重组各方涉及的财务状况变化；

（五）非居民企业参与重组活动的情况。"

22. 企业重组日的确定，以下规定处理方式正确的有（　　）。

A. 债务重组，以债务重组合同（协议）或法院裁定书生效日为重组日

B. 股权收购，以转让合同（协议）生效且完成股权变更手续日为重组日。关联企业之间发生股权收购，转让合同（协议）生效后12个月内尚未完成股权变更手续的，应以转让合同（协议）生效日为重组日

C. 资产收购，以转让合同（协议）生效且当事各方已进行会计处理的日期为重组日

D. 合并，以合并合同（协议）生效、当事各方已进行会计处理且完成工商新设登记或变更登记日为重组日。按规定不需要办理工商新设或变更登记的合并，以合并合同（协议）生效且当事各方已进行会计处理的日期为重组日

E. 分立，以分立合同（协议）生效、当事各方已进行会计处理且完成工商新设登记或变更登记日为重组日

[参考答案] ABCDE

[答案解析] 根据《国家税务总局关于企业重组业务企业所得税征收管理若干问题的公告》规定（国家税务总局公告2005年第48号），企业重组日的确定，按以下规定处理：

“（一）债务重组，以债务重组合同（协议）或法院裁定书生效日为重组日。

（二）股权收购，以转让合同（协议）生效且完成股权变更手续日为重组日。关联企业之间发生股权收购，转让合同（协议）生效后12个月内尚未完成股权变更手续的，应以转让合同（协议）生效日为重组日。

（三）资产收购，以转让合同（协议）生效且当事各方已进行会计处理的日期为重组日。

（四）合并，以合并合同（协议）生效、当事各方已进行会计处理且完成工商新设登记或变更登记日为重组日。按规定不需要办理工商新设或变更登记的合并，以合并合同（协议）生效且当事各方已进行会计处理的日期为重组日。

（五）分立，以分立合同（协议）生效、当事各方已进行会计处理且完成工商新设登记或变更登记日为重组日。”

23. “100%直接控制的居民企业之间，以及受同一或相同多家居民企业

100% 直接控制的居民企业之间按账面净值划转股权或资产”，以下（　　）情形为符合条件的资产划转。

A. 100% 直接控制的母子公司之间，母公司向子公司按账面净值划转其持有的股权或资产，母公司获得子公司 100% 的股权支付

B. 100% 直接控制的母子公司之间，母公司向子公司按账面净值划转其持有的股权或资产，母公司没有获得任何股权或非股权支付

C. 100% 直接控制的母子公司之间，子公司向母公司按账面净值划转其持有的股权或资产，子公司没有获得任何股权或非股权支付

D. 受同一或相同多家母公司 100% 直接控制的子公司之间，在母公司主导下，一家子公司向另一家子公司按账面净值划转其持有的股权或资产，划出方没有获得任何股权或非股权支付

E. 70% 间接控制的母子公司之间，子公司向母公司按账面净值划转其持有的股权或资产，子公司没有获得任何股权或非股权支付

[参考答案] ABCD

[答案解析] 根据《国家税务总局关于资产（股权）划转企业所得税征管问题的公告》规定（国家税务总局公告 2015 年第 40 号），“100% 直接控制的居民企业之间，以及受同一或相同多家居民企业 100% 直接控制的居民企业之间按账面净值划转股权或资产”，符合条件资产划转的四种情形为：

“（一）100% 直接控制的母子公司之间，母公司向子公司按账面净值划转其持有的股权或资产，母公司获得子公司 100% 的股权支付。母公司按增加长期股权投资处理，子公司按接受投资（包括资本公积，下同）处理。母公司获得子公司股权的计税基础以划转股权或资产的原计税基础确定。

（二）100% 直接控制的母子公司之间，母公司向子公司按账面净值划转其持有的股权或资产，母公司没有获得任何股权或非股权支付。母公司按冲减实收资本（包括资本公积，下同）处理，子公司按接受投资处理。

（三）100% 直接控制的母子公司之间，子公司向母公司按账面净值划转其持有的股权或资产，子公司没有获得任何股权或非股权支付。母公司按收回投资处理，或按接受投资处理，子公司按冲减实收资本处理。母公司应按被划转股权或资产的原计税基础，相应调减持有子公司股权的计税基础。

（四）受同一或相同多家母公司 100% 直接控制的子公司之间，在母公司主

导下，一家子公司向另一家子公司按账面净值划转其持有的股权或资产，划出方没有获得任何股权或非股权支付。划出方按冲减所有者权益处理，划入方按接受投资处理。”

24. 企业清算的所得税处理应包括以下（　　）内容。

A. 全部资产均应按可变现价值或交易价格，确认资产转让所得或损失

B. 确认债权清理、债务清偿的所得或损失

C. 改变持续经营核算原则，对预提或待摊性质的费用进行处理

D. 依法弥补亏损，确定清算所得并计算缴纳清算所得税

E. 确定可向股东分配的剩余财产、应付股息等

[参考答案] ABCDE

[答案解析] 根据《财政部　国家税务总局关于企业清算业务企业所得税处理若干问题的通知》规定（财税〔2009〕59号），“企业清算的所得税处理包括以下内容：

（一）全部资产均应按可变现价值或交易价格，确认资产转让所得或损失；

（二）确认债权清理、债务清偿的所得或损失；

（三）改变持续经营核算原则，对预提或待摊性质的费用进行处理；

（四）依法弥补亏损，确定清算所得；

（五）计算并缴纳清算所得税；

（六）确定可向股东分配的剩余财产、应付股息等。”

25. 企业政策性搬迁是指由于社会公共利益的需要，在政府主导下企业进行整体搬迁或部分搬迁。下列（　　）事项属于社会公共利益需要。

A. 国防和外交的需要

B. 由政府组织实施的能源、交通、水利等基础设施的需要

C. 由政府组织实施的科技、教育、文化、卫生、体育、环境和资源保护、防灾减灾、文物保护、社会福利、市政公用等公共事业的需要

D. 由政府组织实施的保障性安居工程建设的需要

E. 由政府组织实施的对危房集中、基础设施落后等地段进行旧城区改建的需要

[参考答案] ABCDE

[答案解析] 根据《企业政策性搬迁所得税管理办法》第三条规定，“企

业政策性搬迁，是指由于社会公共利益的需要，在政府主导下企业进行整体搬迁或部分搬迁。企业由于下列需要之一，提供相关文件证明资料的，属于政策性搬迁：

（一）国防和外交的需要；

（二）由政府组织实施的能源、交通、水利等基础设施的需要；

（三）由政府组织实施的科技、教育、文化、卫生、体育、环境和资源保护、防灾减灾、文物保护、社会福利、市政公用等公共事业的需要；

（四）由政府组织实施的保障性安居工程建设的需要；

（五）由政府依照《中华人民共和国城乡规划法》有关规定组织实施的对危房集中、基础设施落后等地段进行旧城区改建的需要；

（六）法律、行政法规规定的其他公共利益的需要。”

26. 企业取得的搬迁补偿收入，是指企业由于搬迁取得的货币性和非货币性补偿收入。下列（　　）属于搬迁补偿收入。

A. 对被征用资产价值的补偿

B. 因搬迁、安置而给予的补偿

C. 对停产停业形成的损失而给予的补偿

D. 资产搬迁过程中遭到毁损而取得的保险赔款

E. 其他补偿收入

［**参考答案**］ABCDE

［**答案解析**］根据《企业政策性搬迁所得税管理办法》第六条规定，“企业取得的搬迁补偿收入，是指企业由于搬迁取得的货币性和非货币性补偿收入。具体包括：

（一）对被征用资产价值的补偿；

（二）因搬迁、安置而给予的补偿；

（三）对停产停业形成的损失而给予的补偿；

（四）资产搬迁过程中遭到毁损而取得的保险赔款；

（五）其他补偿收入。”

27. 实行应税所得率方式核定征收企业所得税的纳税人，经营多业的，无论其经营项目是否单独核算，均由税务机关根据其主营项目确定适用的应税所得率，下列应税所得率确定正确的有（　　）。

A. 农林牧渔业 3%—10%

B. 制造业 5%—15%

C. 建筑业 8%—20%

D. 娱乐业 15%—20%

E. 其他行业 10%—30%

[参考答案] ABCE

[答案解析] 根据《企业所得税核定征收办法（试行）》规定，实行应税所得率方式核定征收企业所得税的纳税人，经营多业的，无论其经营项目是否单独核算，均由税务机关根据其主营项目确定适用的应税所得率。主营项目应为纳税人所有经营项目中，收入总额或者成本（费用）支出额或者耗用原材料、燃料、动力数量所占比重最大的项目。

应税所得率按下表规定的幅度标准确定：

行 业	应税所得率（%）
农、林、牧、渔业	3—10
制造业	5—15
批发和零售贸易业	4—15
交通运输业	7—15
建筑业	8—20
饮食业	8—25
娱乐业	15—30
其他行业	10—30

28. 特殊行业、特殊类型的纳税人和一定规模以上的纳税人不得按照核定方式征收企业所得税，下列属于特定纳税人的有（　　）。

A. 享受企业所得税优惠政策的企业（不包括小型微利企业）

B. 汇总纳税企业

C. 上市公司

D. 银行、信用社、小额贷款公司、保险公司、证券公司、期货公司、信托投资公司、金融资产管理公司、融资租赁公司、担保公司、财务公司、典当公司等金融企业

F. 会计、审计、资产评估、税务、房地产估价、土地估价、工程造价、律

师、价格鉴证、公证机构、基层法律服务机构、专利代理、商标代理以及其他经济鉴证类社会中介机构

［参考答案］ABCDE

［答案解析］根据《企业所得税核定征收办法（试行）》及《国家税务总局关于企业所得税核定征收若干问题的通知》规定，特殊行业、特殊类型的纳税人和一定规模以上的纳税人不得按照核定方式征收企业所得税。“特定纳税人”包括以下类型的企业：

（1）享受《中华人民共和国企业所得税法》及其实施条例和国务院规定的一项或几项企业所得税优惠政策的企业（不包括仅享受《中华人民共和国企业所得税法》第二十六条规定免税收入优惠政策的企业）；

（2）汇总纳税企业；

（3）上市公司；

（4）银行、信用社、小额贷款公司、保险公司、证券公司、期货公司、信托投资公司、金融资产管理公司、融资租赁公司、担保公司、财务公司、典当公司等金融企业；

（5）会计、审计、资产评估、税务、房地产估价、土地估价、工程造价、律师、价格鉴证、公证机构、基层法律服务机构、专利代理、商标代理以及其他经济鉴证类社会中介机构；

（6）国家税务总局规定的其他企业。

29. 金融企业对其涉农贷款和中小企业贷款进行风险分类后，按照以下比例计提的贷款损失准备金，准予在计算应纳税所得额时扣除（　　）。

A. 关注类贷款，计提比例为2%

B. 次级类贷款，计提比例为25%

C. 可疑类贷款，计提比例为50%

D. 损失类贷款，计提比例为100%

E. 无偿类贷款，计提比例为0

［参考答案］ABCD

［答案解析］根据《关于金融企业贷款损失准备金企业所得税税前扣除的公告》规定，自2019年1月1日起至2023年12月31日，金融企业根据《贷款风险分类指引》，对其涉农贷款和中小企业贷款进行风险分类后，按照以下

比例计提的贷款准备金，准予在计算应纳税所得额时扣除。

（1）关注类贷款，计提比例为2%。

（2）次级类贷款，计提比例为25%。

（3）可疑类贷款，计提比例为50%。

（4）损失类贷款，计提比例为100%。

30. 国家税务总局明确，税法所述的金融机构是指（　　）。

A. 人民银行、商业银行、政策性银行

B. 信用合作社和证券公司

C. 金融租赁公司、证券基金管理公司、财务公司、信托投资公司、证券投资基金

D. 保险公司

E. 其他经人民银行、银监会、证监会、保监会批准成立且经营金融保险业务的机构等

[参考答案] ABCDE

[答案解析] 国家税务总局明确，税法中的金融机构是指：

（1）银行包括人民银行、商业银行、政策性银行。

（2）信用合作社。

（3）证券公司。

（4）金融租赁公司、证券基金管理公司、财务公司、信托投资公司、证券投资基金。

（5）保险公司。

（6）其他经人民银行、银监会、证监会、保监会批准成立且经营金融保险业务的机构等。

三、判断题

1. 房地产企业代有关部门、单位和企业收取的各种基金、费用和附加等，凡纳入开发产品价内或由企业开具发票的，应按规定全部确认为销售收入。（　　）

[参考答案] 正确

[答案解析] 根据《房地产开发经营业务企业所得税处理办法》规定，房

地产企业代有关部门、单位和企业收取的各种基金、费用和附加等，凡纳入开发产品价内或由企业开具发票的，应按规定全部确认为销售收入；未纳入开发产品价内并由企业之外的其他收取部门、单位开具发票的，可作为代收代缴款项进行管理。

2. 房地产企业采取银行按揭方式销售开发产品的，应按销售合同或协议约定的价款确定收入额，其首付款和余款应在银行按揭贷款办理转账之日确认收入的实现。 （　　）

[参考答案] 错误

[答案解析] 根据《房地产开发经营业务企业所得税处理办法》规定，采取银行按揭方式销售开发产品的，应按销售合同或协议约定的价款确定收入额，其首付款应于实际收到日确认收入的实现，余款在银行按揭贷款办理转账之日确认收入的实现。

3. 房地产企业将开发产品用于捐赠、赞助、职工福利、奖励等行为，应视同销售缴纳企业所得税。 （　　）

[参考答案] 正确

[答案解析] 根据《房地产开发经营业务企业所得税处理办法》规定，企业将开发产品用于捐赠、赞助、职工福利、奖励、对外投资、分配给股东或投资人、抵偿债务、换取其他企事业单位和个人的非货币性资产等行为，应视同销售，于开发产品所有权或使用权转移，或于实际取得利益权利时确认收入（或利润）的实现。

4. 房地产企业销售未完工开发产品的计税毛利率的确定，开发项目位于省、自治区、直辖市和计划单列市人民政府所在地城市城区和郊区的，不得低于10%。 （　　）

[参考答案] 错误

[答案解析] 根据《房地产开发经营业务企业所得税处理办法》规定，“企业销售未完工开发产品的计税毛利率由各省、自治、直辖市税务局按下列规定进行确定：

（一）开发项目位于省、自治区、直辖市和计划单列市人民政府所在地城市城区和郊区的，不得低于15%。

（二）开发项目位于地及地级市城区及郊区的，不得低于10%。

（三）开发项目位于其他地区的，不得低于5%。

（四）属于经济适用房、限价房和危改房的，不得低于3%。”

5. 房地产企业开发产品转为自用的，其实际使用时间累计未超过12个月又销售的，不得在税前扣除折旧费用。（　　）

［参考答案］正确

［答案解析］根据《房地产开发经营业务企业所得税处理办法》规定，对于转自用的开发产品折旧费用的处理，企业开发产品转为自用的，其实际使用时间累计未超过12个月又销售的，不得在税前扣除折旧费用。

6. 房地产企业出包工程未最终办理结算而未取得全额发票的，在证明资料充分的前提下，其发票不足金额可以预提，但最高不得超过合同总金额的5%。（　　）

［参考答案］错误

［答案解析］根据《房地产开发经营业务企业所得税处理办法》规定，除以下几项预提（应付）费用外，计税成本均应为实际发生的成本。出包工程未最终办理结算而未取得全额发票的，在证明资料充分的前提下，其发票不足金额可以预提，但最高不得超过合同总金额的10%。

7. 汇总纳税企业实行“统一计算、分级管理、就地预缴、汇总清算、财政调库”的企业所得税征收管理办法。（　　）

［参考答案］正确

［答案解析］根据《跨地区经营汇总纳税企业所得税征收管理办法》规定，汇总纳税企业实行“统一计算、分级管理、就地预缴、汇总清算、财政调库”的企业所得税征收管理办法。

8. 企业总机构应按照上年度分支机构的营业收入、职工薪酬和资产总额三个因素计算各分支机构分摊所得税款的比例；三因素的权重依次为0.45、0.35和0.20。（　　）

［参考答案］正确

［答案解析］根据《跨地区经营汇总纳税企业所得税征收管理办法》规定，总机构应按照上年度分支机构的营业收入、职工薪酬和资产总额三个因素计算各分支机构分摊所得税款的比例；三因素的权重依次为0.35、0.35和0.30。

9. 汇总纳税企业可以选择核定征收方式缴纳企业所得税。（　　）

［参考答案］错误

［答案解析］根据《跨地区经营汇总纳税企业所得税征收管理办法》规定，汇总纳税企业不得核定征收企业所得税。

10. 建筑企业总机构直接管理的跨地区设立的项目部，应按项目实际经营收入的2%按月或按季由总机构向项目所在地预分企业所得税，并由项目部向所在地主管税务机关预缴。（ ）

［参考答案］错误

［答案解析］建筑企业总机构直接管理的跨地区设立的项目部，应按项目实际经营收入的0.2%按月或按季由总机构向项目所在地预分企业所得税，并由项目部向所在地主管税务机关预缴。

11. 企业重组，是指企业在日常经营活动以外发生的法律结构或经济结构重大改变的交易。（ ）

［参考答案］正确

［答案解析］根据《财政部 国家税务总局关于企业重组业务企业所得税处理若干问题的通知》（财税〔2009〕59号）规定，企业重组，是指企业在日常经营活动以外发生的法律结构或经济结构重大改变的交易，包括企业法律形式改变、债务重组、股权收购、资产收购、合并、分立等。

12. 企业重组的税务处理区分不同条件分别适用一般性税务处理规定和非一般性税务处理规定。（ ）

［参考答案］错误

［答案解析］根据《财政部 国家税务总局关于企业重组业务企业所得税处理若干问题的通知》规定，企业重组的税务处理区分不同条件分别适用一般性税务处理规定和特殊性税务处理规定。

13. 企业重组适用特殊性税务处理，企业重组中取得股权支付的原主要股东，是指原持有转让企业或被收购企业20%以上股权的股东。（ ）

［参考答案］正确

［答案解析］根据《财政部 国家税务总局关于企业重组业务企业所得税处理若干问题的通知》（财税〔2009〕59号）规定："企业重组同时符合下列条件的，适用特殊性税务处理规定：

（一）具有合理的商业目的，且不以减少、免除或者推迟缴纳税款为主要目的。

（二）被收购、合并或分立部分的资产或股权比例符合本通知规定的比例。

（三）企业重组后的连续12个月内不改变重组资产原来的实质性经营活动。

（四）重组交易对价中涉及股权支付金额符合本通知规定比例。

（五）企业重组中取得股权支付的原主要股东，在重组后连续12个月内，不得转让所取得的股权。

原主要股东，是指原持有转让企业或被收购企业20%以上股权的股东。"

14. 企业清算的所得税处理，是指企业在不再持续经营，发生结束自身业务、处置资产、偿还债务以及向所有者分配剩余财产等经济行为时，对清算所得、清算所得税、股息分配等事项的处理。 （ ）

[参考答案] 正确

[答案解析] 根据《财政部 国家税务总局关于企业清算业务企业所得税处理若干问题的通知》（财税〔2009〕60号）规定，企业清算的所得税处理，是指企业在不再持续经营，发生结束自身业务、处置资产、偿还债务以及向所有者分配剩余财产等经济行为时，对清算所得、清算所得税、股息分配等事项的处理。

15. 企业政策性搬迁是指由于社会公共利益的需要，在政府主导下企业进行整体搬迁。部分搬迁不属于政策性搬迁。 （ ）

[参考答案] 错误

[答案解析] 根据《企业政策性搬迁所得税管理办法》规定："企业政策性搬迁是指由于社会公共利益的需要，在政府主导下企业进行整体搬迁或部分搬迁。企业由于下列需要之一，提供相关文件证明资料的，属于政策性搬迁：

（一）国防和外交的需要；

（二）由政府组织实施的能源、交通、水利等基础设施的需要；

（三）由政府组织实施的科技、教育、文化、卫生、体育、环境和资源保护、防灾减灾、文物保护、社会福利、市政公用等公共事业的需要；

（四）由政府组织实施的保障性安居工程建设的需要；

（五）由政府依照《中华人民共和国城乡规划法》有关规定组织实施的对危房集中、基础设施落后等地段进行旧城区改建的需要；

（六）法律、行政法规规定的其他公共利益的需要。”

16. 以公允价值模式计量的投资性房地产不得计算折旧或摊销从税前扣除。（　）

［参考答案］正确

［答案解析］以公允价值模式计量的投资性房地产，在会计处理中不对房屋或土地使用权计算折旧或摊销，是以该资产公允价值的变化计入公允价值变动损益。考虑到以公允价值模式计量的投资性房地产是企业的投资资产，不属于消耗性资产，不需要通过折旧或摊销的方式予以补偿，因此以公允价值模式计量的投资性房地产不得计算折旧或摊销从税前扣除。

17. 自2020年1月1日至2022年12月31日，对金融机构农业小额贷款的利息收入，在计算应纳税所得额时，减半计入收入总额。（　）

［参考答案］错误

［答案解析］根据《关于小额贷款公司有关税收政策的通知》规定，对经省级金融管理部门（金融办、局等）批准成立的小额贷款公司取得的农户小额贷款利息收入，在计算应纳税所得额时，按90%计入收入总额。

18. 自2020年1月1日至2022年12月31日，对保险公司为种植业、养殖业提供保险业务取得的保费收入，在计算应纳税所得额时，在计算应纳税所得额时，按90%计入收入总额。（　）

［参考答案］正确

［答案解析］根据《关于延续支持农村金融发展有关税收政策的通知》规定，对保险公司为种植业、养殖业提供保险业务取得的保费收入，在计算应纳税所得额时，按90%计入收入总额。保费收入，是指原保险保费收入加上分保费收入减去分出保费后的余额。

19. 保险企业发生与其经营活动有关的手续费及佣金支出，不超过当年全部保费收入扣除退保金等后余额的15%（含）的部分，在计算应纳税所得额时准予扣除；超过部分，允许结转以后年度扣除。（　）

［参考答案］错误

［答案解析］根据《关于保险企业手续费及佣金支出税前扣除政策的公告》规定，保险企业发生与其经营活动有关的手续费及佣金支出，不超过当年全部保费收入扣除退保金等后余额的18%（含）的部分，在计算应纳税所得额时准

予扣除；超过部分，允许结转以后年度扣除。

20. 实行应税所得率方式核定征收企业所得税的纳税人，其生产经营范围、主营业务发生重大变化，或者应纳税所得额或应纳税额增减变化达到20%的，应及时向税务机关申报调整已确定的应纳税额或应税所得率。（　　）

[参考答案] 正确

[答案解析] 根据《企业所得税核定征收办法（试行）》规定，纳税人的生产经营范围、主营业务发生重大变化，或者应纳税所得额或应纳税额增减变化达到20%的，应及时向税务机关申报调整已确定的应纳税额或应税所得率。